다문화 시민교육의 과제

제주대학교
시민교육총서

2

다문화 시민교육의 과제

변종헌 · 권상철 · 김민호
문현식 · 염미경 · 황석규

한국문화사

책머리에

　우리나라 교육부는 2006년 '다문화가정 자녀의 교육지원 대책'을 발표하였다. 다문화 교육에 대한 정책적 관심을 처음 보여준 뒤로 어느새 20년 가까운 세월이 지났다. 그동안 교육부와 시·도교육청은 다문화가정 학생의 성공적인 학교생활을 지원하고, 일반 학생의 다문화 현상 이해를 도모하며, 교사의 다문화 교육 역량을 강화하고 학부모의 다문화 사회에 대한 이해를 도모하기 위해 여러 사업을 전개하였다. 교육과정과 교과서에 다문화 관련 내용을 추가하였고, 다양한 학습 자료와 교수법을 개발했으며, 모든 학생을 대상으로 연간 2시간 이상 '다문화 교육'을 실시할 것을 권고했다. 그 결과 학생들이 타문화를 이해하고 존중하는 '다문화 감수성' 지수가 해마다 조금씩 높아졌다. 하지만 2018년 '예멘인 난민 수용 거부 청와대 국민 청원'에서 보듯이 다른 사회, 문화적 배경을 지닌 이들과 '어울려 살아가는' 공동체적, 세계시민적 자질은 오히려 악화하는 경향마저 보였다.

한편 우리는 국제이주민과 그 자녀의 증가에 따른 인적 구성의 다양성 외에도 탈산업화에 따른 상품 생산과 소비의 다양성, 취미와 여가, 문화와 예술 활동의 다양성, 가족 구성과 형태의 다양성, 그리고 여성, 장애인, 노인, 성소수자, 채식주의자 등 다양한 소수자 집단의 등장 등으로 이른바 '다양성의 시대'를 살고 있다. 인권 존중이라는 도덕적 구호를 내걸지 않더라도, 최소한 소수자에 대한 편견과 차별로 빚어질 사회적 비용을 고려하여, 나와 다르다는 이유로 상대방을 '타자화'하고 '사회적으로 배제'하기보다 이들을 우리 사회의 구성원으로 받아들이고 함께 살아가는 방법을 배워 나가야 할 것이다.

학교 현장은 사실 오래 전부터 다양성의 공간이었다. 사회적 배경이나 성격이 다른 학생 간에, 나이와 경험이 다른 교사와 학생 간에, 교육에 관한 생각이 다른 교사와 학부모 간에 상당한 정도의 차이가 이미 존재했다. 하지만 국가 주도 공교육 체제 하에서 소품종 대량생산의 산업주의 모델을 기반으로 교육과정의 통일성과 교사의 전문성을 앞세워 획일적이고 일방적인 교육을 진행하였다. 학교 현장은 학생, 학부모, 교사 각 주체의 요구를 균형감 있게 반영하고 다양한 교육적 실천을 허용하거나 지원하는 데 대단히 소극적이었다. 사회 전반에 걸쳐 시민의 권리 의식이 증대하고, 특히 학생의 인권, 학부모의 학교 참여 등에 대한 법제화가 이뤄지면서, 비로소 학교교육의 자율성과 다양성을 회복하는 데 눈뜨기 시작했다.

2006년에 태어나 지난 18년간 성장한 우리나라의 '다문화 교육'은 이제 사회적 상황의 변화를 반영하여 '다문화 시민교육'으로 거듭나야할 시점에 도달했다. 다문화 시민교육은 '다문화 시민성' '상호문화 시민성' '글로컬 시민성' 등을 추구한다. 이주민 자녀의 한국 사회 적응이나 정주민의 이주민에 대한 추상적 이해를 넘어서 이주민이든 정주민이든 함께 더불어 살아간다는 공동체적 시민의식을 개발할 필요가 있다. 그런데 삶의 뿌리인 지역의 정체성을 상실해선 곤란하므로, 공동체적 시민의식은 지역을 기반으로 세계시민의 자질을 추구하는 '글로컬 시민성'이 되어야 할 것이다. 또 다문화 시민교육은 다양한 가치와 생활방식 안에서 다양성을 존중하고 동시에 다양성 속의 일치를 찾는 통합적 시민의식을 교육내용에 포함한다. 유럽에서 발달된 '상호문화 시민성'이 이에 대한 실마리를 제공한다. 뿐만 아니라 다문화 시민교육에서는 사회적 소수자에 대한 인권 존중 차원에서 소수자가 참여하고 상호 연대하며, 소수자와 다수자가 공존하고 소통하는 포용적 시민의식도 함양해야 한다. 미국과 캐나다 등에서 발달한 '다문화 시민성'이 이에 대한 답을 줄 수 있다.

필자들은 위와 같은 문제의식 속에서 『다문화 시민교육의 과제』의 내용을 다음과 같이 구성하였다. 먼저 제1장에서는 염미경 교수가 '다문화 시민교육의 배경'을 우리나라 다문화 교육의 성찰을 바탕으로 소개했다. 제2장과 제3장에서는 변종헌 교수와 권상철 교수가 '다문화 시민교육의 내용'인 다문화 시민성, 상호문화 시민성, 글로컬 시민성 등의 개념적 의미를 다뤘다. 학교에서 실시할 수 있는 '다문화 시민교육의 방법'으로 문현식 선생은 제4장에서 초등학교의 학년별 교과서와 제주 지역화 교과서를 활용한 방법을 소개했다. 황석규 박사는 제5장에서 제주 지역 시민단체가 실시한 다문화 시민성 교육 사례를 소개하면서 향후 과제를 제안했다. 다문화 시민교육의 사례는 다른 필자들의 글에서도 부분적으로 제시되었다. 캐나다 퀘벡주와 유럽의 상호문화 시민성 교육 (제2장 2절, 변종헌), 우리나라 초등학교 도덕 교과서에 나타난 상호문화 시민성 교육 (제6장 3절, 김민호), 제주 해녀의 세계시민성과 이시돌 목장 등 지역

공동체 경제의 시민성 교육 (제3장 2절, 권상철), 강정 해군기지 반대 운동에 나타난 글로컬 시민성 (제6장 3절, 김민호) 등이다. 끝으로 제6장에서는 김민호 교수가 '우리나라 다문화 교육의 역사와 다문화 시민교육의 과제'를 제시했다.

『다문화 시민교육의 과제』는 종래 다문화 교육의 이론적, 실천적 한계를 넘어볼 목적으로 마련된 연구 저서이다. 부족한 부분이 많지만 추후 보완할 기회가 있길 기대해 본다. 그리고 이 책이 나올 수 있도록 연구비를 지원해 준 제주대학교 시민교육 역량강화사업단에 깊이 감사드린다. 행정 지원을 해준 사업단의 고은아 선생, 교정과 색인 작업 등에 애써준 한국문화사 직원 모두에게도 고마운 마음을 전한다.

2024년 6월
집필자를 대표하여 김민호

목차

책머리에 4

제1장 다문화 시민교육의 배경   염미경

1. 글로벌화와 '다문화 사회' 한국   15

2. 다문화 사회로의 변화, 다문화 정책과 다문화 교육   19
    가. 문화와 다문화 그리고 다문화 사회   19
    나. 다문화 모델 및 사회통합 정책의 문제점   21
    다. 한국 다문화 정책의 특성과 한계   25

3. 다문화 담론의 전개와 한국 다문화 정책의 특성   29
    가. 문화적 다원주의, 문화상대주의, 다문화주의 그리고 상호문화주의   29
    나. 한국에서 다문화 담론의 전개 과정과 특성   39

4. 한국 다문화 교육 실행에 대한 성찰   42
    가. 다문화 교육과 소수자 문제   42
    나. 다문화 교육 정책의 방향   45

5. 논의와 전망   50

제2장 다문화 시민교육의 내용 1   변종헌

1. 다문화주의와 상호문화주의 시민성   59
    가. 문화의 이해와 다문화 사회   59
    나. 다문화 사회와 다문화주의   62
    다. 다문화주의와 상호문화주의   68

2. 다문화 사회의 상호문화주의　73

　가. 다문화 사회의 상호문화성　73

　나. 상호문화주의의 적용　80

제3장　다문화 시민교육의 내용 2　　　　　　　　권상철

1. 글로컬 시민성　91

　가. 글로벌 그리고 혼성적 시민성　92

　나. 로컬과 지역 기반 시민성　99

2. 지역 시민성 사례: 생태, 공존의 시민성과 능동적 시민성　103

　가. 해녀문화와 세계시민성　106

　나. 제주 이시돌목장의 사회적 연대 경제　118

　다. 지역 공동체 경제와 시민성 교육　125

　라. 시민성 함양 방안으로써의 커뮤니티매핑　130

　마. 지역 기반 시민교육에서 찾는 다문화 교육　143

제4장　다문화 시민교육의 방법　　　　　　　　문현식

1. 교과 기반 다문화 시민교육　151

　가. 1학년: 바른 생활, 즐거운 생활, 슬기로운 생활　151

　나. 2학년: 국어, 바른 생활, 즐거운 생활, 슬기로운 생활　160

　다. 3학년: 도덕, 체육, 사회, 과학　169

　라. 4학년: 도덕, 사회　178

　마. 5학년: 국어, 도덕, 미술, 사회　184

　바. 6학년: 도덕 1, 도덕 2　194

목차

2. 제주 지역화 교과서 매개 다문화 시민교육　199

　가. 삼성 신화　199

　나. 제주 해녀의 노동　201

　다. 제주의 민요　203

　라. 제주의 속담　205

　마. 제주의 전통적 의식주 생활　207

　바. 제주 토착민　210

제5장　제주 시민단체 다문화 시민성교육　　　　　　황석규

1. 제주지역 시민단체 다문화 시민성교육 현황　217

　가. 전문적 시민단체　220

　나. 복지적 시민단체　222

　다. 외국인 근로자 대상 시민단체　224

2. 제주 거주 외국인 변화 추이　226

　가. 제주 거주 외국인 현황　227

　나. 합법적 거주 외국인 현황　229

　다. 국제결혼이민자 현황　231

　라. 외국인 근로자 현황　232

3. 제주 노동시장 외국인근로자 필요성　233

　가. 1차산업　235

　나. 2차산업　241

　다. 3차산업　245

4. 제주 시민단체 다문화 시민성교육 변화 모색　258

　　가. 다문화 시민성교육　258

　　나. 제주 다문화 시민성교육　261

　　다. 다문화 시민성교육 프로그램과 시민단체의 역할　265

5. 결론 및 제언　272

제6장　한국 다문화 교육의 역사와 다문화 시민교육의 과제　김민호

1. 한국 다문화 교육의 역사와 현황　279

　　가. 한국 다문화 교육의 맥락　279

　　나. 한국 다문화 교육 정책의 전개　282

　　다. 다문화주의 중심 교육정책의 한계　287

2. 한국 다문화 시민교육의 과제　292

　　가. 다문화 시민성의 의미　292

　　나. 다문화 시민성 확장 및 혼성의 시민성(hybrid citizenship) 탐색　295

3. 한국 다문화 시민교육의 사례 검토　305

　　가. 초등학교 도덕과 교과서에 나타난 상호문화교육의 의의와 한계　305

　　나. 제주 지역사회 기반 글로컬 시민성 학습 사례　312

찾아보기　337

제1장

다문화 시민교육의 배경

염미경

1. 글로벌화와 '다문화 사회' 한국
2. 다문화 사회로의 변화, 다문화 정책과 다문화 교육
3. 다문화 담론의 전개와 한국 다문화 정책의 특성
4. 한국 다문화 교육 실행에 대한 성찰
5. 논의와 전망

제1장

다문화 시민교육의 배경

염미경

1. 글로벌화와 '다문화 사회' 한국

21세기 한국사회는 인종, 민족 및 문화적으로 새로운 구성원이 빠르게 유입되었다. 1990년대 이후 각종 제도와 사회적 수요에 따라 이주민이 유입되면서 국내 체류 외국인 비율은 지속적으로 증가하였다. 2023년 12월 말 기준 국내 체류 외국인 수는 약 251만 명으로, 코로나19 확산 이전인 2019년 이후 4년 만에 최대인 전체 인구의 4.89%를 기록해 양적으로 명실상부한 '다문화 사회'가 되었다. 한국이 체류 외국인 현황을 처음으로 조사했던 2007년 당시 전체 인구 중 외국인 비율이 1.5%였던 것에 비추어보면 압축적으로 성장을 한 것이다.

미국 중앙정보국(CIA)의 'The World Factbook (2023)'에 따르면 한국은 아직 동질적인 사회(homogeneous)로 분류되어 있지만, 한국이 명실상부한 다문화 사회가 되었다는 데에는 이론의 여지가 없다. 이를 배경으로 글로벌-다문화 현상을 분석하고 교육적으로 대응하고자 시도해오면서 선발 다문화 국가들에 대한 논의와 연구들이 진행되었다.

 2024년 1월 16일 법무부 출입국·외국인정책본부의 〈2023년 12월 통계월보〉에 따르면 2023년 체류 외국인은 250만7천584명으로, 전년보다 11.7% 늘어났다. 역대 최다 외국인 수를 기록한 2019년(252만4천656명)보다 1만7천72명 적지만, 비율로는 2019년 4.86%를 넘어선 것이다(〈그림 1〉 참조).

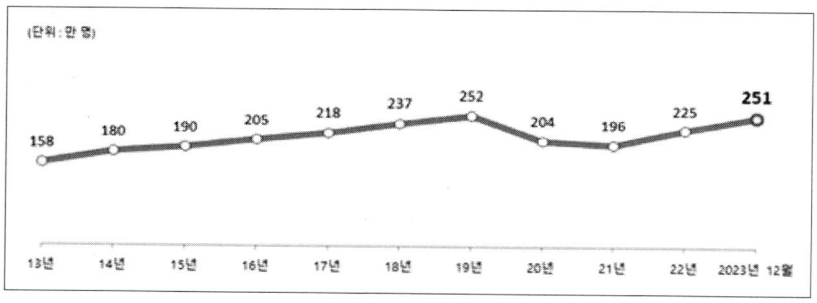

[그림 1] 연도별 체류외국인 증감 추이

자료: 법무부 출입국·외국인정책본부 통계월보

 좀 더 구체적으로 살펴보면, 국내 체류 외국인 수는 2016년 200만 명, 2019년 252만 명을 각각 돌파하다가 코로나19로 주춤했으나 2022년부터 다시 증가세로 외국인 300만 명 시대를 앞둔 시점이다. 국적별로는 중국(94만2천395명)이 가장 많았다. 다음으로는 베트남(27만1천712명), 태국(20만2천121명), 미국(16만1천895명), 우즈베키스탄(8만7천698명) 순으로 나타났다. 한편, 외국인 유학생 수는 2020년(15만3천361명)부터 최근 4년간 꾸준히 증가해 22만6천507명을 기록했다. 학위 과정 등 유학을 온 외국인이

15만2천94명, 한국어 등 연수를 위해 온 외국인이 7만4천413명이었다(법무부 출입국·외국인정책본부 통계연보, 2024. 1. 11. 공표 자료).

특히, 제주는 전국 지방자치단체들 중에서 2010년 이후 체류 외국인 수의 급속한 증가세가 두드러진다. 2019년 11월 1일 기준 3만4천473명으로, 제주 총인구(665,048명)의 5.2%를 차지해 전국적으로 충남(5.8%), 경기(5.4%) 다음으로 주민등록인구 대비 외국인 비율이 높은 다문화 지역임을 보여주었다. 이후 코로나19로 감소세를 보이다가 다시 증가세로 돌아섰고, 2024년 1월 26일 현재 총인구는 67만6천375명으로 확인된다. 한국국적을 갖지 않은 사람이 2만6천150명, 외국인노동자 9천415명, 결혼이민자 2천954명, 유학생 1천816명, 외국국적동포 2천241명, 기타외국인 9천724명, 한국국적을 취득한 사람 2천611명 그리고 외국인주민자녀가 5천147명으로 나타났다(시도별 외국인주민 현황-KOSIS 국가통계포털).

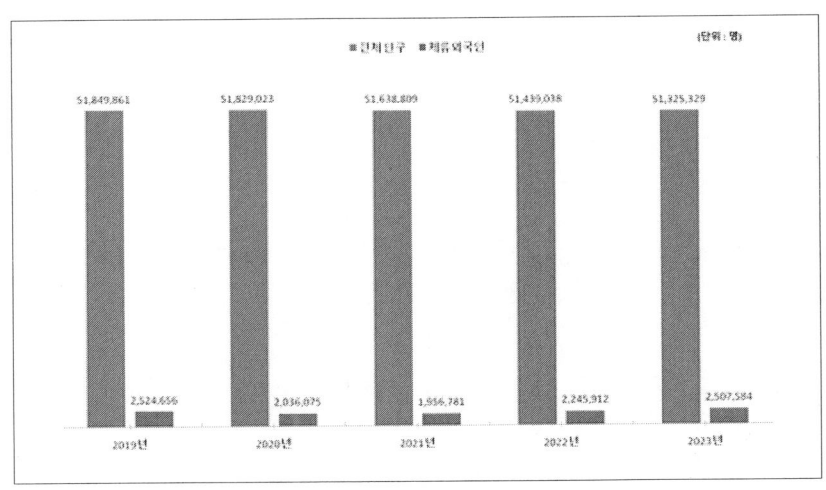

[그림 2] 최근 5년 간 인구 대비 체류외국인 현황

자료: 법무부 출입국·외국인정책본부 통계월보

2023년 12월 확정된 제4차 외국인정책 기본계획을 중심으로 한국의 외국인정책 방향을 살펴보면 다음과 같다. 법무부는 외국인정책위원회 심의를 거쳐 '국민과 이민자가 함께 도약하는 미래지향적 글로벌 선도국가'를 비전으로 제4차 외국인정책 기본계획(2023~2027)(이하 '계획')을 확정지었다. 특히, 이번 '계획'에서는 기존에 사용한 공식 용어를 '외국인정책'에서 '이민정책'으로 변경하는 내용이 포함되었다. 이 '계획'에 따르면 '출입국·이민관리청'을 신설하고, 현 '재한외국인처우기본법'이 컨트롤타워 기능을 수행할 수 있도록 가칭 '이민정책 기본법'으로 개정하는 것, 미등록 외국인 아동 등 국내에서 태어난 모든 아동의 출생이 등록되게 하는 보편적 출생등록제도와 이민관리 시스템을 체계화하기 위해 주요 취업비자의 분야별 발급 규모를 사전에 공표하는 '취업비자 총량 사전 공표제'를 도입하는 것 등이 포함된다[1].

1　유엔난민기구(UNHCR)는 그간 국적국 대사관에서의 출생 등록이 불가능하고 한국 내에서도 출생신고가 어려운 난민 등의 현실에 대해 우려를 표명하면서 보편적 출생등록제 도입 필요성을 강조해온 바 있다. 이외에 이번 '기본계획'은 산업계 숙련기능 인력을 확대·개선 및 가사·요양보호 등 돌봄 분야 외국인력 도입과 결혼이민자 대상으로 '국민내일배움카드' 발급 등 이민자 직업훈련 강화 방안이 포함되었고, 5년간 총 2조 3천 701억 원이 투입될 예정이다. 이번 기본계획의 골자는 고용허가제에 따른 외국 인력을 대폭 확대인데, 그럼에도 외국인 노동자 상담과 지원을 해온 전국 외국인노동자지원센터에 대한 2024년도 예산은 삭감되었는데, 이와 관련해 시행계획 수립 과정에서 보완·개선될 필요가 있다. 또한 정부는 유학생 등을 적극적으로 유치해 국가 성장의 동력으로 활용한다는 계획도 밝혔는데, 유학생 및 전문 인력이 영주 자격으로 편입할 수 있도록 체류자격 변경 및 영주 자격 경로를 개편할 방침이다(법무부 자료, 2023년 12월 현재).

2. 다문화 사회로의 변화, 다문화 정책과 다문화 교육

가. 문화와 다문화 그리고 다문화 사회

문화(culture)는 후천적으로 배워서 유형화되고 사회적으로 전수받은 사고방식과 행위양식 및 감정적 반응 등에 관한 모든 것을 지칭하는 용어이다. 어느 한 사회의 모든 사람들의 아이디어, 가치관, 관습 및 이들이 사용하는 물질적 측면 모두가 문화에 포함되어 있다(김선웅, 2006: 65).

다문화는 한자어 '많을 다(多)'와 '문화(文化)'가 합성된 용어로 국립국어원 표준국어대사전은 '한 사회 안에 여러 민족이나 여러 국가의 문화가 혼재하는 것을 이르는 말'로 정의하고 있다. 이러한 맥락에서 '다문화'는 문화의 다양성까지 내포하는 개념으로서 복수의 문화가 존재할 수 있음을 인정하고 존중하는 것, 각각 상이한 문화 간의 차이를 수평적이고 병렬적인 상태로 인정하는 것과 이러한 요소들을 포용할 수 있는 가치관과 행동을 지칭하는 것으로 이해할 수 있다(이종희, 2023; 양경은·노법래, 2020).

한편, 개인은 다양한 관계 속에서 여러 가지 감정, 정서, 행동양식, 가치, 규범, 이념을 습득하면서 사회의 구성원으로 자라나는데, 이것은 개인이 한 사회가 공유하는 행위양식이나 사고방식을 습득하고 이를 통해 문화가 세대 간에 전승되는 과정이기도 하다. 따라서 인간의 행위를 이해하려면 개인들이 문화 내용을 습득해가는 과정을 이해해야 한다(비판사회학회, 2012: 144).

영어에서 'culture'는 '문화'라는 의미 외에도 '경작하다'라는 의미가 있는데, 그 어원은 라틴어의 'colere'이다. 이 용어는 17, 18세기에 '토지를 경작한다(cultivate)'라는 의미로 사용되었는데, 이후 정신을 경작한다는 뜻에서 '정신 계발'을 의미하게 되었다.

현실적으로 문화는 다양한 사회적 현상과 관련되어 있다. 그런데 현대 사회에서 국가와 시민사회가 분리되고 경제와 정치의 상대적 자율성이 커지면서 문화를 '부분적·특수적 의미'로 사용하려는 시각이 형성되었다(비판사회학회: 2012: 145-147).

대체로 다문화 사회는 '시민·국민으로서 누릴 수 있는 사회·경제·정치·문화적 권리를 취득하고 향유하는데 인종과 민족이 차별의 근거가 되지 않는 사회'라고 정의된다(김혜순, 2008: 40). 우리 사회에서 이주민과 관련하여 사용되는 용어로는 이민자(immigrant), 이주민(migrant), 외국인(foreigner), 이주배경(immigrant background) 등을 꼽을 수 있다. '이주민'은 가장 넓은 의미로 사용되고 있다. 이민자(immigrant)라는 개념은 영주권 혹은 국적 취득과 연관되어 있다. 이주배경(immigrant-background)은 이민자 2세대와 자녀들까지 포괄하는 개념으로 이해된다. 다음으로 외국인 foreigner)이 있다.

우리 사회의 경우, '외국인' 개념이 모호하게 사용되고 있다. 행정안전부는 "외국인주민"을 '본인 또는 부모 중 적어도 한 명이 출생 시 또는 현재 외국 국적을 가진 이주 배경이 있는 사람으로, ① 국내 90일 초과 거주한 한국 국적을 가지지 않은 자, ② 한국 국적을 취득한자 및 ③ 그 자녀'로 구분하고 있다. 행정안전부에서는 한국 국적을 취득한 혼인 귀화자와 그 자녀들까지 '외국인주민'에 포함시키고 있다. 국적을 기준으로 한다면 한국 국적을 가지지 않은 외국인노동자, 결혼이민자, 유학생, 외국 국적동포, 기타 외국인만을 '외국인'으로 여겨야 하지만, 실제로는 외국인 범주에 한국 국적을 취득한 혼인귀화자도 포함하고 있는 것이다. 보통 다른 국가에서는 '이민자' 또는 '이주민'을 의미하는 'immigrant'를 주로 사용하지만,

우리 사회에서 이민자 개념을 사용하면 국내 출생 외국인 자녀가 포함되기 어려운 문제점이 있다.

우리 정부는 '이주정책'을 정책 용어로 사용하기보다는 '외국인정책', '다문화가족 정책' 등의 용어를 사용하고 있다. 체류 외국인 수의 증가와 체류 유형의 다양화 등에 부응하는 이주정책이 포괄적으로 시행되지 않고 있는 실정이며, 장기적인 로드맵을 가진 정책 마련에는 한계를 보였다(이종희, 2023). 제1차 외국인정책 기본계획(2008~2012)에서는 '외국인정책'을 공식적으로 사용하였고, 제2차 외국인정책 기본계획(2013~2017), 제3차 외국인정책 기본계획(2018~2022)에서는 '외국인정책'이 '이민 정책'과 같은 의미임을 밝히고 있다. 앞에서 언급한 바와 같이 최근 확정된 제4차 외국인정책 기본계획(2023~2027)에서는 기존에 사용한 공식 용어인 '외국인정책'을 '이민정책'으로 변경하는 내용이 포함되어 있다.

그럼에도 이주민은 속성상 사회적 약자이거나 불리한 여건을 가지고 있는 경우가 많아 적극적인 통합정책이 요청된다. 사회통합 정책의 목적은 인종, 문화, 종교적으로 다른 배경을 가진 이주민을 손님 또는 방문자 등으로 여기는 것이 아니라 공동체의 일원으로서 끌어안는 데 한계가 있으며, 사회통합은 국민과 이주민 모두에게 도움이 되는 정책으로 변화될 필요가 있다.

나. 다문화 모델 및 사회통합 정책의 문제점

사회를 구성하고 있는 다양한 집단 간 통합방식을 의미하는 사회통합 정책 유형은 크게 차별적 배제 모델, 동화주의 모델, 다문화주의 모델, 상호문화주의 모델, 상호지위 인정 모델로 나뉜다(이혜경, 2019).

첫째, 차별적 배제 모델은 노동력이 부족한 특정 경제 영역에만 외국인력을 수용하고 복지혜택, 국적 및 시민권, 선거권 및 피선거권 등을 부여하는 데는 제한을 두는 모델이다. 이 모델에서는 경제적 필요가 우선시된다.

둘째, 동화주의 모델은 다양한 국가 출신 이주민에게 유입국의 핵심가치와 정체성에 순응할 것을 요구한다. 이 모델은 주류사회 중심으로 운영되는 단점을 가진다.

셋째, 다문화주의 모델은 다양한 국가 출신 이주민에게 제도적으로 문화적 차이와 독자성을 인정하고, 다문화 주체적 삶의 권리를 보장하는 모델이다. 이 모델은 구별 짓기(labeling) 부작용, 반 다문화주의 정서 관리 필요성 등의 단점이 있다.

넷째, 상호문화주의 모델로서 그 유래는 1960년대로 거슬러 올라간다. 그 당시 캐나다 퀘벡주 분리주의자들(separatists)의 활동이 고조되자, 분열을 방지하기 위해 민족주의자들(nationalists)이 상대방 문화를 이해하고 존중하는 열린 자세를 취해 사회통합을 이루자고 주장하면서 상호문화주의가 시작되었다. 2000년대 초반 유럽에서 이주민들의 '게토화' 등의 문제점들이 나타나자 이에 대한 성찰로 상호문화주의(interculturalism)가 제시되었다. 상호문화주의 모델은 사회·공간적 분리를 적극적으로 완화하고, 상호소통과 교류를 활성화하기 위해 상이한 문화와 인종들 간의 상호접촉과 만남을 통해 사회통합을 강조한다.

다섯째, 상호지위인정 모델은 종교나 문화 등 소수자의 정체성 인정을 넘어, 이주민을 사회정의를 바탕으로 한 사회 구성원으로서 인정함으로써 이주민도 권리와 의무의 주체가 된다는 모델이다(이혜경, 2019). 현실에서 나타나는 다양한 문제를 해결하기 위해서는 경제와 문화 간의 통합적 관점을 바탕으로 이주민의 삶의 질 향상과 사회적 통합이 요청된다는 모델이다. 이 모델에서는 외국인노동자 또한 상호작용 범주에 포함하고 있다. 이와 함께, 이를 통해 각각 이해관계가 다른 집단들이 상호 통합하도록 유도함으로써 국가 공동체의 발전과 사회 안정을 더욱 원활하게 하며 사회적 연대를 강화하는 장점이 있다. 사회통합 정책의 유형 및 장단점을 정리하면 [표 1]과 같다(이종희, 2023: 137).

[표 1] 사회통합 정책의 유형 및 장단점

구분	내용	장단점
차별적 배제 모델	특정한 노동시장 영역에 외국인 근로자를 수용하나 이주민 정착은 원천 차단	경제적 필요 우선
동화주의 모델	이주민들이 주류사회의 가치, 충성, 생활양식을 수용해 하나가 됨	주류사회 중심
다문화주의 모델	국가 내 소수집단 구성원의 인종, 출신국, 젠더 등의 다름을 차별 없이 존중하고 문화 다양성을 인정하자는 다원주의	구별 짓기(labeling) 부작용, 반 다문화주의 정서 관리 필요
상호문화 주의 모델	단순히 여러 문화의 수동적 수용이 아닌 문화 간 대화와 상호작용을 중시a)	이주민의 일상생활과 관련된 문화 외적인 요소들에 무관심
상호지위 인정 모델	사회정의에 기반한 동료이자 구성원으로서의 인정을 통해 권리와 의무의 주체로 인식하고 상호작용	경제와 문화 간 통합적 관점의 접근으로 삶의 질 향상과 사회적 연대 강화

자료: 이혜경, 2019: 127에서 재인용

한국에서 다문화 담론이 시작된 지 30여 년이 지났다. 그럼에도 이주정책의 공론화 논의는 부족하고, 사회적으로 제기되는 다양한 문제들을 묶어 낼 이주정책 개념 정의가 명확하게 되어있지 않다.

한국의 이주정책은 2006년 참여정부가 '결혼이민자 가족의 사회통합 지원 대책'을 시행하면서 본격화되었음에도 그 체계성이 미흡한 상태로 추진되었으며, 외국인노동자 수는 꾸준히 증가하고 있음에도 불구하고 이주노동자 정책은 제도적으로 뒷받침되지 못하였다.

이와 함께 지방자치단체 대부분이 '외국인주민지원조례'와 '다문화가족지원조례'를 별도로 제정해 시행하고 있지만, 통합조례를 제정하지 않은 지방자치단체들이 있어 이원화된 행정으로 인한 비효율성이 발생하고 있다. 따라서 현재의 분절화 된 이주정책을 개선하기 위한 적극적인 공론화가 필요한 시점이다(이혜경, 2019; 이종희, 2023).

대체로 한국 이주정책의 문제점으로 낮은 다문화 수용성, 정책 방향의 모호성, 정책과 사업을 여러 부처에서 시행하는 구조적 문제에서 나타난 체계성 부족, 실적 위주의 추진과 중복 사업 등으로 인한 비효율성 그리고 사회적 약자 보호 차원의 접근 방식으로 인한 온정주의적 경향을 꼽을 수 있다(이종희, 2023)[2].

따라서 이주정책의 변화가 필요하다. 이를 위해서는 무엇보다도 상호주의 문화를 존중하는 시민의식이 필요하다. 그리고 이주정책의 기본 방향은 우리의 언어나 문화를 일방적으로 전달하는 방향에서 벗어나 다양한 문화와 언어를 존중하고 이해하는 방향으로 전환되어야 할 것이다. 더 나아가 정책을 기획·수립하는 과정에서 탁상 행정이 되지 않도록 전문가, 활동가, 이주민 등이 직접 참여할 수 있도록 하여, 현장의 목소리와 이주

---

2   이민자 국가인 캐나다와 호주에서는 1960년대부터 국가 정체성의 토대 위에 다문화주의를 수용하였고 여러 인종의 사회통합이 다문화 담론의 중심이 되었다(김미영, 2021). 독일의 경우는 초기에는 순수 혈통주의를 견지하는 이주정책을 펼치며 전형적인 이민국가의 모델보다는 노동력 모집국가의 형태를 취하다가 다양성 존중 및 상호이해 중심의 사회통합을 지향하는 포용적 이주 정책으로 전환하였다(김현정, 2021). 특히, 독일은 1950년대, 1960년대에 전후 사회 복구와 경제 성장에 따른 노동력수요 급증으로 외국인 노동자들을 제도적으로 받아들인 후, 이들의 장기체류, 가족 초청, 2·3세대의 출생과 독일계 재외동포의 귀환 등이 다문화 담론의 주요 배경이 되었다(이종희, 2012, 2023).

민의 욕구가 반영될 필요가 있다.

이주민을 시혜적 지원의 대상자로 범주화하는 것은 선주민들의 거부감을 불러일으킬 수 있으며 역차별 논란을 야기할 수 있다. 이주민을 도움이 필요한 대상으로 범주화하여서는 안 될 것이며, 우리 사회의 동등한 구성원으로 대해야 한다(이종희, 2023: 159-160). 나아가 이주민 정책에 대한 지속 가능한 중장기 계획이 마련되어야 하며, 중심적 역할을 하는 전문기관이 필요하다. 제4차 외국인정책 기본계획(2023~2027)에서는 '출입국·이민관리청' 신설을 포함하고 있는 것은 다행스럽다. 이와 함께 이주민의 사회통합을 위한법적 장치도 마련되어야 할 것이다. 그 일환으로 시민교육의 역할을 강조할 필요가 있다.

다. 한국 다문화 정책의 특성과 한계

다문화 사회로의 변화는 우리에게 새로운 소수자의 출현을 목격하게 하고 기존에 주변화 된 소수자 문제와 그들의 목소리에 관심을 기울이게 한다.

1990년대 후반부터 외국인노동자의 유입과 국제결혼이 증가하면서 한국 사회는 소수 인종 및 민족 집단에 대한 편견과 차별 문제, 문화 다양성에 대한 수용성 확대 목소리가 커지기 시작해 2005년부터는 다문화 사회 관련 논의가 본격적으로 개진되기에 이른다. 2005년 5월 외국인 문제의 위상이 '대통령 지시과제'로 격상되고 2006년 4월 국정회의를 거치면서 다문화 사회로의 전환이 공식적으로 선언되고 다문화는 한국 사회의 공식적인 정책 의제가 되었다. 2006년에는 '다문화 열린사회'와 '사단법인 국경 없는 마을' 등 다문화주의(multiculturalism)를 공식적으로 표방하는 NGO

가 조직되었다.

이후 정부 부처는 이주자를 통합하려는 다문화주의 정책 개발과 입안을 위한 경쟁에 나서게 되는데, '혼혈인 및 이주자 사회통합 지원방안', '결혼이민자 사회통합안'이 부처 회의에서 채택되고 보건복지부, 법무부, 여성가족부, 교육부 등 여러 정부부처에서 다문화가족을 위한 다양한 지원 정책을 수립하기에 이른다.

2008년에는 '다문화가족지원법'[3]이 제정돼 다문화가족 지원정책의 근거법이 마련되었으며, 정부 부처(당시 보건복지가족부)에 다문화가족과가 신설되어 결혼이주여성에 대해 단계별로 지원하는 정책 및 서비스를 해나가게 된다(이혜경, 2009: 1). 또한 지방자치단체별로 다문화가족지원센터[4]가 설립되었고, 학계에서도 관련 학회가 구성되는 등 다문화는 우리 사회 주요 이슈로 급부상하게 된다.

이러한 과정을 거치면서 다문화 혹은 다문화주의와 관련된 담론이 크게 증가하게 되고 교육계에서도 다문화 교육에 관심을 쏟게 되면서 다문화 교육 및 다문화 인식 개선 방안 모색이 꾸준히 이루어져왔다(임유하·지

---

[3] 2008년 3월 21일 제정되어 9월 22일부터 시행된 '다문화가족지원법'은 결혼이민자와 자녀들에 대한 전면적이고 총체적인 사회서비스를 제공하는 것을 목표로 이주의 전 단계와 과정에서 체계적인 서비스를 제공하기 위한 기본 틀을 만들었다는 점에서 정책적 의의가 있다. 이 법안은 기존의 다문화가족 지원정책이 결혼이민자 본인에게 치중되어 자녀 및 배우자 등 가족 전체를 대상으로 한 통합정책이 미흡하다는 점과 초기 적응을 위한 한국어교육 등 일부 사업에 집중되어 지역별, 출신국가별 다양한 욕구 반영이 부족하다는 점이 문제점으로 지적되면서 이를 수정, 보완한 결과물이다. 그럼에도 이 법안은 국제결혼에 의한 결혼이민자가족 지원에 국한되어 있어 '결혼이민자가족 지원법'이라는 비판을 받는다.

[4] 다문화가족지원센터는 가족의 유형별로 이원화되어 있는 가족지원서비스를 가족의 유형에 상관없이 한국에서 다양한 가족에 대한 보편적이고 포괄적 서비스 제공하기 위해 건강가정지원센터와 통합돼 2021년 10월 13일부터 '가족센터'라는 명칭으로 변경해 운영하고 있다.

은, 2020; 선곡유화 외, 2013). 교육현장에서는 학생들의 다문화 역량 향상을 위한 다문화 교육이 이루어져[5], 한국 다문화 정책의 특징으로 다문화 교육 관련이 압도적인 비중을 차지한 것으로 확인된다(황정미, 2010: 95; 강운선, 2014).

이처럼 다문화 교육의 확대에도 불구하고, 우리의 다문화 교육은 타 문화 이해에 교육의 초점이 맞춰져 있고 소수 집단에 대한 교육의 성격이 강해 사회 구성원들의 다문화에 대한 이해와 수용성은 여전히 부족하다는 문제점이 지적된다(이해응·염미경, 2021). 이는 3년 주기로 실시되는 '국민 다문화 수용성 조사' 결과에서도 확인된다.

여성가족부(2019)의 '국민 다문화 수용성 조사'[6] 결과를 보면 국민의 전체 다문화 수용성이 2015년 대비 하락한 것으로 나타나, 그동안의 다문화 교육의 주제와 내용 및 방법에 대한 점검 필요성을 제기하였다. 3년 후 실시된 여성가족부(2021) 조사에서는 세대별, 학교급별로 다문화 수용성에서 격차가 있음을 보여주었다. 여성가족부(2019) 조사와 비교해 여성가족부(2021) 조사에서 청소년의 다문화 수용성은 상승한 반면, 성인은 하락해 청소년과 성인 간의 격차가 더 벌어진 것으로 나타났다.

좀 더 구체적으로 살펴보면, 여성가족부(2021) 조사에서 성인의 다문화 수용성은 52.27점으로 청소년(71.39점)에 비해 19.12점 낮았는데,

---

5　교육부는 2006년 '다문화 가정 자녀 교육지원 대책'을 시작으로 다문화 교육정책을 추진해왔다. 학교 현장의 다문화감수성 증진을 위해 교육과정 개편 및 교과서 개정 등을 시도해왔고, 2007년 교육과정 개정에서 다문화 이해를 범교과 주제로 포함시켰으며, 초·중등학교 교육과정 총론에 다문화가 포함시켰다. 2015년 초·중등학교 교육과정 개정에서는 세계시민으로서 요구되는 가치와 태도를 갖고 배려와 나눔을 실천하는 공동체의식이 핵심역량 및 추구하는 인간상으로 제시되었다(교육부, 2015; 임유하·지은, 2020).

6　'국민 다문화 수용성 조사'는 2012년부터 시작돼 3년 주기로 실시되며 국민의 다문화 수용성 정도를 파악하여 각종 다문화 정책 수립의 기초자료로 활용된다.

2018년에 비해 성인은 낮아지고, 청소년은 소폭 상승하여, 그 격차(2018년 18.41점 차이에서 2021년 19.12점 차이)는 0.71점 더 커졌다. 이와 함께 여성가족부(2019) 조사와 비교해 여성가족부(2021)에서는 학교급별 격차도 더 커졌는데, 청소년 중 중학생의 다문화 수용성은 상승한 반면, 고등학생은 하락하여 학교급별 격차가 2018년 0.31점 차이에서 2021년 3.5점 차이를 보였다. 이러한 조사결과를 바탕으로 중학생과 고등학생의 변화양상이 반대로 나타난 것을 통해 성장과정에서 중학생의 높은 다문화 수용성이 지속적으로 유지되지 않음을 확인할 수 있다. 이러한 결과는 우리 사회의 다문화 수용성과 다문화감수성 등 다문화 역량을 높일 수 있는 연령별, 대상별 다문화 교육 강화와 다양한 가족 간 소통과 교류와 소통과 함께 다문화 교육의 새로운 방향 모색을 위한 다차원적인 노력이 다문화 교육이 필요하다는 것을 시사해준다.

이와 같이 사회적 다양성과 소수자의 동등한 권한을 인정하기 위한 변화의 노력이 계속되고 있고 다양성에 대한 포용성이 증진되고 있음에도 불구하고, 소수자 집단에 대한 편견과 차별이 여전히 존재한다는 것은 역설적으로 다양성 존중에 대한 보편적인 수용이 아직도 요원함을 반증하는 것일 수 있다. 이는 다문화 사회에도 위험 요소로 작용할 수 있다. 소수자 집단에 대한 배제를 정당화하는 논리는 언제든 다시 다양성을 부정하는 논리로 사용될 가능성이 있기 때문이다(박선운·박윤경, 2021: 29-30).

따라서 교육자들에게 소수자 교육, 특히 소수자 인권 보호를 위한 교육에서 현재 우리가 어떻게 접근하고 있는지에 대한 비판적인 검토와 논의가 필요하다. 따라서 인종, 민족, 종교, 언어, 장애, 성적 지향 등 다양한 배경을 지닌 사회적 소수자의 권리 보호 및 다양성 존중을 위한 새로운 교육 방향을 모색하기 위해서는 다차원적인 노력이 요구된다.

그러면, 향후 다문화 교육은 어떤 방향으로 가야 하는가? 다문화 교육의 방향성과 관련해 주목할 필요가 있는 것이 다문화 시민교육(multicultural citizenship education)이며, 소수 집단 구성원들에 대한 편견과 차별에 대항할 수 있는 다문화 사회의 시민을 양성하는 다문화 시민교육은 우리의 다문화 교육에 방향성을 제시해줄 수 있는 것으로 평가된다(박선운·박윤경, 2021; Banks & Banks, 2016).

3. 다문화 담론의 전개와 한국 다문화 정책의 특성

가. 문화적 다원주의, 문화상대주의, 다문화주의 그리고 상호문화주의

현대 사회가 극도로 다양해지면서 전통적인 문화 개념의 요소들은 모두 더 이상 지탱할 수 없게 된다. 다양한 장치의 보호 하에 견고하게 유지될 것으로 기대되던 민족의 절대성과 민족문화의 단일성에 대한 신념은 20세기 중반 이후부터 국경을 넘은 인간과 자본, 상품, 문화, 정보의 이동이 본격화되면서 단일성으로 포섭되기 힘든 국가 내부의 차이와 다양성이 가시화되기 시작하면서 전면적인 도전에 직면하게 되었다(김이선, 2010: 171). 앞에서 언급한 바와 같이, 다문화 담론은 나라마다 사회적 환경과 역사적 상황에 따라 다르다.

대체로 서구를 중심으로 통용되고 있는 전통적 문화 개념은 단일문화, 단일민족이라는 관념이 강했고, 이러한 전통적 문화 개념은 18세기 말 독일의 철학자 헤르더(Herder)에 의해 정식화되는데, 헤르더의 문화 개념은 줄기차게 강조돼온 단일민족의 문화라는 관념에 매우 가깝다.

단일문화로서 전통적 문화 개념의 구상은 크게 사회적인 동질화, 인종적인 기반 그리고 상호 문화적 경계 설정에 기반 한다. 먼저 이 구상은 하나의 문화는 연관된 민족의 삶을 전체에서뿐만 아니라 개인적인 영역에서도 영향을 끼쳐야 하고, 모든 행위와 모든 대상을 바로 '이' 문화의 혼동할 수 없는 구성 요소로 만들어야만 하며, 문화는 항상 한 국민의 문화여야만 한다. 즉 문화는 한 민족의 '정수'를 나타낸다는 것으로, 이 구상은 한 민족의 문화로서 각각의 문화는 다른 민족의 문화로부터 특수하게 구별되고 경계를 설정해야만 한다(Herder, 1989).

이와 관련해, 민족국가에 있어서 문화가 차지하는 위상에 주목할 필요가 있다. 역사적으로 민족국가 형성과정은 단순히 통치의 확립과 제도적 통합에 의해 이루어진 것이 아니라, 특정한 영토 내에 거주하는 이들이 '민족'을 발견하고 본래 주권을 가진 정치공동체를 상상하며, 스스로를 공동체의 구성원으로, 공동체 내에서 동일한 권리와 의무를 부여받는 존재로 규정하고 공동체의 다른 구성원들과 동료로서 연대감 내지 민족정체성을 형성, 확인하는 과정이기도 하였다.

이러한 과정이 진전될 수 있었던 데는 해당 공동체의 구성원들이 외부와는 구분되는 '특정한 자질을 공유하고 있다'는 신념을 형성하고 확인할 수 있도록 하는 의사소통의 틀이 중요하게 작용하였다. 이러한 점에서 민족 국가의 요체인 민족의식은 정치공동체의 의도적 산물이라기보다는 문화를 매개로 한 의사소통을 통해 '민족'을 상상할 수 있게 한 역사적 환경 속에서 자연스럽게 형성된 것이라고 할 수 있다(Anderson, 1991). 여기에는 언어와 교육제도는 물론이고 유·무형의 문화유산과 민족을 표상하는 각종 상징물- 국기, 국가, 선언문 등 -이 상징의 의미를 형성하고 확인할 수 있는 공공 의례 등이 중요한 역할을 하였다. 이러한 작업을 통해 생산되고 강조되는 민족과 그 기반이 되는 민족문화의 요체는 고유성과 단일성, 지속성에 있게 되었다(김이선, 2010).

단일문화로서의 전통적 문화 개념 구상과 같은 문화일원론에 대한 대안적 관점으로 문화상대주의(cultural relativism)[7]가 있다. 서로 다른 경험을 공유하는 집단들 또는 나라들은 서로 다른 문화, 즉 서로 다른 가치와 행위양식을 형성하기 마련이다. 지역이나 나라에 따라 다양한 문화가 존재할 수 있으며, 각각의 문화는 나름대로 독특한 가치를 지니고 있는데, 이러한 상대성을 인정하는 관점을 문화상대주의라고 한다.

문화상대주의에 의하면, 지리와 합리성, 가치는 개별 문화 내부에서 결정되기 때문에 개별 문화들 간의 장점과 빼어남은 서로 비교될 수 없다. 이것은 각 문화의 장점이나 합리성을 비교하는 기준이 없기 때문에 각 문화는 동등하게 서로 받아들일 만하고, 서로 존중할 수 있다는 좋은 점을 가지고 있는 것처럼 보인다.

이러한 문화상대주의가 관용적인 태도를 보여주기는 하지만 각 문화 모두가 자신의 권리, 합리성과 가치가 옳다고 주장할 때 딜레마에 빠질 수 있고, 이러한 딜레마를 해결할 수 있는 보편적 규범과 기준들을 발견할 수 없기 때문에 강자의 주장이 정당화될 수 있다. 더욱이 문화상대주의는 합리성이나 진리, 의미가 개별 문화들에 의해 결정되기 때문에 문화들 간에 소통 문제가 발생한다(비판사회학회, 2012: 149-150). 따라서 이러한 관점을 극복할 수 있는 새로운 관점을 필요로 하게 되는데, 각 문화의 다양성과

---

7   많은 인류학자들은 다른 문화를 이해하기 위해서는 문화상대주의의 입장을 견지해야 한다고 주장한다. 문화상대주의란 다른 사람들의 행동과 신념 따위를 그들의 전통과 경험의 맥락에서 판단하고 분석하는 것이다. 따라서 한 문화전통에서 옳은 것이 다른 문화에서 옳을 수도 그릇된 것일 수도 있다고 보는 입장이다(노길명 외, 2002: 88).

독자성을 인정하고, 그러면서 서로 대화하고 소통할 수 있는 대안으로 등장한 것이 다문화주의이다.

다문화주의는 다양한 문화와 인종적 배경을 지닌 사람들이 한 사회나 국가에 공존하면서 발생하는 여러 가지 현상이나 문제를 해결하기 위해서 출현한 개념이다. 대체로 민족적, 인종적, 종교적 대립과 갈등이 존재해 소수자들의 문화적 정체성과 문화적 권리를 인정하는 문제가 사회적 문제로 대두하면서 등장한 다문화주의 개념은 그 영역을 확장하여 인종적, 민족적, 종교적 문제뿐만 아니라 여성, 동성애자, 장애인 문제까지 포괄하고 있다. 이는 다문화주의가 소수자들에 대한 문화적 차별을 제거하고 그들의 문화적 정체성과 문화적 권리를 인정하는 데 기본 이념과 목적이 있음을 의미한다.

이러한 다문화주의 개념에 대해서는 다양한 논의와 해석이 존재하고 있어 쉽게 정의하기 어렵지만 몇 가지 논의를 중심으로 정리하면 다음과 같다. 우선 다문화주의는 종족집단(ethnic groups)이 갖고 있는 문화적 이질성에도 불구하고 사회 전체에 평등하게 참여하는 것을 인정하고 이를 위해 노력하는 다문화 공존을 위한 정책을 의미한다. 따라서 다문화주의는 민족마다 다른 다양한 문화나 언어를 하나로 동화시키지 않고 공존시켜 서로 승인, 존중하는 것을 목적으로 하는 정책으로, 기본적으로 문화의 다양성과 복수성이 포함되어 있다.

다문화 현상이 전 세계적 추세가 되면서 이에 대한 유형화가 시도된다. 먼저 문화적 소수자 집단이 문화적 다수자 집단에 대해 어떤 태도를 취하느냐를 기준으로 해 다문화 사회 모델을 동화모델과 정체성 모델로 유형화하는 경우인데, 동화 모델은 소수자집단이 다수자집단의 문화에 동화되거나 통합되기를 원하는 경우[8], 정체성 모델은 소수자집단이 다수자집단의 문화에 동화되는 것을 거부하면서 문화적 정체성을 유지하려고 하는 경우[9]에 해당한다(손철성, 2008: 5-6). 이러한 유형화에 따르면 다문화주의는 정체성 모델을 지향하는 것으로 본다.

이와 유사하게 설동훈(2005)은 다문화 모델을 문화적 다원주의(cultural pluralism)와 다문화주의로 나눈다(설동훈, 2005: 3). 문화적 다원주의와 다문화주의의 개념은 모두 다양성을 인정하고 사회적 통합을 추구한다는 점에서는 유사하지만 문화적 다원주의 모델은 문화의 다양성과 다원성을 인정하면서도 주류사회가 존재함을 분명히 하고 여러 다양한 소수민족이 존재함을 인정하는 정도의 소극적인 다문화 모델이다. 이에 비해, 다문화주의는 문화적 다원주의보다 발달된 개념으로 다문화주의 모델은 문화적 다원주의 모델처럼 주류사회의 중요성을 부각하기보다는 다양한 문화가 평등하게 인정되어야 함을 강조하는 모델이다(설동훈, 2005). 이 논의는 다문화주의가 문화적 다원주의에 근거를 두고 현실적으로는 한 민족국가(nation state)[10] 안에 서로 다른 인종, 문화공동체가 존재하는 현실적 문제

---

8   이 경우 이민자들의 주요 관심은 자신들의 문화적 정체성 유지보다는 인종적, 민족적, 문화적, 종교적 차이로 인해서 시민권이나 경제적 권리에서 차별을 받지 않는 것에 둔다.
9   예를 들면, 캐나다의 원주민이나 퀘벡인이 이에 해당되는데, 가톨릭을 믿는 프랑스계 퀘벡인들은 주류인 영국문화에 통합되는 것을 거부하고 프랑스어를 사용하면서 자신들의 독특한 문화공동체를 유지하기를 원한다. 퀘벡인들은 주류 집단의 시민들에 비해 시민권이나 경제적 권리에서 특별한 차별을 받고 있는 것은 아니지만 독자적인 문화 공동체의 존속에 많은 관심을 기울인다(손철성, 2008).
10 민족국가는 민족을 전제로 하고, 혈연적 근친(近親) 의식에 바탕을 두고 공동의 사회·경제생활을 영위하며 동일한 언어를 사용하고 동일한 문화와 전통적 심리를 바탕으로 하여 형성된 인간 공동체를 지칭한다. 역사적 관점에서 볼 때 근대 유럽에서 시민혁명을 거쳐 형성된 근대국가를 지칭하는 의미로 많이 사용되며, 국민국가와 유사한 의미로 사용된다.

가 존재한다는 점에 주목한다.

미쉘(Mitchell)에 의하면, 원래 다문화주의 개념은 1970년대 다문화주의를 통치이념으로 내세운 이민국가 캐나다에서 처음 등장하였다(Mitchell, 2003). 그 후 이민자 증가라는 공통된 현안에 부딪힌 서구의 여러 나라들이 이를 수용하였고 아시아에서는 싱가포르가 대표적으로 다문화주의를 공식적인 국가 통치이념으로 확립하였다(오경석, 2007). 이들 나라에서 다문화주의는 급증하는 이민자들을 수용하는 이데올로기인 동시에 정치적, 제도적 변화를 이끌어 낸 실질적인 사회변동의 촉매제였다(정현주, 2010).

이상에서 살펴본 바와 같이, 다문화주의는 서구사회가 다양한 관점과 인종, 언어, 종교, 계급·계층, 젠더, 이데올로기, 민족성, 국가 등의 요소에 있어서의 현저한 문화적 차이를 가진 집단들로 구성되어 있다는 사실을 반영한다. 이러한 기술적 차원을 넘어서서 다문화주의가 비교적 새로운 현상으로 부각된 것은 그것이 하나의 강력한 규범적 성격을 가지는 윤리·정치적 원리로서 제시된 데 있다(김비환, 1996).

이와 관련해 최성환(2015)은 다문화주의가 어떤 이상을 표현하기 위해 평가적으로 사용되며, 공통의 역사, 개인과 집단의 특별한 관계라는 속성을 지닌 문화 집단의 차이를 인정하고 나아가 다문화 사회를 가치 있는 목표로 설정하고 그를 실현하려는 지향성을 의미한다. 그러나 차이를 인정한다고 할 때 인정되는 차이는 어느 정도인가 하는 것은 또 다른 차원의 문제라고 본다.

이상의 논의에서 확인할 수 있는 것은 급격한 사회 변화에서 비롯되는 갈등과 문제를 다문화주의가 일정 정도 해결해주리라는 기대가 작용했다는 점이다. 그러나 각 사회에서 다문화주의가 실제로 적용되고 실행되면서는 다문화주의에 대해 회의적인 시선이 커지게 된다.

초기에 다문화주의는 정치적으로 배제와 동화에 대한 도덕적·사회적·정치적 저항, 사회적으로 세계화가 초래한 새로운 갈등의 해소를 위한 대안, 인식론적으로는 근대의 획일성에 대한 비판이라는 다양한 측면에서 규범적 당위성을 부여받았다. 반면 오늘날 다문화주의는 집단 이기주의와 학문적 유행의 결합으로까지 간주되고 있다. 문제는 다양한 문화와 집단의 평화적인 공존의 필요성은 인정하지만 다문화주의가 이러한 다문화 공존의 틀을 제공할 수 있는 유일한 정치적 원칙인가에 대해서 이견이 존재한다는 사실이다.

다문화주의를 표방했던 나라들에서 여전히 인종 갈등 문제가 불거지고 있고, 이는 다문화주의가 더 이상 사회통합의 원리로서 기능하지 못할 수 있음을 보여준다. 따라서 다문화주의에 대한 접근에서 신중한 태도가 필요하며, 그런 배경에서 다문화주의 개념과 구조를 성찰할 필요가 있다.

이상적인 의미에서 다문화주의는 문화가 특정한 집단의 고정된 속성이라기보다는 다양한 집단들이 역동적으로 상호작용함으로써 생겨난 산물이다. 그러나 융합적 특성, 개방성 그리고 비결정성 등에 의해 특징지어지는 다문화주의는 이념을 넘어 실제적인 정착에서 난관에 직면하고 있다.

이와 관련해 벨쉬(W. Welsch)는 다문화주의가 상이한 문화들을 계속해서 독립적인 그 자체로 동질적인 형성체로서 이해함으로써 개념적으로 여전히 단일 문화라는 관습적인 문화이해의 계열에 놓여 있다고 본다. 다문화주의 구상은 하나 그리고 동일한 사회 안에서의 상이한 문화의 공존에 대한 물음을 제기하지만, 이 구상은 한 사회 내부에서의 이러한 문화적 복수성에서 비롯되는 문제를 해결할 수 없다. 그 이유는 이 다문화주의 구상이 여전히 예전의 동질화하는 문화 개념을 통해 만들어졌기 때문이다(최성환, 2008: 297-298).

다시 말해 다문화주의 구상이 긍정적 의미를 갖고 있음에도 불구하고, 개념적으로 여전히 전통적인 문화 개념의 전제, 즉 일정한 종류의 문화 체제를 지속하고 있다는 점에서 문제점을 안고 있다. 이러한 전제에 동의하는 한, 즉 다문화주의가 단일 문화라는 전통적 문화 개념을 전제를 내세우는 한 문화들 사이의 갈등은 해결될 수 없다.

한편으로 다문화주의가 이론적 근거로 내세우는 문화상대주의도 상당한 문제를 안고 있다. 단순히 상호 문화 존중에만 주목한다면 상대주의의 굴레에서 벗어날 수 없다. 문화의 우열을 거부하는 입장은 그럴듯해 보이지만 실상은 '모든 것이 가능하다'는 극단적 상대주의로 전락할 수 있기 때문이다.

그렇기에 진정한 의미의 다문화주의가 성립되기 위해서는 타 문화의 인정을 넘어서서 실제로 이런 문화들이 문화 공동체의 구성원들의 삶의 실현에 기여할 수 있어야 한다. 문화의 진정한 가치는 문화가 인간의 정신적인 발전을 촉진시키기 위해 새로운 것을 끊임없이 창조해내는 가운데 형성되기 때문이다(최성환, 2008: 301).

또한 다문화주의는 정치철학이냐 정부의 정책이냐 혹은 사회운동이냐에 따라 달리 접근되고 있으며, 주체의 설정과 문화에 대한 이해 그리고 적용 범위와 방식에 따라 상이한 내용을 담게 되는데(김영옥, 2007), 이러한 논의는 크게 세 가지로 구분할 수 있다.

먼저 1970년대 미국, 캐나다, 스웨덴 등 전형적인 다인종국가들에서 활발히 논의된 다문화주의는 민주주의와 인권의 측면을 강조하는데, '동일한 국적, 단일한 국민정체성, 배타적인 시민권, 영토 내부에 대한 포괄적인 통치권'으로 설명되는 근대 민족국가의 경계를 넘어 보편적 인권의 관점에서 비국적자, 체류자격이 없는 사람까지 포함하는 방식으로 성원권

(post-national membership)을 규정하려는 시도이다.

이와 관련해 프레이저(Fraser)는 전 지구화 시대에는 상호작용의 범위가 국민국가를 넘어서기 때문에 전 지구적 차원에서 영향을 받는 모든 사람들을 고려하는 성원권이 필요하다고 주장하는데, 이러한 정치적 차원의 활동을 시민권 정치라고 지칭한다.

둘째는 경제적 차원에서 위계를 설명하는 재분배(redistribution)의 관점에서 차별과 정의의 문제를 다루는 다문화주의 입장이다. 여기서 차별이나 정의에 대한 논의는 주로 재화의 분배 또는 재분배 문제와 관련되는데, 사회적 상호작용의 과정에 동등한 참여를 가로막는 경제적 자원의 불균등 분배나 경제적 차별의 문제를 다룬다. 재분배 관점의 다문화주의 옹호자들은 주류 제도가 다수자 집단에게 이익이 되는 방식으로 편향적이고, 이러한 편향의 결과로 소수자들의 행위와 정체성에 해를 입힌다는 주장에서 출발하며, 경제적 위계구조에 내재하는 불평등을 제거하려고 한다. 이를 해결하기 위해서는 소득재분배, 노동분업의 재편성, 투자결정의 규제 등 경제적 재구조화가 요청된다고 본다.

이러한 관점에서 공공정책의 대상은 시장이나 생산수단과의 특수한 관계에 의해 경제적으로 결정되는 계급 혹은 계급과 유사한 집단들이며, 그 목표는 기회와 문화에 있어 집단 간에 존재하는 계급적 차이를 축소하는 것이다(손철성, 2008; 김영옥, 2007).

셋째는 문화적 차원으로, 신분적 위계구조에 내재하는 불평등을 제거하려고 하는 인정(recognition)의 정치를 강조하는 다문화주의 관점이다. 여기서 차별이나 정의의 문제는 주로 문화적 정체성이나 문화적 권리와 관련된다. 즉 인정의 정치라는 관점에서는 표현, 해석, 의사소통의 사회적 양식에 뿌리내린 문화적 부정의에 초점을 맞추는데 문화적 지배, 인정하지 않음, 경멸 등이 이러한 부정의에 해당되는 것으로, 사회적 상호작용의 과정에 동등한 참여를 가로막는 문화적 차별이나 문화적 정체성의 불인정 문제를 다룬다.

이러한 관점에서는 이러한 문제를 해결하기 위해 소수자 집단의 손상된 정체성과 문화적 산물들을 상향적으로 재평가할 수 있도록 문화적 다양성에 긍정적 의미를 부여하거나 문화적 편견과 차별을 생산하는 재현, 해석, 소통 등 상징적 체계의 사회적 패턴 자체를 변화시켜야 한다고 본다.

서구 국가들에서는 대체적으로 이슬람교도보다는 기독교도가, 흑인보다 백인이, 여성보다는 남성이, 동성애자보다는 이성애자가 신분적으로 더 우월한 지위를 차지하고 있다고 본다. 인정의 정치라는 관점에서는 이러한 신분적 위계구조나 문화적 차별을 타파하는 투쟁에 초점을 맞추어 소수자들의 문화적 정체성과 문화적 권리의 인정을 통해 문제를 해결하려고 하며, 이를 위해 국가의 정책적 지원이나 소수자들의 조직적 활동, 차별화된 시민권 등이 필요하다고 주장한다(손철성, 2008).

이상의 차별과 정의에 관련된 이러한 세 가지 차원의 정치는 상호작용을 하면서도 각각 자율성을 지닌 영역이다. 예를 들어 계급, 젠더, 인종 등 세 개의 유형을 놓고 보면 이 중에서 계급은 비교적 가장 재분배에, 젠더와 인종은 재분배와 인정의 차원 모두에 유사한 정도로 관련되어 있다.

결국 다문화주의 담론은 다양한 문제들이 얽혀있는 주제이다. 따라서 사회적 차별이나 불평등의 문제를 해결하기 위해서는 이러한 세 가지 차원에서의 통합적 접근이 요구된다.

나. 한국에서 다문화 담론의 전개 과정과 특성

개인들은 시간적 경험의 한계로 자신이 살아가는 현재의 생활방식을 당연하고 자연스러운 것으로 생각하고, 또 그 변화에 대한 전망도 지니지 못하는 경향이 있다. 한국사회에서 단일민족 의식은 많은 이들이 당연하게 받아들이는 일종의 몰역사적 의식이다. 역사적으로 한반도에는 여러 민족이 혼재해왔는데, 일반적으로 한민족은 예맥족을 근간으로 하면서도 역사적 과정에서 고아시아족, 남방계, 중국계, 일본계 민족이 조금씩 혼성되면서 형성되어왔다. 그러다가 조선시대부터 지금과 유사한 국경이 정해지고 외세와 대결하는 과정에서 한민족의 단일민족의식이 생겨났다.

특히 현대적 국민국가가 형성되고 국가에 의한 교육과 홍보를 통해 '백의민족' 등 단일민족 의식이 적극적으로 확산되면서 국민들이 단일민족이라는 의식을 자연스럽게 내면화했다. 외형적 유사성, 동일한 언어의 사용 등이 민족적 동일성을 주장하는 물리적 조건이었다면, 일본을 비롯한 다른 나라와의 대결의식, 스포츠를 통한 국가 간 경쟁 등은 단일민족의식을 강화하는 정신적 요인이었다고 할 수 있다.

그러나 이제 한국사회는 더 이상 하나의 민족, 인종, 문화와 언어를 가지고 있다고 말하기 어렵게 되었다. 외국인노동자, 결혼이민자, 북한이탈주민과 같이 다양한 배경을 지니고 살아왔던 이민자와의 공존은 우리사회에서 다양한 문화와 인종의 공존 시대를 열었다.

따라서 단일민족 의식이 결코 초역사적인 것이 아니라 역사적 과정에서 사회적으로 구성된 측면이 있다는 점을 이해하고, 따라서 다문화 사회와 같이 사회적 조건이 변화하면 그에 맞추어 변할 수 있는 의식이라는 점을 인식할 필요가 있다(비판사회학회, 2012: 37). 그러면, 한국에서 다문화 및 다문화주의 담론의 전개 과정은 어떠했는가? 이를 정리하면 다음과 같다.

우선 한국에서 다문화 및 다문화주의 담론은 주로 외국인노동자, 결혼이주여성 그리고 그 가족에 집중되는 경향을 보여 왔다는 점을 지적할 수 있다. 이러한 방향성은 한국 다문화 정책의 주요 근거법령인 '재한외국인처우기본법'(2007)과 '다문화가족지원법'(2008)에서도 어느 정도 확인할 수 있다.

앞에서 언급한 바와 같이, 2006년 정부는 '다문화 사회로의 전환'이라는 문제의식을 급작스레 선언하는 방식으로 소위 정부가 적극적으로 개입하는 관(官) 주도형 다문화주의가 이민자정책 담론의 새로운 키워드가 되었다(김희정, 2007). 이에 정부는 외국인노동자의 노동권 및 시민권에 대해서는 철저하게 배타적인 입장을 견지하게 되고, 문화적 권리와 관련해서만 적극적인 입장을 취하게 되었으며, 정부의 다문화 정책의 대상 범주는 외국인 중 결혼이민자로 구성된 다문화가족이었다. 이렇게 하여 정부의 다문화 정책에서 국내 이민자 문제의 핵심이라고 할 수 있는 미등록 외국인노동자의 문제는 범주적으로 배제시키게 된다(오경석, 2007).

그 결과 한국에서 다문화가족은 우리와 다른 민족·문화적 배경을 가진 사람들로 구성된 가정을 통칭하는 말이 되었다. '다문화가족지원법'의 정의에 따르면, 다문화가족은 '한국 국민과 혼인한 적이 있거나 혼인관계에 있는 재한외국인이나 이미 귀화 허가를 받은 내국인과 한국인의 결합으로 이루어진 가족'을 의미하게 된다. 이 점은 정부의 다문화 정책이 진정한 의미의 다문화 사회 통합보다는 인구대책으로서의 성격을 갖고 있음을 시사해준다. 더욱이 이주정책이 정부 주도로 추진되면서 언론 등 사회적인 관심은 더욱 높아지게 되지만(김미영, 2021), 정부의 다문화 정책이 주로 결혼이민자의 가족을 대상으로 하면서 한국의 이주정책은 결혼이민자

가족정책으로 고착화되는 양상을 보였다.

결국 한국 정부가 시행해오고 있는 다문화 정책은 기본적으로 결혼이민자를 중심으로 한 다문화가족과 그 자녀들을 대상으로 한다. 한글교육, 문화적응교육, 전통예절교육, 요리교육, 송년한마당 행사, 가족한마당 페스티벌, 다문화교과서 개발, 교사 대상 다문화 교육 실시 등 수많은 프로그램이 운영되고는 있지만 이들 다문화 정책은 문화에 초점을 맞추고 있다고 해도 적응과 동화의 관점에서 시행되고 있고[11] 문화적 다양성이나 문화적 정체성 관점과는 거리가 있다.

한국의 다문화 정책은 다문화주의라는 포용적인 슬로건에도 불구하고, 우리 사회의 전체 이민자들을 대상으로 하지 않는다는 점에서 근본적인 한계를 지닌다. 더욱이 정부의 다문화 정책의 주요 대상인 결혼이민자들은 앞에서 언급한 다문화 모델 중에서 정체성모델보다 동화모델을 추구한다. 결혼이민자들은 출신국의 문화적 정체성의 유지보다는 한국사회에 통합되기를 원하며 인권이나 경제적 권리에서 다른 한국인들과 동등한 대우를 받는 데 보다 많은 관심을 기울이는 경향이 있다.

이에 비해 소수자들은 내적으로는 문화적 정체성 유지 및 강화를 원하지만 사회적 분위기 때문에 이를 공개적으로 드러내지 않을 수 있다[12]. 한

---

11 한국 정부가 실질적인 동화정책을 다문화 정책이라고 이름붙이는 이유로 김희정(2007)은 국제적 요인과 국내적 요인을 들고 있다. 국제적 요인으로는 정부가 다문화주의가 새로운 소수자 통합의 국제적 기준이 되고 있는 상황에서 이민자를 다문화라는 이름으로 통합함으로써 국제적으로 한국의 이미지를 제고할 수 있다는 측면을 고려해서이며, 국내적 요인으로는 초창기 인권·노동권을 강조하는 경향이 강했던 외국인노동자 지원 세력이 분화되면서 일부 단체들이 시민권 및 다문화 담론을 사용하기 시작했기 때문에 한국 정부도 소수자문제를 다문화 문제로 규정하기 시작한 것임을 든다(김희정, 2007: 75-76).
12 이와 관련해, 왈쩌(Walzer, 2004)는 소수집단들이 자신들의 정체성을 드러내는데 있어

국사회는 여성, 동성애자, 장애인 등과 같은 소수자 집단이 존재하고 있고 이들의 문화적 차별과 문화적 정체성 문제가 제기되어 왔다. 따라서 사회 변화를 반영한 이주정책의 패러다임 전환이 시급하며, 다양함 속에서의 조화로운 상생을 위한 시민의식이 그 어느 때보다 요구된다.

4. 한국 다문화 교육 실행에 대한 성찰

가. 다문화 교육과 소수자 문제

다문화 교육은 단순한 지식의 전달이 아니라 실천적 태도를 함양하는 것을 목표로 한다는 점에서 '사고훈련'이며 '의식교육'이다(최성환, 2015: 111; Banks, 2008: 52). 한국이 다문화 사회로 진입하면서 다문화 교육의 필요성에 대해서는 공감하게 된다. 2000년대 중반 이후 다문화 교육의 필요성에 공감하면서 학교현장에서는 다양한 방식의 다문화 교육이 행해지고 있고 양적으로도 증가하였다. 그럼에도 학교현장에서 다문화 교육이 지속적으로 이루어져야 한다는 점에는 동의하지만, 다문화 교육에 대한 유형 분류나 교육프로그램 분석 및 실천 양상에 대해서 많은 연구들은 비판적 평가를 쏟아내고 있다. 학교 다문화 교육이 구체적인 교육과정에 대한 논의 없이 이루어지거나 교육의 목표와 내용이 학교나 교사 수준에서 구성됨으로써 학교 다문화 교육이 왜곡되는 경우가 있다는 것이었다(구정화·박선웅, 2011).

서 소심하고 조심스러운 태도를 취했다는 것을 1940년대 뉴딜정책에 대한 유대인의 지지 사례를 들어 설명하였다.

다문화 교육의 목표 및 내용과 관련해, 교육부(1997)의 세계시민성 논의에 주목할 필요가 있다. 1990년대 중반 이후 전 지구화, 세계화 담론이 증가하면서 국가 단위의 시민 정체성을 넘어 전 인류의 보편적 가치를 구현하고자 하는 세계시민 의식의 필요성이 강조되었다(Nussbaum and Cohen, 1996; 설규주, 2000)[13].

이와 관련해 한국사회 구성원들에게 충격적인 이슈가 된 '예멘 난민'이다. 당시 예멘 난민의 제주 유입 및 이들의 난민 인정 여부를 두고 다양한 반응들이 쏟아져 나왔고, 정부는 예멘 난민의 제주 체류 자체에 대해 부정적인 국민 여론 기류를 파악하고 신속하게 예멘 국적자의 제주 무비자 입국을 제한하고, 이들이 제주를 벗어나지 못하도록 하는 출도 제한 조치를 취했다. 한국은 아시아 국가 최초로 2013년 난민인정절차와 처우 등을 규율하는 법률인 '난민법(법률 제 11298호)'을 제정하고 국제 사회에 인권국가로의 진입을 선포하였지만 '예멘 난민' 사태는 이것이 허상임을 여실히 보여주었다(김진희·이로미, 2019).

예멘 난민 사태는 한국정부가 2006년부터 본격적으로 설계한 다문화 정책과 다문화 교육에 대한 성찰 계기를 제공하였다. 그동안 결혼이민자와 외국인노동자를 수용하면서 시작한 다문화 정책의 민낯을 보여주었고, 그동안의 다문화 교육의 효과에 대한 반성을 요구하였다. 즉 그동안 한국 다문화 교육의 콘텐츠가 타 문화 이해 수준으로 구성되어 실행되었음을 보여주고, 인종차별과 계층, 참여적 시민권 문제에 침묵한 우리의 다문화

---

13 이전의 교육 목표에서도 시민성 논의가 이루어졌는데, 1945년 광복과 함께 식민지 경험으로부터 국가 공동체의 회복이 중시되었기에 새로운 교육 목표를 설정하는 노력에서 시민성 논의가 이루어진 것으로, 당시는 개인의 권리 측면보다는 국가와 국민이라는 관점이 강조되었다(정문성 외, 2009: 34).

교육이 얼마나 허약한 것인지를 보여주는 증거였다(김진희·이로미, 2019: 38-39).

정부 주도의 다문화 정책이 제도화되고 입법화된 지 20여 년이 되는 지금, 교육계는 여러 시행착오를 겪으면서 다문화 교육의 내용과 방법을 발전시켜 왔다. 그러나 그동안 다문화 교육은 인종과 민족, 국적 중심적 유형화와 국제 이해를 주로 다룸으로써 인종차별, 권력문제, 그리고 이주민의 참정권과 시민권 등 상대적으로 민감한 내용을 다루는 것과는 거리가 멀었다. 특히 그동안 다문화 교육에서 다루어 온 대상과 주제 영역에서도 교육학계의 학술 논문과 정책, 프로그램 등 모든 측면에서 난민은 가장 소외되어 있었다는 것을 예멘 난민 사태를 통해 확인할 수 있었다.

앞에서 언급한 바와 같이, 한국사회의 다문화 정책과 다문화 교육은 이민자들의 존재가 다양함에도 불구하고 주로 결혼이민자와 외국인노동자를 주요 대상으로 협소하게 범주화하였고, 다문화 교육의 설계와 전개 과정에서 난민 등은 범주에도 포함시키지 않았다. 다문화를 인종, 계층, 성별, 성적 지향, 장애 여부 등을 아우르는 하나의 담론으로 적용하지 못했다는 한계를 가진다.

예멘 난민 사태로 한국 다문화 교육의 문제가 드러난 이상 인종, 국적, 피부색, 계층과 종교로 인해서 누구도 차별받지 않고 다양성을 존중하는 인식을 함양하도록 하는 다문화 교육의 방향성을 재구성해나가야 한다. 사실상 그간 한국사회의 필요에 의해 결혼이민자의 권익보호 및 정착지원 위주로 다문화주의 논의가 쏠림 현상을 보였는데, 예멘 난민 사태는 한국의 다문화 교육이 앞으로는 보다 보편적인 이주민의 권리에 대해 진지하게 토의해야 할 필요성을 제공한다.

한국사회가 다문화 사회로의 이행 과정에서 나타나는 문제들과 특정 국가 내에서 주류 집단과 소수 집단 사이의 문화적, 경제적, 정치적 갈등을 합리적으로 해결하고 서로 어떻게 공존할 것인가 하는 다문화 문제를 다루기에 나-지역-국가-세계라는 삶의 다층적 구도에서 인류의 보편적 가치를 강조하는 세계시민성 논의는 추상적이기 때문에 공허해질 수 있다. 세계시민성이 세계 시민사회에 부합하는 개념이라고 보면, 다문화 사회에 필요한 시민성 논의가 별도로 필요하다(구정화·박선웅, 2011).

다문화 사회는 단순히 현상적인 수준에서 다인종·다민족 사회로만 볼 수는 없고, 시민 또는 국민으로서 누릴 수 있는 사회적, 경제적, 문화적 권리를 취득하고 향유하는데 있어서 계층, 성, 연령, 지역, 인종이나 민족 등의 조건이 차별의 근거가 되지 않는 사회(김혜순, 2008)여야 한다. 이렇게 볼 때 다문화 사회에서 나타나고 있는 사회적 문제들을 해결하고 다문화 교육을 체계화하기 위해서 다문화 시민성에 대한 활발한 논의가 필요하다.

다문화 사회의의 과제 중 하나는 문화적으로 다양한 집단들이 집단 고유의 문화 요소와 정체성을 유지하면서 동시에 국가 공동체에 충성심을 갖게 하는 것이다. 그렇기 때문에 한 국가 공동체의 경계 내에서 차이와 다양성을 유지하기 위하여 개인과 다양한 집단들이 공동체 구성원으로서 어떤 삶을 살아야 하는가라는 문제에 한정한 다문화 시민성 논의는 중요하다(최성환, 2015; 구정화·박선웅, 2011).

나. 다문화 교육 정책의 방향

우리 사회가 다문화 사회를 지향하고자 한다면, 다문화 교육을 체계화시킬 수 있는 다문화 시민성 논의가 필요한 상황이다. 대체로 시민성 교육은 '명료한 문화, 국가, 글로벌 정체성을 형성하도록 도와주기 위해' '알고, 생각하며, 행동할 수 있게' 교육하는 것이다. 이렇게 보면, 다문화 시민성 교육은 학생들이 다원화된 민주사회에서 함께 살아가는 데 필요한 지식과 기능, 역량의 함양을 목표로 하는 교육 개혁으로 논의되어 왔다(Dilworth, 2008). 이것은 개개인의 인종, 민족, 문화, 사회적 배경을 존중하며 다양한 배경을 지닌 학생들의 학업적인 성취를 돕는다. 다문화 교육과 공적인 시민으로서의 역량과 성장을 강조하는 시민성 교육(citizenship education)이 서로 대립되는 것이 아니라 함께 추구될 때 다문화 사회에서 민주시민으로서의 성장이 가능하다는 믿음에 기반한다.

다양성(diversity)은 민주주의 사회에서의 통합(unity)에 위협을 주는 요소가 아니며(Parker, 1997), 오히려 다양한 사람들의 목소리를 반영함으로써 민주주의의 이상을 달성할 수 있게 한다(Gay, 1997). 이러한 다문화 시민 교육은 학생들에게 다문화적 내용에 '대해서(about)', 다문화적 내용을 '가지고(with)' 가르치며, 또한 다양성을 포용하며(teaching for and to diversity) 가르칠 때 달성될 수 있다.

일반적으로 다문화 시민성이란 한 국가의 시민으로서 그 국가 공동체를 구성하는 다양한 문화 정체성을 이해하고 존중하는데 요구되는 능력과 태도를 일컫는다. 다문화 교육의 목표로서 다문화 시민성은 다문화주의를 바라보는 관점과 밀접히 연관되어 있다.

앞에서 살펴본 바와 같이, 다문화주의는 그 자체가 하나의 논쟁적인 개념이며, 다문화주의 담론은 철학적기반이나 정치적 이데올로기의 스펙트럼에 따라 구획되어왔다(김남국, 2005; Kymlicka, 2005). 다문화 시민성의 목표와 다문화 시민성 교육의 하위 요소 설정을 문화상대주의와 비판적 다문화주의 관점에서 접근하면, 다음과 같다.

우선 문화상대주의 관점에서 문화의 다양성을 존중하고, 이질적 문화 집단의 상호 차이에 대한 이해와 문화적 소통을 강조하는 것이다. 비록 보수적 다문화주의가 동화주의 색채를 완전히 희석시키지는 못했다 하더라도 '다양성'을 기치로 내세웠다는 점을 고려해볼 때, 문화상대주의는 모든 다문화주의 유형에 기본이 되는 관점이라 하겠다.

다음으로 비판적 다문화주의 관점은 문화 간 차이에 대한 상대주의적 이해와 태도를 넘어 문화 불평등과 문화 권력 그리고 그것에 의해 매개되는 사회 불평등을 비판적으로 인식하는 문화정치학적 관점이다. 특정 집단, 민족이나 인종을 정상 혹은 비정상으로 경계를 짓고 재현하는 문화적 기제의 작동과 그것의 효과로서 사회경제적 불평등을 정당화하는 방식에 대해 비판적 인식을 갖고 역사적으로 타자화된 집단에게 부여된 오염된 의미를 전복하고 정화시키는 실천적 노력을 강조한다. 이 두 관점은 배타적이기 보다는 상호 연계되어야 한다.

다문화 사회에서 개인은 자신이 속한 문화 공동체 안에서 정체성을 형성하고, 이와 더불어 그 사회의 문화 간 차이를 이해하고 불평등에 대한 비판적 인식이 요구된다. 이는 뱅크스(Banks, 2008)의 다문화 교육 논의와 맞닿아 있다. 그는 킴리카(Kymlicka, 1995)와 로잘도(Rosaldo, 1997)가 주장한 다문화적 시민성을 언급하면서 문화의 다양성 인식이나 문화의 상대주의적 인식을 뛰어 넘어 문화 간의 불평등한 관계를 인식할 수 있는 다문화 시민성 형성이 다문화 교육에서 필요하다고 논의한다(Banks, 2008: 27). 따라서 이제 다문화 교육 목표로서 다문화 시민성에 대한 논의와 연구가 필요하다(구정화·박선웅, 2011: 8).

다문화 교육의 목표로서 다문화 시민성은 다음과 같은 점에 초점을 두어야 한다. 첫째, 인간으로서 삶을 위하여 필요한 인권(공통의 권리와 집단

차등적 권리) 등의 가치를 이해하고 실행한다. 둘째, 사회 내에 존재하는 불평등을 인식하고 이에 대한 사회구조적 원인을 파악하며, 이를 개선하기 위한 참여와 연대를 행한다. 셋째, 집단 간 차이와 다양성을 인정하고 자신의 문화정체성을 이해하고 다른 문화에 대하여 관용한다.

이를 위해서는 그동안 다문화 교육 논의에서 강조되어왔던 다양한 문화집단의 정체성과 다양성 인정에 초점을 두기보다는 다름이 불평등을 만들어내지 않도록 하는 권리에 초점을 두어야 하며, 보편적이거나 동일성을 요구하는 것이 아니라 '차이'에 초점을 두고 그 차이를 고려한 시민적 삶이 가능하게 하는 것을 고려해야 한다. 결국 다문화 교육의 목표로서 다문화 시민성은 한 사회의 불평등을 해소하기 위하여 '다른 것을 같게 하는 것'을 뛰어 넘어 '다르게 같이 가는 것'을 삶의 방식과 태도로서 익히게 하는 것이 된다(구정화·박선웅, 2011: 21).

다문화 시민교육은 기본적으로 다문화 사회에서 능동적으로 적응하고 이 사회의 바람직한 발전에 기여할 수 있는 시민의 자질을 함양하는 교육이다. 이 교육의 목표는 한 공동체 내에서 다양한 문화를 인정·존중하는 정신을 함양하고, 더 나아가 글로벌 시민으로서의 자질을 갖출 수 있도록 인도하는 것이다(최성환, 2015).

왈쩌(Walzer)에 따르면, 이데올로기로서 다문화주의는 보다 광범위한 사회적 경제적 평등을 위한 계획이다. 관용의 제도는 집단의 차이에 대한 수호와 집단의 차이에 대한 공격, 이들 양자가 결합되지 않을 때 이민자적, 다원주의적, 근대적, 탈근대 사회에서 오랫동안 작용할 수 없게 될 것이다. 이러한 수호와 공격의 상호작용이 원활하게 진행되기 위해서는 무엇보다도 정부의 역할이 강조된다(Walzer, 2004: 202-203). 다문화 시민교육은 우리의 다문화 현실을 고려할 때 선택이 아니라 필수이다.

다문화 교육 이론가인 뱅크스(Banks, 1993)는 다문화 교육이란 하나의 교육 철학이자, 교육 개혁 운동으로서 인종적, 민족적, 종교적, 계층적 차별 없이 모든 학생들에게 평등한 교육 기회를 제공하는 것이 중요한 목표라고 말했다. 그런데 그동안 한국 사회에서 추진되어 온 다문화 교육은 이주 배경을 가진 학생 및 이주민에게 외적으로는 균등한 교육기회의 접근성을 강조했지만, 교육 실천 측면에서 다문화학생을 교실 속에서 분류하고, 이주민의 동화와 사회적응을 강조했다. 이론과 담론으로서의 다문화주의는 현실에서는 다문화 정책의 현실 속에서 무용지물이 되었고, 그 사이 일반 국민들은 다문화에 대한 거부감과 편견을 강화시키면서 간혹 '역차별'의 가능성에 더욱 민감하게 반응했다.

황정미(2010)는 한국의 다문화 교육이 '다문화시민 없는 다문화 교육'으로 전락했다고 비판했다. 한국에서 살아가는 다문화 배경을 가진 구성원 가운데 인종, 성별, 출신국, 계층 등으로 인해서 이중적 소수자, 또는 중첩적 소수자의 문제를 제기하면서 이주민 가운데 특정집단이 아니라 사회적 소수자로서 이주민 전체의 삶의 질을 높이는 한편, 단순히 이들을 정책의 대상으로 범주화하지 않고, 소수자로서 이주민의 경제적, 사회적, 정치적 참여 기회를 확대하기 위한 정책을 체계화할 필요가 있다고 주장했다(황정미, 2010: 116).

다문화 시민의 부재 속에서 비판적 논의보다 타 문화 이해 중심의 우리의 다문화 교육이 2018년 한국사회에서 논쟁을 촉발한 예멘 난민 사태에서 무력함을 보인 것은 이미 예견된 것이었다고 볼 수 있다. 한국사회는 전 세계 간 상호연관성과 상호연결성이 이미 일상이 된 글로벌 사회를 경험하고 있다.

그동안의 다문화 교육에 대한 반성과 성찰 하에 앞으로 다문화 교육은 거시적인 관점에서 한국사회에 정착하거나 거주하는 이주민의 적응과 사회통합만을 강조하는 교육이 아니라 세계시민성과 다문화 시민성의 관점에서 모든 사람이 국적과 인종이 다르더라도 모든 사람들이 '권리(들)을 가질 권리'를 가진 존엄한 주체라는 시각을 적극적으로 반영한 교육으로 탈바꿈해 다문화 교육의 교육적 지향점을 설정해야 할 것이다.

5. 논의와 전망

전 지구적 흐름 속에서 한국사회 역시 이주가 양적·질적으로 심화됨에 따라 다문화주의가 제기하는 여러 도전은 지속적으로 확대될 것이다. 한국사회는 소수자 집단이 정체성모델보다는 동화모델을 추구하고 문화적 정체성보다는 인권이나 시민권, 평등한 경제권에 더 많은 관심을 갖고 있기 때문에 캐나다와 호주처럼 다문화주의가 사회의 주요 의제로 부각되는 데는 시간이 걸릴 듯하다. 다문화주의 담론이 활성화될 수 있는 사회적, 실천적 토대는 상대적으로 약하고, 소수문화 주체들과 그들의 문화적인 차이에 대한 인정과 관용의 정도는 정부나 시민사회 두 차원 모두 매우 척박한 상황이다.

이제 다문화 사회의 실질적인 주체들의 삶의 현장을 기반으로 그들의 주도로 전개될 수 있는 새로운 방식의 다문화 사회에 대한 논의가 필요하다. 다문화주의는 정부정책 및 그와 관련된 담론 생산자들에 의해 조직적으로 배제되고 있는 다문화 주체들을 중심으로 다문화주의가 새롭게 논의될 수 있어야 한다.

우리 사회가 궁극적으로 지향하는 것이 동화주의가 아닌 다문화주의라고 한다면, 이를 우리 사회에 정착시키기 위해서는 다문화주의에 대한 이론적 논의와 함께 오랜 실험과 실천의 과정이 요구되며, 무엇보다도 이민자들을 시민 주체의 관점에서 이해하는 것이 필요하다.

이와 관련해, 지역사회 차원에서도 중앙정부의 정책을 보완하는 수준을 넘어서 다문화 주체들이 자유와 권리를 전유하는 문제에 초점을 맞춘 아래로부터의 진정한 다문화주의를 지향하는 논의의 활성화와 구체적인 정책들이 만들어져야 할 것이다. 이와 함께 다문화를 수용하는 지역사회 수준의 변화와 이를 위한 다문화 시민교육이 이루어져야 한다.

한국인들의 주거지 이동을 보더라도 이제는 태어나서 성인이 될 때까지 자라온 장소인 고향에 사는 사람들은 적다. 한국인 대다수는 학업과 취업 등의 이유로 태어난 곳을 떠나 여러 곳으로 이동하고 있다. 더욱이 전지구화과정 속에서 한국인들이 한국 내에서 뿐만 아니라 주거지를 계속 바꾸고 있는 것이다. 즉 주거이동률이 낮았던 산업화 이전 시기에서 지역정체성이란 태어나면서 자연스럽게 가지게 되는 귀속지위(ascribed status)에 속했지만 주거이동률이 높은 현대 한국의 일상생활에서 지역정체성은 개인이 추구하고 만들어가는 획득 지위(achieved status)에 속하게 되었다.

현재 한국인들은 태어난 곳과 자라난 곳, 교육받은 곳, 취업한 곳, 결혼하여 사는 곳, 은퇴하여 사는 곳이 모두 다를 수 있지만, 정치적으로 사회적으로 지역정체성은 하나의 단일한 개념으로 확고하고 강력하게 작동하고 있는 것이다. 이제 이러한 확고한 개념으로서의 지역정체성은 전지구화 시대의 다문화공간에서 현실적인 필요에 의하여 만들어가야 하는 것으로 인식되고 있다.

실제로 많은 연구들이 지역정체성은 고유하고 특수한 문화적 전통에 기초한 것이 아니라 현실적 필요에 의해 만들어져왔다는 것을 보여준다. 즉 지방화의 흐름 속에서 지방이 중앙과 그리고 다른 지방과 차별성을 가지기 위한 필요조건이기 때문에 지역정체성을 확립하기 위한 다양한 전략들이 필요하였다. 정치적으로 항상 거론되는 지역성, 지역구도, 지역정체성은 긴 전통과 역사에 기초한 확고하고 고정적인 개념이 아니라 하나의 신화이며, 한국 정치구도에서 이데올로기로 작동하고 있다. 이제 지역정체성은 더 이상 고정적인 것이 아니다.

전 지구화, 정보화 시대에 정체성은 고정되고 본질적인 것이 아니라, 항상 진행되고 있는 형성과정 속에 있으며, 그 지역의 경제구조나 정치체계의 변동에 따라 그 성격이 달라질 수도 있고, 시민들의 적극적인 개입에 의하여 변화될 수도 있는 역동적인 개념으로 바라보아야 한다. 지역 정체성도 어떤 지역을 만들어갈 것인가, 주민들이 어떤 지역이길 원하는가에 따라 다양한 욕구와 이해관계와 접합되어 상황에 따라서 응집되고 분산되는 역동적인 개념으로 이해되어야 한다. 또한 지역의 정체성은 단일한 것이 아니라 다수의 것으로 상황과 맥락에 따라서 주민들이 동원할 수 있는 문화적 기제로서 이해되어야 한다(윤택림, 2008).

그동안 지배적이었던 정치적으로, 사회적으로 통용되고 있는 지역과 우리의 일상적 생활에서의 지역 차이를 어떻게 이해할 것인가라는 물음에서부터 시작해야 한다. 전지구화시대 다문화공간에서는 긴 전통과 역사에 기초한 확고하고 고정적인 단일의 지역정체성이 형성되기보다는 혼성문화, 혼성적이고 분산적인 정체성이 형성될 것이다(Hall, 1992). 따라서 우리는 세계성과 지역성 간의 새로운 접합 경향에 주목하는 것이 필요하며, 이를 위해 다양한 문화를 수용하는 지역사회의 기반 조성은 아무리 강조해도 지나치지 않을 것이다.

참고 문헌

강운선(2014), 다문화 정책에 대한 고등학생의 잠재적 인식 유형과 다문화 교육경험에 따른 차이, 현대사회와 다문화, 4(1), 119-142.
교육부(2015), 세계시민교육 공모전 자료, 교육부.
구정화·박선웅(2011), 다문화시민성 함양을 위한 다문화 교육의 목표 체계 구성, 시민교육연구, 43(3), 1-28.
김남국(2005), 다문화시대의 시민: 한국사회에 대한 시론, 국제정치논총, 45(4), 97-121.
김미영(2021), 한국 다문화 정책의 방향성 재고(再考): 다문화 수용성과 제노포비아(xenophobia), 다문화콘텐츠연구, 36, 45-82.
김비환(1996), 포스트모던 시대에 있어 합리성, 다문화주의, 그리고 정치·사회과학, 35(1), 205-236.
김선웅(2006), 개념중심의 사회학, 서울: 한울아카데미.
김영옥(2007), 새로운 '시민들'의 등장과 다문화주의 논의, 아시아여성연구, 46(2), 129-159.
김유신·윤상근(2011), 문화 다원주의, 문화적 정체성, 공약불가능성, 대동철학, 57, 159-182.
김이선(2010), 다문화 사회의 전개와 '다문화' 정책의 성격: 문화의제를 중심으로, 사회과학연구, 34(1), 167-192.
김진희·이로미(2019), 세계시민성 관점에서 본 제주도 예멘 난민 사태와 한국 다문화 교육의 과제, 다문화 교육연구, 12(3), 37-64.
김현정(2021), 독일의 포용적 이민 정책과 인구구조 변화, 민족연구, 78, 35-60.
김혜순(2008), 결혼이주여성과 한국의 다문화 사회 실험: 최근 다문화담론의 사회학, 한국사회학, 42(2), 36-71.
김희정(2007), 한국의 관주도형 다문화주의: 다문화주의 이론과 한국적 적용, 한국에서의 다문화주의: 현실과 쟁점, 서울: 한울아카데미.
노길명 외(2002), 문화인류학의 이해, 서울: 일신사.
박선웅·박윤경(2021), 성 소수자 관련 이슈에 대한 청소년들의 생각: 다문화 시민교육에의 시사점을 중심으로, 시민교육연구, 53(3), 29-58.
박철현(2010), 사회문제론, 서울: 박영사.
비판사회학회(2012), 사회학: 비판적 사회읽기, 서울: 한울아카데미.
선곡유화·박순덕·이영선(2013), 한국 대학생의 다문화 인식 및 태도에 관한 연구 동향, 다문화와평화, 7(2), 173-203.
설동훈(2005), 이민과 다문화 사회의 도래, 김영기 편. 한국사회론, 전주: 전북대학교출판부.

설규주(2000), 세계화 지방화 시대의 시민교육, 서울대학교 박사학위논문(미간행).
손철성(2008), 다문화주의와 관련된 몇 가지 쟁점들, 철학연구, 107, 1-26.
양경은·노법래(2020), 한국 다문화 담론 구조와 그 시계열적 변동: 언론 기사문 텍스트 마이닝 분석을 중심으로, 한국사회복지학, 72(3), 363-394.
여성가족부(2022), 2021년 국민 다문화 수용성 조사, 한국여성정책연구원.
여성가족부(2019), 2018년 국민 다문화 수용성 조사, 한국여성정책연구원.
오경석(2007), 어떤 다문화주의인가: 다문화 사회 논의에 관한 비판적 조망, 오경석 외, 한국에서의 다문화주의: 현실과 쟁점, 서울: 한울아카데미.
윤택림(2008), 과천 신도시의 주민 되기, 지방사와 지방문화, 11(2), 307-345.
이종희(2023), 독일의 이주민과 사회통합: 우리나라 민주시민교육에의 함의, 한독사회과학논총, 33(1), 132-168.
이종희(2012), 다문화 사회와 사회통합: 독일사례를 중심으로, 한독사회과학논총, 22(2), 53-84.
이해응·염미경(2021), 지역사회기반 다문화 교육 프로그램 개발 사례 연구, 현대사회와 다문화, 11(1), 85-120.
이혜경(2019), 이민 정책 이론에 관한 시론(時論)과 방향, 대한정치학회보, 27(1), 107-136.
이혜경(2009), 다문화가족 지원정책의 유형화에 관한 연구, 한국가족복지학, 25, 147-166.
임유하·지은(2020), 학령기 대상 다문화 감수성·수용성 증진을 위한 집단대상 교육프로그램 동향 및 질적 지표 분석, 아시아교육연구, 21(2), 613-639.
정현주(2010), 대학로 리틀마닐라 읽기: 초국가적 공간의 성격 규명을 위한 탐색, 한국지역지리학회지, 16(3), 295-314.
최성환(2015), 다문화 시민교육의 이념: M. 왈쩌의 관용론과 M. 누스바움의 시민교육론을 중심으로, 다문화콘텐츠연구, 18, 97-129.
최성환(2008), 다문화주의의 개념과 전망, 철학탐구, 24, 287-310.
황정미(2010), 다문화시민 없는 다문화 교육: 한국의 다문화 교육 아젠다에 대한 고찰, 담론201, 13(2), 93-123.
Anderson, Benedict(1991), *Imagined Communities: Reflections on the Origin and Spread of Nationalism*, London: Verso, 윤형숙 역(2002), 상상의 공동체: 민족주의의 기원과 전파, 서울: 나남.
Banks, J. A. & Banks, C. A. M.(2016), *Multicultural education: Issues and perspectives* (9th eds.), Hoboken, NJ: Wiley.
Banks, J. A.(2008), *Educating Citizens in a Multicultural Society* (Kim, Y. S., Kim, H. G., Trans.), Seoul: Kyoyookkwahaksa (Original work published 2007).

Banks, J. A.(1993), The canon debate, knowledge construction, and multicultural education, *Educational Researcher*, 22(5), 4–14.

Dilworth, P. P.(2008), Multicultural citizenship education, In J. Arthur, I. Davies, & C. Hahn (eds.), *SAGE handbook of education for citizenship and democracy*, Thousand Oaks, CA: Sage.

Gay, G.(1997), The relationship between multicultural and democratic education, *The Social Studies*, 88(1), 5–11.

Hall, Stuart(1992), New Ethnicities, In A. Rattansi and J. Donald (eds.), *Race, Culture and Difference*, London: Sage Publications.

Herder, J. G.(1989), Ideen zur Philosophie der Geschichte der Menschheit [1784/91], Frankfurt am Main (in German).

Kymlicka, W.(1995), *Multicutural citizen ship: A liberal theory of minority rights*, Oxford: Oxford University Press.

Nussbaum, M. and Cohen, J.(1996), 오인영 역(2003), 나라를사랑한다는 것: 애국주의와 세계시민주의의 한계 논쟁, 서울: 도서출판 삼인.

Parker, W. C.(1997), Navigating the unity/diversity tension in education for democracy, *The Social Studies*, 88(1), 12–17.

Rosaldo, R.(1997), "Culturalcitizenship,inequality, andmulticuturalism", In W. V. Florres and R. Benmayor (eds.), *Latino Cultural Citizenship: Claiming Identity, Space, and Rights*, Boston: Beacon.

Walzer, M.(2004), *On the Toleration*(Song, J. W., Trans.), Seoul: Meeto (Original work published 1997).

Walzer, M.(1997), *On Toleration: The Castle Lectures in Ethics, Politics, and Economics*. New Haven: Yale University Press, 송재우 역(2004), 관용에 대하여, 서울: 미토.

시도별 외국인주민 현황−KOSIS 국가통계포털(https://kosis.kr/statHtml/statHtml.do?orgId=110&tblId=TX_11025_A000_A&conn_path=I2).

제2장

다문화 시민교육의 내용 1

변종헌

1. 다문화주의와 상호문화주의 시민성
2. 다문화 사회의 상호문화주의

제2장

다문화 시민교육의 내용 1[*]

변종헌

1. 다문화주의와 상호문화주의 시민성

가. 문화의 이해와 다문화 사회

다문화 사회란 다양한 문화적 가치와 태도들이 공존하는 사회라는 점에서 다인종, 다민족 사회와는 차이가 있다. 하나의 현상으로서 다인종, 다민족 사회와 달리 다문화 사회는 다양한 삶의 가치들이 존중되고 모든 사회 구성원이 각자의 문화적, 사회적 배경에 의해 차별받지 않는 사회라는 의미가 강하게 담겨 있다(이민경, 2008: 88).

---

[*] 이 장의 내용은 변종헌(2016a), 다문화 사회의 사회통합: 전망과 과제, 윤리교육연구, 41, 변종헌(2016b), 다문화 시민교육의 방향과 과제, 윤리교육연구, 40, 변종헌(2013), 다문화 사회에서의 갈등해결교육: 상호문화주의적 접근, 윤리교육연구, 32의 내용을 수정 보완한 것임.

다문화라는 것은 일반적으로 기존의 단일문화와 대비되는 개념으로 동일한 혈통과 문화를 추구하는 단일문화에 다른 집단이 만들어낸 문화들이 유입되어 혼재된 상태를 의미한다(김태원, 2012: 186). 여기서 단일문화라는 것은 동일 공동체에 속해 있는 하위 문화 집단이 다른 문화 집단과 영향을 주고받으면서 구축한 미시적 수준의 문화가 아니라 특정 공동체가 다른 공동체와 무관하게 형성한 거시적 수준의 문화를 지칭한다.[1] 따라서 다문화라고 하는 것은 상당 기간 동안 거의 교류가 없는 상태에서 독자적으로 형성되어 온 이와 같은 거시적 수준의 문화들이 혼재된 상태라고 할 수 있다(박채형, 2012: 143).

한 사회의 문화는 그 사회에 지배적으로 존재하고 있다고 간주되는 주류문화(main culture)와 계급 및 계층, 지역, 성, 직업, 연령 등으로 구분되는 집단에 속하는 사람들이 가지고 있는 부분문화 또는 하위문화(sub-culture)로 분류할 수 있다. 따라서 특정 사회 안에서도 상이한 준거에 따라 구분되는 다양한 문화들이 공존하고 있다고 할 수 있다. 이러한 관점에서 볼 때, 한국 문화는 우리 민족이 구성해 놓은 단일문화이며, 이주민들의 문화는 한국의 전통 내지 주류문화가 아닌 이질적인 문화라고 분류하는 것은 문화 개념에 대한 오해에서 비롯된 것이거나 아니면 우리와 그들을 구별하기 위한 일종의 사회적 편견의 반영일 수 있다(이경희, 2011: 115).

더욱이 우리의 경우 다문화라는 표현은 지역과 인종에 따른 위계질서와 이를 반영한 현실적 권력 관계를 함의하고 있는 것으로 보인다. 다문화는

---

[1] 물론 단일문화라는 것은 현실적으로 존재하지 않으며, 문화라는 것은 애당초 다문화 형태로 존재한다고 할 수 있다(Bennet, 1990). 따라서 단일문화 혹은 단일문화로만 이루어진 사회가 존재할 수 있다는 생각은 현실과 거리가 있다(김한규, 2002). 그리고 문화가 다문화의 형태로 존재하는 것과 마찬가지로 사회 또한 문화를 기반으로 하고 있다는 점에서 다문화 사회로 밖에 존재할 수 없다.

다양한 문화 혹은 문화적 다양성을 의미한다는 점에서 가치중립적인 것으로 간주될 수 있다. 하지만 현실을 반영하는 것으로서의 다문화는 단순히 다양한 문화의 집합 그 이상의 의미를 지닌다. 따라서 동질성의 심리가 강한 우리 사회의 경우 문화의 차이가 다름의 인정과 상호존중으로 이어지기 보다는 서열적 질서를 강화하는 기제로 작용할 가능성이 크다.

인종 문화적 배경이 다른 이주민들을 어떻게 포용하고 더불어 살아갈 것인가 하는 문제가 다문화 사회의 주요 과제 가운데 하나라고 할 때, 우리 사회 주류 구성원들이 가지고 있는 혈연 중심의 민족주의 의식은 하나의 장애물이 될 수 있다(이경희, 2011: 113-114). 이러한 상황에 직면하여 한국 사회는 타문화를 문화적 단위로 이해하고 주류문화와 비주류문화라는 관점에서 다문화주의에 기초한 상호 간의 공존과 통합을 지향하고 있다. 하지만 이와 같은 지향과 정책에도 불구하고 실제로는 동화주의 정책이 혼재된 가운데 명확한 좌표를 찾지 못하고 있다.

여기서 한 가지 상기할 것은 현대 사회에서 문화는 더 이상 특정 집단이나 공간에 국한된 정태적이고 고정적인 것이 아니라는 사실이다. 문화는 유동적 네트워크에 의해 생성되고 변화하는 동태적인 것이다(한경구·한건수, 2007: 104). 민족 단위로 전승되는 고정된 문화 개념에 기초한 이해와 접근은 다른 문화에 대한 지식을 확대하는 데는 도움이 될 수 있지만 문화의 차이와 다양성을 가로지르는 소통과 융합 그리고 새로운 문화 창출의 가능성을 열어 주는 데에는 한계가 있다. 따라서 다문화 사회에서 중요한 것은 문화 민족주의의 발상에서 벗어나 가변적이고 역동적인 문화 관념을 적극적으로 수용하는 것이다(황경미, 2010: 112-113).

나. 다문화 사회와 다문화주의

　서구 사회에서 다문화 사회로의 정책적 전환은 1970년대 캐나다와 호주를 중심으로 본격화되었다. 킴리카(W. Kymlicka)는 다문화 사회의 등장 배경을 다음과 같이 제시하고 있다; 첫째, 선진국의 낮은 출산율과 고령화로 인해 외부로부터 인구가 유입되었다. 둘째, 1960년대부터 본격화된 인권운동으로 내국인은 물론 소수인종 문화집단의 권리의식 또한 높아져 이들의 평등한 시민권 요구가 증대되었다. 셋째, 민주주의가 확립됨에 따라 소수 인종 문화 집단들의 정치참여가 활성화되고 정치적 요구를 공개적으로 개진할 수 있게 되었다. 넷째, 냉전이 종식되면서 지정학적으로 주변국의 안보위협에서 벗어나게 되면서 소수인종 문화집단을 통제하거나 억압할 필요성이 줄어들게 되었다. 다섯째, 자유민주주의적 가치에 대한 광범위한 합의가 이루어지면서 주류 사회 구성원들이 다양성을 인정하고 소수집단의 권리를 수용하는 것이 용이해(Kymlicka, 2005: 31-36).

　우리 사회는 2000년대 이후 다문화 사회에 대한 논의가 활발히 진행되어 왔다. 한국 사회가 다문화 사회로 전환된 배경은 무엇보다도 외국인 근로자와 결혼이주여성의 유입 그리고 북한이탈주민의 증가에서 찾을 수 있다. 1990년 이후 한국 사회는 이주노동자, 결혼이주여성, 다문화 가정 자녀, 북한이탈주민 등이 꾸준히 증가하면서 인종적, 민족적, 문화적 다양성이 크게 증가하였다. 그 결과 한국 사회는 하나의 민족적 정체성 관념으로 포섭하기 어려운 차이와 다양성을 보여주고 있다. 단일민족으로서의 동질성에 대한 상상과 신념을 더 이상 유지하기 어렵게 되면서, 민족과 국민을 동일시하던 기존의 사회적 통념에 대한 변화가 불가피하게 되었다(김이선, 2007: 55; 장미혜 외, 2008: 33-35).

하지만 다문화 사회로의 전환이라는 시대적 흐름에도 불구하고 우리 사회는 다문화 사회의 이념적 기반에 대한 진지한 성찰과 충분한 논의가 부족하다고 할 수 있다. 동화주의나 다문화주의에 대한 심도있는 논의를 바탕으로 다문화 사회의 여러 가지 현상에 대응할 수 있는 적절한 정책적 접근이 제대로 이루어지지 못하고 있다(오경석, 2009: 9). 다문화 교육 또한 표면상으로는 다문화주의적 접근을 지향하고 있지만 소수 문화집단 구성원들의 정체성을 확립시켜 주거나 그들과 더불어 살아갈 주류 사회 구성원들의 상호이해를 증진시키는 데 도움이 되지 못하고 있다(김희정, 2007; 오경석 외, 2007).

다문화 사회의 핵심 과제는 다양성의 가치와 사회적 통합의 요구를 어떻게 조화시킬 수 있는가 하는 문제로 집약된다. 이러한 문제에 대응하는 과정에서 서구 다문화 사회는 동화주의 내지 다문화주의에 기초한 사회통합 정책과 교육적 노력을 기울여 왔다. 하지만 서구 다문화 사회의 경험은 이와 같은 이념적 토대들이 다문화 사회의 사회통합 요구에 적절히 부응하는데 한계가 있다는 점을 확인시켜 주었다. 이러한 맥락에서 다문화 사회의 인종적 문화적 다양성에 대한 규범적 차원의 인정과 존중을 넘어 사회통합의 가치를 적극적으로 실현할 수 있는 방안에 대한 논의가 부각되었다.

엄밀한 의미에서 사회통합(social integration)은 한 사회 내의 서로 다른 행위자나 구성 요소들이 기능적으로 잘 연결되는 것을 의미한다. 즉 사회 내의 이질적 집단이나 개인들이 상호작용을 통해 조화로운 사회적 관계를 형성하고 유지하는 역동적이고 구조화된 과정을 말한다. 따라서 사회통합은 이질적 구성 요소들이 분열과 대립에서 벗어나 연대와 협력을 통해 사회를 발전적으로 변화시키는 창조적 역할을 수행한다(김학태, 2015: 136–

137). 하지만 다문화 사회의 사회통합은 이와 같은 시각과는 다소 다른 의미를 지닌 것으로 보아야 한다.

다문화 사회의 사회통합은 인종적 민족적 문화적 배경이 다른 사람들을 한 사회에서 제한없이 평등한 공동체로 진입시키는 과정을 말한다. 이러한 관점에서 베리(J. Berry)는 사회통합을 이주 국가에 거주하는 외국인이 이주 국가의 구성원이 됨으로써 생겨나는 바람직한 결과로 보고 있다(Berry, 1997: 5). 여기서 중요한 것은 모든 구성원들이 합리적 협의 절차와 결과에 대한 수용을 전제로 사회 내의 다양한 이해관계에서 비롯되는 균열을 최소화하고 동질감을 갖는 것이다. 요컨대, 다문화 사회의 사회통합은 일방적 흡수가 아닌 자발적 의지가 중요하다는 점이다(김영란, 2013: 7). 이는 다문화 사회의 사회통합이 동화와는 다른 상호관계 즉, 언어적 소통, 문화적 공유 그리고 사회적 연대의 가능성을 포함하는 포괄적 동의의 문제라는 점을 보여주고 있다(Berry, 2012).

일반적으로 다문화 사회의 통합 모형은 크게 3가지로 구분할 수 있다. 첫째, 차별배제 모형(differential exclusionary model)은 제도적 문화적 장벽을 통해 이주민의 정착을 어렵게 하는 것이다. 이민자나 이주 노동자를 3D 직종과 같은 특정 노동 영역에만 받아들이고, 시민권의 제공, 선거권과 피선거권의 부여, 복지 혜택 등과 같은 정치 사회적 영역에는 받아들이지 않는 것을 말한다. 둘째, 동화 모형(assimilationist model)은 외국인 노동자나 이민자가 출신국의 언어와 문화, 사회적 특성을 포기함으로써 주류 사회의 구성원들과 차이가 없게 되는 것을 말한다. 이 모형은 이주민의 정착을 허용하지만 그들이 이주한 사회의 언어와 문화에 동화되는 것을 요구한다. 셋째, 다문화주의 모형(multicultural model)은 이민자들의 정착을 허용하고 그들이 지닌 고유한 문화적 권리를 광범위하게 인정하고 존중하는 것을 말한다. 이 모형은 주류 사회로의 일방적 동화가 아닌 인종과 민족, 문화적 다양성에 대한 인정과 공존을 지향한다(Castles & Miller, 2009).

역사적으로 서구 국가들은 과거 제국주의 시기뿐만 아니라 제2차 세계대전 이후 지속된 경기 호황 속에서 부족한 자국 노동력을 확보하기 위해 이주 노동자들을 적극 수용하였다. 그 과정에서 서구 사회는 사회통합을 위해 이주민과 소수 민족을 자국에 동화시키거나 주변화하기 위한 정책을 실시하였다. 그 결과 1990년대 이후에는 세계화와 유럽통합의 진전으로 이주민의 비율이 전체 인구의 10~20%를 차지할 정도가 되었다. 이와 같은 이주민의 유입에 대해 서유럽 국가들은 초기에는 동화주의 정책(프랑스 등)이나 차별배제 정책(독일 등)을 시행하였다. 하지만 외국인 이주자들의 수가 증가하면서 주류 사회 구성원들과의 갈등이 심화되는 등 여러 가지 사회 문제들이 발생하였다. 이에 대한 대응책으로 1980년대-90년대에 들어 대부분 국가들은 다양한 인종 문화집단의 다양성을 인정하고 존중하는 다문화주의 정책을 채택하였다(최병두, 2014: 85-86).

일반적으로 다문화주의는 사회의 다양성, 인구 구성과 문화의 다양화를 설명하는 개념이다. 다문화주의를 받아들이는 국가에서는 인종, 민족의 혼종성과 문화의 다양성 자체를 사회 구성의 기본 원리로 삼고, 다양성이 공존하는 가운데 집단 간 상호존중의 질서를 구현하는 것을 정책 목표로 하고 있다. 하지만 다문화주의 또한 경기 침체와 실업 증대, 국가 재정 및 복지 감축 등으로 한계를 드러내기 시작하면서(이태주·권인숙, 2007), 이민과 다문화주의 정책에 반대하는 주류 사회 구성원들이 증가하게 되었다. 이주민들은 다문화주의 정책이 자신들의 사회적 불만을 차단하기 위한 명분으로 이용되고 있고 오히려 그것이 자신들에 대한 사회적 편견을 조장하고 있다고 비판하였다.

이처럼 다문화주의와 다문화주의 정책에 대한 비판이 제기되면서 서구 국가들은 2000년대 들어 다시금 새로운 다문화 정책과 이를 뒷받침할 수 있는 논리를 모색하게 되었다(최병두, 2014: 87). 다문화 사회의 인종 문화적 다양성에 대한 규범적 차원의 인정과 존중을 넘어 사회적 통합의 가치를 적극적으로 실현할 수 있는 새로운 대안에 눈을 돌리게 된 것이다. 이러한 상황에서 주목하게 된 것이 바로 상호문화주의(interculturalism)이다.

주지하듯이 주류 사회 문화의 패권적 단일적 지위에 근거한 동화주의는 다양한 문화의 공존을 용인할 수 없다. 따라서 규범적 차원에서 동화주의는 다문화 사회의 새로운 정체성과 사회적 통합을 위한 이념적 토대로서 적절치 않다. 다문화주의 또한 다양성의 인정과 존중에 기초한 다양한 인종 문화 집단의 공존을 강조하고 있지만 다양성의 가치를 넘어서는 사회적 안정과 통합의 요구에 효과적으로 대응할 수 없다는 점에서 다문화 사회의 이념적 토대로서 한계를 보이고 있다.

다문화주의는 소수 집단의 문화와 주류 집단의 문화를 막론하고 각 집단의 문화적 독립성과 사회적 동등성을 인정하고자 한다. 하지만 이와 같은 접근이 지나치게 강조될 경우 문화적 특수성이 일종의 경계선으로 작용할 수 있다. 그리고 특정 문화를 향유하는 소수 집단의 거주지도 문화적 특별 구역으로 인식될 수 있다. 이는 결과적으로 특정한 사회에 공존하는 다양한 문화들이 자신이 딛고 있는 바로 그 사회를 외면하는 역설적 사태를 초래할 수 있다(박채형, 2012: 147-148).

실제로 이와 같은 역기능에 대한 우려가 유럽의 선진 다문화 국가들에서 제기되었다. 대표적인 다문화주의 국가들의 이주민 정책의 변화는 이와 같은 다문화주의의 현실적 어려움을 잘 보여주고 있다. 이들은 이주민 정책의 근간이었던 다문화주의를 공식 철회하거나 기존의 개방적이고 유연한 이주민 정책에서 보다 폐쇄적인 정책으로 그 방향을 선회하고 있다(오경석 외, 2007: 23).

2010년 독일 메르켈 총리는 독일이 추구해 온 다문화주의의 실패를 인정하고 독일에 거주하는 이주민들이 독일어를 배우고 독일에 융화될 수 있도록 힘써야 한다고 주장하였다. 나아가 이주민들이 독일 문화에 뿌리 깊이 박혀 있는 기독교적 가치를 받아들여야 한다고 주장하면서 이주민 정책에서 동화주의를 표방하였다.[2] 2011년 캐머런 영국 총리 또한 영국이 취해 온 민족적 혹은 종교적 소수 집단에 대한 '불접촉 관용(hands-off tolerance)' 정책이 실패했다고 평가하면서 국가정체성의 강화를 위한 다문화 정책 변화의 필요성을 강조하였다.[3] 그리고 같은 해 프랑스 사르코지 대통령도 다문화주의 정책의 실패를 인정하고, "이주민들의 정체성에 너무 많은 관심을 쓰는 바람에 정작 그들을 받아준 프랑스의 정체성에 대해서는 충분히 고려하지 않았다"고 밝힌 바 있다.[4]

이처럼 이주민의 다양한 문화적 정체성을 용인하던 유럽 국가들의 다문화 정책이 독일의 문화, 영국적 가치, 프랑스적 정체성처럼 자국의 가치관과 정체성을 강조하는 방향으로 변화하였다. 다문화주의 정책의 기조가 자국의 정체성을 중심으로 다른 문화를 통합하는 방향으로 되돌아가고 있는 것이다. 이러한 현실적 정책 기조의 변화는 다양성 속에서도 정체성과 공통의 가치를 강조하는 다문화 사회의 새로운 이념적 토대가 요청되고 있다는 것을 보여주고 있다(김범춘, 2013: 63). 아울러 이와 같은 유럽 국가의 최근의 변화는 다문화 사회에 관한 철학과 정책 방향뿐만 아니라 다문

---

2   http://www.hani.co.kr/arti/international/europe/444235.html
3   http://news.chosun.com/site/data/html_dir/2011/02/06/2011020600235.html
4   http://media.daum.net/foreign/others/newsview?newsid=20110211153110424

화 교육의 방향과 내용에도 새로운 과제를 던지고 있다.

이러한 맥락에서 우리 사회 또한 다문화 시대의 비전을 기반으로 다문화 사회로의 변화와 요구에 대응할 수 있는 새로운 이념적 시각을 적극적으로 모색할 필요가 있다. 이는 다문화 사회에서 제기될 수 있는 정체성의 충돌과 다양한 층위의 중첩적 갈등을 최소화하는 가운데 사회의 안정과 통합을 추구하는데 기여할 수 있는 것이 되어야 한다. 그리고 이는 기존의 동화주의와 다문화주의 패러다임의 한계를 넘어서는 것이 되어야 한다.

다. 다문화주의와 상호문화주의

다문화 사회는 인구 통계학적 변화라는 물리적 차원의 문제를 넘어 특정의 문화 집단을 통해 전파되는 문화적 가치나 삶의 양식에 대해 주류문화 집단의 구성원들이 새로이 유입된 사회 구성원들과 어떻게 관계를 맺을 것인가 하는 문제를 제기하고 있다(김태원, 2012: 206-207). 다문화 사회로의 전환은 이전에 경험할 수 없었던 사회적 변화 속에서 사회적 문화적 갈등 가능성을 높이고 시민들의 정체성에 혼란을 초래할 수 있다. 더욱이 문화적 차이에 따른 구성원 간의 이질감은 시민들 사이의 소통을 가로막고 새로운 문화와 타자에 대한 관용을 어렵게 할 수 있다. 따라서 다문화 사회는 새로운 정체성의 탐색과 관계의 형성 그리고 사회통합이라는 중요한 과제를 부여하고 있다.

다문화 사회는 이주민의 대량 유입이라는 외적 환경의 변화가 사회의 내적 갈등 요인과 중첩되면서 복합적이고 중층적인 갈등 구조를 결과할 가능성이 높다. 따라서 다양한 문화 집단들에 대한 인정과 이들의 수평적 배열을 넘어 공동체 구성원들의 민주적 참여에 기초한 다문화 사회의 통합을 지향하고 추구하기 위해서는 다문화주의의 한계를 보완할 수 있는 새로운 인식론적 토대가 요구된다(변종헌, 2013: 40). 이러한 상황에서 차이나 다양성의 인정과 공존을 넘어 사회통합의 가치를 보다 적극적으로 지향하고 추구할 수 있는 이념적 대안으로 부상한 것이 상호문화주의(interculturalism)의 시각이다.

1990년부터 유럽의 다문화 사회는 다문화주의를 근간으로 하는 다문화정책이 도입되면서 다양한 하위문화의 인정과 공존에 따른 정체성의 고착화, 지역적 게토화와 사회적 주변화, 사회통합의 기반 약화 등 여러 가지 사회문제가 제기되어 왔다. 이처럼 다문화주의와 이에 기반한 다문화 정책이 다문화 사회의 문화적 갈등과 사회적 균열을 야기하는 원인이 될 수 있다는 비판이 제기되면서 2000년대 초반부터 유럽 학계를 중심으로 상호문화주의가 다문화주의를 대신할 수 있는 이념적 대안으로 급부상하게 되었다(오정은, 2012: 40; 최병두, 2014: 84).

하지만 다문화주의와 상호문화주의의 개념 차이가 명확하지 않아 자주 혼동되거나 혼용되는 경우가 많다. 실제로 다문화(multiculture)와 상호문화(interculture) 그리고 다문화적(multicultural)과 상호문화적(intercultural)이라는 용어는 일상 생활은 물론 학계에서도 비슷한 의미로 혼용되기도 한다. 실제로 다문화주의와 상호문화주의는 다문화 사회에서 사회 구성원들의 문화적 다양성과 타자성을 인정하고 배려하고 존중한다는 점에서는 유사하다. 다만 이와 같은 유사성에도 불구하고 두 개념을 명확하게 구분하는 입장에서는 이들이 각각 함의하는 내용에서 분명한 차이가 있다는 점을 강조한다.

'상호문화적'이란 개념과 '다문화적'이란 개념이 동일한 대상을 지칭하지는 않는다. '상호문화적'이란 용어에서는 서로 다른 문화들을 서로 연관시키려는 노력이 특징적으로 드러난다. 다른 문화들이 단순히 공존하도록 조정되고 통제되는 것은 '상호문화적'이란 용어의 속성이 아니다(Porcher, 1989: 35).

다문화가 한 사회 안에서 다양한 문화들이 병존하거나 공존하는 사회구조의 현상을 가리킨다면, 상호문화는 서로 다른 문화적 배경을 지닌 사회 구성원들이 상호관계 속에서 쌍방향적으로 역동적인 문화 교류와 대화를 하는 현상을 가리킨다(정기섭, 2011: 138; 홍종열, 2011: 317). 다문화는 서로 다른 문화에 대한 편견 없는 이해와 존중 그리고 차이의 인정을 강조한다. 반면에 상호문화는 문화와 문화의 만남 속에서 문화 상호 간의 대화와 교류를 중시한다(김형민·조창현, 2014: 271). 따라서 다문화가 정태적(static) 성격이 강하다면, 상호문화는 역동적(dynamic)인 성격이 강하다고 할 수 있다.

'상호문화적'이란 서로 구별되는 여러 생활세계들 사이에서 생겨나는 것이다. 그래서 '상호문화'는 이런 생겨남을 나타내기 위한 명칭이다. [...] 상호문화는 서로 구별되는 생활세계에 속한 구성원들이 상호작용할 때 생겨난다(Bolten, 2012: 39-40).

상호문화는 서로 구별되는 문화 구성원들 사이의 상호작용을 통해 생겨난다. 따라서 상호문화적 접근에서 중시되는 것은 서로 다른 문화권에 속한 개인과 개인의 만남에 의해 발생하는 상호관계성이다. 이렇게 생겨난 상호문화는 만남 이전에 존재했던 두 문화와 구별되는 또 다른 하나의 새로운 문화라고 할 수 있다.

> 상호문화의 존재는 그것에 참여한 사람들에 의해 전적으로 좌우된다. [...] 상호문화는 끊임없이 새롭게 생성되는데, 그것도 '제3의 것'이란 의미에서이다. 즉, 상호문화는 생활세계 A와도 생활세계 B와도 완전히 일치하지 않는, 그 사이의 세계 C인 것이다. 여기에서는 행동영역, 즉 과정이 중요하기 때문에 상호문화는 50대 50 또는 다른 비율로 이루어진 A와 B의 정적인 통합으로 생각될 수 없다. 오히려 이런 만남 속에서 [...] 완전히 새로운 특성, 즉 A도 B도 달성하지 못할 시너지가 생겨날 수 있다(Bolten, 2007: 22).

요컨대, 다문화는 한 지리적 공간에 둘 이상의 다양한 문화가 공존 내지 병존하는 현상을 가리키며 따라서 정태적인 문화의 경계(cultural boundary)를 전제로 한다. 그에 반해 상호문화는 한 지리적 공간에서 둘 이상의 다양한 문화가 서로 접촉하여 서로의 경계를 허물고, 상호접촉과 상호대화 그리고 상호작용과 상호융합을 통해 새로운 혼종문화(hybrid culture)를 탄생시키는 역동적 과정에 초점을 맞춘다.

다문화주의와 상호문화주의는 다문화 사회의 다문화 정책이나 이주자 정책을 뒷받침하는 이념적 기반이라고 할 수 있다. 하지만 다문화주의와 상호문화주의는 문화적 다양성을 인정하고 존중한다는 공통점에도 불구하고 문화적 다양성과 타자성을 다루는 방식이 다르다. 다문화주의는 문화적 다양성과 타자성을 다루는데 있어 암묵적인 무간섭과 방치로 일관하여 소수 문화집단 구성원들의 지역적 분리와 사회적 주변화란 한계를 노출시켰다. 그에 반해 상호문화주의는 다문화주의의 한계점을 극복하기 위해 주류 사회의 구성원들과 소수 문화집단 구성원들의 상호접촉과 상호대화와 상호작용을 장려하여 공통의 문화적 기반을 마련하고자 한다.

다양한 문화 집단의 인정과 존중을 강조하는 다문화주의는 소수 집단의 자유로운 선택권을 전제로 각자의 언어와 문화를 선택할 수 있는 기회를 보장하고자 한다. 하지만 이는 그 의도와는 달리 결과적으로 소수 집단을 더욱 고립시키고, 사회적 약자의 위치에서 벗어날 수 없는 악순환 구조를 만들어 낼 수 있다. 요컨대, 자유의 관점에서 소수 집단의 선택권만을 확장하고자 하는 다문화주의가 역설적으로 소수 집단의 입지를 더 좁게 만들 수 있다는 점이다. 게다가 다문화주의는 다수 집단을 대화의 중심으로 설정하고 있기 때문에 모든 기준점이 다수 집단에 있다. 이러한 상황에서 소수 집단은 다수 집단의 틀을 수용하거나 거부하는 양자택일을 강요받을 수 있다.

이처럼 다문화주의에 기반한 다문화 정책들은 소수 집단을 고립시키거나 양자택일의 상황으로 몰아갈 수 있다. 다수 집단과 소수 집단, 주체 집단과 객체 집단이라는 구도 속에서 다수 집단이 정책의 주도권을 갖게 된다. 이와 같은 다문화 사회의 문제를 근본적으로 해결하기 위해서는 이원적 구도를 해체하고 주류 집단의식을 완화해야 한다. 상호문화주의는 이원적 구분을 버리고 사회의 모든 집단들이 동등하게 만나고 대화하는 것을 중시한다.

다문화주의 사회에서, 예를 들어 영어가 공용어이고 다수 집단이 영어를 사용한다면, 불어, 독일어, 한국어를 사용하는 집단은 다수 집단과 구분되는 소수 집단이 된다. 이러한 상황에서 상호문화주의는 영어, 불어, 독일어, 한국어를 사용하는 집단 모두를 동등한 집단으로 간주한다. 영어 집단이 다수 집단이라는 생각을 버리고, 동등한 위치에서 대화의 장으로 나올 것을 요구한다. 영어 집단이 주류 집단이고 나머지 집단들은 비주류 집단이 되는 것이 아니라, 모두가 동등한 집단이 되는 것이다. 다문화주의는 주류와 비주류 양자 간의 대립구도로 환원되지만, 상호문화주의는 양자로 환원되지 않는 다자간의 구도를 상정한다. 상호문화주의는 다수인가 소수인가와 관계없이, 서로 다른 언어와 문화를 지닌 다양한 집단들이 동시에 원탁에 앉아서 동등하게 다자간 대화를 진행하는 것을 견지한다(이정은, 2020: 96-97).

다문화주의에서 소수 집단은 다수 집단의 언어 아니면 소수 집단의 언어를 선택해야 하는 양자택일에 놓인다. 문화적 선택 또한 그럴 가능성이 높다. 그러나 집단의 대소를 막론하고 모든 집단이 주체가 되는 상호문화주의는 다자간 열린 대화의 방식을 취하기 때문에 양자택일로 환원되지 않는다. 동등한 위치와 가치를 지닌 사람들이 대화를 통해 새로운 문화를 창출할 수 있는 가능성을 전제하고 있다. 요컨대, 상호문화주의는 대화에 참여하는 다양한 문화 집단들이 공동체의 새로운 통일 문화를 만들고 정체성을 공유하는 방안에 주목하고 있다.

2. 다문화 사회의 상호문화주의

가. 다문화 사회의 상호문화성

다문화 사회는 단일민족이나 단일문화 혹은 특정한 하나의 가치에 바탕을 두기보다는 다양한 문화적 속성들을 토대로 해야 한다. 한 사회 내에서 형성되는 구성원들 사이의 일반적 소속감은 공동체에 대한 헌신과 대화, 호혜 그리고 공동체의 구성원이 되고자 한다면 그것들이 필요하다는 인식으로부터 비롯된다. 따라서 성공적인 다문화 사회를 지향하기 위해서는 구성원들을 모두 포괄할 수 있는 문화적 다양성과 다양한 제도 및 정책에 스며들어 있는 가치들을 충분히 수용할 수 있어야 한다(김태원, 2012).

파레크(B. Parekh)는 상호문화주의에 대한 이론적 정교화 작업을 통해 상호문화주의가 다문화주의의 대안으로 성장하는 데 기여하였다. 파레크는 다문화 사회의 규범적 지향성에 대해 논하면서 다문화 사회가 지향해야 할 바람직한 방향을 상호적 다문화주의(interactive multiculturalism)로 제시하였다(Parekh, 2007). 그는 사회통합에 있어서 다문화주의가 다양한 문화들의 병렬적 수용이라는 한계를 지니고 있다고 지적하면서, 이러한 다문화주의의 한계를 극복하기 위해서는 공동체와 개인 간의 대화, 즉 서로의 가치를 열고 타자로부터 무언가를 배우는 것에 초점을 두는 새로운 이론으로 그 논의가 확장되어야 한다고 주장하였다.

다문화주의는 특정 사회 내에 혼재되어 있는 상이한 문화들의 차이의 인정을 중시하는 반면에 상호문화주의는 상이한 문화들의 상호작용과 공공성을 강조한다. 서구에서 시작된 다문화주의 이론 및 정책은 프랑스의 공화주의 모델처럼 국민국가 내의 통일성과 통합을 강조하던 모델이 오히려 다원성과 이질성이 심화되는 갈등 상황에 더 이상 적합하지 않은 것으로 드러나면서 그 대안으로 등장하였다(김태원, 2012: 199). 다문화주의는 민족, 인종, 종교 등에 따른 문화적 차이를 인정하고 각 집단들을 병렬적으로 배치하는 모자이크식 사회를 지향한다. 하지만 이는 결과적으로 다양한 하위 문화 집단들의 특수성을 지나치게 고려함으로써 보편성을 무시하는 경향을 초래할 수 있다.

실제로 다문화주의는 이주민 정책에 호의적인 진영과 부정적인 진영 모두로부터 비판에 직면하였다. 전자는 문화적 차이를 강조하여 정책적 관용과 융화를 주장하던 다문화주의가 소수자가 겪는 차별과 배제의 문제를 해결하지 못하고 오히려 이들을 사회에서 더욱 고립시키는 결과를 낳았다고 지적한다. 후자는 반대로 다른 문화 집단의 유입을 촉진시키고 이들에게 관용적이었던 다문화주의 정책으로 인해 주류 집단의 기득권이 침해되었으며 주류 사회의 정체성이 위기에 빠지게 되었다고 비판한다(김태원, 2012: 199-201).

상호문화주의는 이러한 다문화주의의 한계를 극복하려는 시도로서 서로 다른 문화 사이의 관계를 동적인 측면에서 인식하는 것으로부터 출발한다. 문화의 동적 속성에 주목함으로써 문화 간의 간섭과 묵시적 상호작용을 중시한다. 요컨대, 상호작용이 문화나 정체성의 핵심 요소이며, 한 사회의 문화는 서로 다른 문화들 간의 상호작용으로 인해 항상 변화한다고 본다. 그리고 이러한 관점에서 상호문화주의는 종교적 교리나 전통, 국민성과 같은 것보다는 이주민들과 주류 사회의 구성원들이 서로 조우하게 되는 공간인 일상적 생활 세계에서의 상호작용에 더욱 주목하는 경향이 있다(김태원, 2012: 200-201).

다문화주의는 다양한 하위 문화집단의 차이와 다양성에 주목함에도 불구하고 문화를 이해하는 방식은 기존의 전통적 관점과 크게 다르지 않다. 반면에 상호문화주의는 문화를 구조나 범주가 아니라 과정으로 분석하며, 문화적 사실을 소속의 표시가 아니라 상황, 맥락, 관계의 징후로 바라본다(변종헌, 2013: 41). 상호문화주의는 또한 단일의 정체성이 아닌 다중적 정체성 관념에 주목하는 가운데 모두가 공유할 수 있는 공동의 가치체계와 공적 문화를 발전시킴으로써 사회의 결속과 통합을 유지하는 데 보다 관심이 있다.

이와 같은 상호문화주의는 상호문화성의 개념을 통해 보다 명료해질 수 있다. 상호문화성은 독특한 개별성을 지닌 개별 문화 사이에 공통된 보편성이 존재한다는 것을 의미한다. 이것은 단순한 문화 접촉이나 교류의 차원 이상으로 문화 속에 내재하는 보편적 특성과 문화 사이에 존재하는 내적 연관성을 드러내는 개념이다.

람 말(Ram Adhar Mall)에 따르면, 상호문화성은 "어떤 문화도 전체 인류를 위한 유일한 문화가 될 수 없다는 통찰이나 신념을 뜻한다." 그리고 "상호문화적 정신은 다원주의, 다양성, 차이를 가치로서 인정하는 것이지 통일성의 결핍으로 보지 않는다. [...] 상호문화적 사유가 함축하는 질서는 차이 속에서, 차이를 통해서, 차이와 더불어 존재하는 질서이며, 상이한 문화들의 합창을 위한 공간을 만드는 질서이다."(최현덕, 2009: 310-311).[5] 요컨대, 상호문화성이란 문화의 공존을 넘어 상이한 문화들이 이루어내는 일종의 공간이라고 할 수 있다.

다문화성이 여러 문화의 존재 자체의 공존을 인정하는 개념이라면, 상호문화성은 문화 간의 상호작용 자체를 표현하는 개념이다. 따라서 다문화성이 다문화적 현상에 대한 관용적 기술에 초점을 두고 있다는 점에서 극단적 상대주의의 위험성을 안고 있다면, 상호문화성은 서로의 관계성에 초점을 두고 서로의 경계를 넘어 변화된 새로운 현실을 추구하려는 적극성과 당위성을 내포하고 있다(최현덕, 2009: 309-317).[6]

따라서 상호문화성에서 중요한 것은 문화 간의 소통이다. 문화 간의 소

---

[5] 말(R. A. Mall)을 포함해 상호문화 철학을 소개한 최근의 번역서로는 Claudia Bickmann, R. A. Mall 외 지음, 김정현 엮음, 주광순 · 박종식 · 김정현 외 옮김(2010), 상호문화 철학의 논리와 실천, 서울: 시와 진실.

[6] 최현덕은 평등한 상호관계의 지향, 만남, 역동적인 상호작용을 상호문화성 개념의 세 가지 구성 요소로 들고 있다.

통은 둘 또는 그 이상의 상이한 문화 속에서 나타나며 그로 인해 새로운 문화가 형성될 수 있다. 다문화 사회는 이러한 유연성을 지닌 공간으로서 잠재적 정체성이 드러나고 새롭게 형성될 수 있는 사회라고 할 수 있다(김태원, 2012: 199-201). 따라서 다문화 사회에서 구성원들의 정체성은 얼마든지 변할 수 있으며 다양한 관계와 맥락 속에서 새롭게 창조될 수 있는 다중적이고 복합적인 것이라는 인식이 요구된다(변종헌 외, 2015: 57-58).

상호문화주의에서 소통은 상이한 문화적 배경을 지닌 사람들 사이의 대화와 교류, 상호 이해를 조장하는 핵심 수단이다. 여기서 이러한 소통의 전제조건으로 강조되는 것이 바로 개방성이다. 그리고 상호문화주의는 단지 문화적 차이에 주목하거나 아니면 접촉과 상호작용이 없는 상이한 문화들에 대한 관심보다는 공공 영역에서의 시민들의 상호작용과 참여를 강조한다. 따라서 상호문화주의는 상호통합을 지향한다. 다문화주의가 차이를 중시하는 것이라면 상호문화주의는 서로의 문화를 이해하고 그것을 공유하며 그리고 그것이 더욱 통합적인 될 수 있는 공통의 기반을 찾고자 한다(변종헌, 2013: 42).

다문화주의가 여러 문화의 존재를 현상적으로 기술하는 개념이라면, 상호문화주의는 여러 문화가 존재한다는 사실에서 더 나아가 이들의 상호관계성에 주목하는 개념이다(최병두, 2014: 88). 따라서 상호문화주의는 현상에 대한 기술을 넘어 당위적 지향성을 지닌다. 상호문화주의의 핵심은 상호관계 또는 만남이라고 할 수 있다(최현덕, 2009: 314-316). 상호문화주의는 다양한 문화의 공존을 넘어 서로를 변화시키기 위한 대화와 교류, 서로 간에 존재하는 경계와 장애물을 적극적으로 극복하기 위한 노력을 중시한다.

상호문화주의는 문화 사이의 관계에서 모든 문화가 주체로서 동등한 권리를 가진다고 본다. 그리고 이와 같은 서로 다른 문화 사이의 관계를 동적인 측면에서 인식한다. 즉 상호문화주의에서 문화는 동적 속성을 지니며, 서로 간섭함으로써 주류문화와 비주류문화가 묵시적 상호작용을 하게 된다(김태원, 2012: 201). 이처럼 상호문화주의는 상이한 것들의 단순한 병존을 넘어서 그들 사이의 역동적 상호작용을 함축하고 있다. 이러한 맥락에서 상호문화주의에 기반한 정책은 상이한 민족이나 문화 간 상호작용이 없는 공존 상태를 해결하고자 한다. 상호관계와 만남의 사고가 소극적 다문화주의에서 적극적 상호문화주의로 나아가는 요체라고 할 수 있다.

상호문화주의자들은 다문화주의가 상이한 문화들을 수동적으로 인정하는데 머물면서 문화적 병존을 방치하게 되었고, 그 결과 인종적 문화적 갈등을 초래하고 있다고 비판한다. 다문화주의는 문화적 차이에 대한 불간섭주의로 인해 기존의 문화적 질서를 용인하며, 소수 집단의 문화를 하위 문화로 보고 이를 소외시키거나 지배 문화에 흡수되어야 하는 것으로 보는 경향을 초래할 수 있다고 지적한다.

이러한 문제점을 해소하기 위해 상호문화주의는 문화적 접촉을 통해 서로를 이해하고 공감대를 형성하며 이를 토대로 사회통합을 추구하고자 한다. 특히 다문화주의가 추상적 수준에서 윤리적 규범으로서의 상호 인정을 강조한다면, 상호문화주의는 구체적으로 서로 다른 문화를 가진 개인들의 만남과 이를 통한 의사소통 그리고 이를 위한 공적 공간의 활성화를 강조한다는 점에서 차이를 보이고 있다. 상호문화주의는 다양한 인종 집단들이 동등한 입장에서 다른 집단의 고유한 문화를 이해하고 존중하는 개방적 자세로 사회통합을 이루어야 한다는 논리를 내포하고 있다(오정은, 2012: 41).

다문화주의는 집단의 정체성과 집단 권리에 대한 관용을 본질로 하지만, 다문화 사회의 소수 문화집단은 주류 집단으로부터 배제되거나 게토화될 수 있다. 그리고 소수 문화집단의 언어를 선택할 경우, 주류 사회로 진입할 공간을 스스로 차단하고 경제적 약자의 위치에서 벗어날 수 있는 가능성을 제약할 수 있다. 이러한 다문화주의의 한계를 극복하기 위해 상호문화주의는 동등한 쌍방향 대화에 초점을 맞추고 새로운 통합을 시도하고자 한다.

하지만 테일러(C. Taylor)는 다문화주의 또한 상호대화에 의한 통합을 지향하기 때문에 상호문화주의는 다문화주의의 하위개념 내지 변종(sub-species)이라고 주장한다. 이러한 관점에서 다문화주의가 통합에 대한 고려 없이 차이를 인정함으로써 이주민을 게토화하고 유럽 사회를 끔찍한 길로 인도했다는 비판은 다문화주의에 대한 오해에서 비롯된 것이라고 지적한다(Taylor, 2012: 414-415).

그러나 상호문화주의가 등장하게 된 과정을 살펴보면 테일러의 분석과는 차이가 있다. 예를 들어 무엇보다도 독일은 상호문화성의 의미를 정립하는데 집중하면서 다문화주의와 변별력을 지니는 상호문화주의를 구축하고자 하였다. 새로운 통합 문화를 추구하는 것은 테일러의 다문화주의와 일맥상통하지만, 상호문화주의는 문화적 배경을 달리하는 소수집단을 적극적으로 허용하지 않는다는 점에서 테일러의 시각과 차이를 보인다. 상호문화는 다문화의 하부개념으로 환원시킬 수 없는 독자적인 새로운 공간의 창출을 중시한다.

상호문화주의는 단순한 관용이 아니라 문화적 배경을 달리하는 집단들이 서로를 이해하기 위한 상호 간의 노력에 주목하고 있다는 점에서 다문화주의와 다르다. 상호문화성에서 자기이해는 타자의 영향을 받는다. 타자와 관계를 맺고 있기 때문에 자기이해가 가능하다는 점에서 자기이해는 타자이해에 근거하는 존재론적 토대를 중시한다. 그래서 상호문화주의는 다수이냐 소수이냐를 불문하고 동등한 주체로서 대화의 장에 참여하는 것을 요구한다. 그 과정에서 소수 집단의 수가 많으면 다자간 대화가 되는 것이다. 이처럼 동등한 주체로서의 상호인정과 상호감수성을 중시하는 것이 상호문화성이다.

다자간 대화에서 드러나듯이, 상호문화주의는 주체 내지 다수라는 개념 틀에서 벗어나고자 한다. 비유하자면, 다문화주의에서 대화의 테이블은 참석자들이 양쪽 끝에 앉는 사각형 탁자라고 할 수 있다. 반면에 상호문화주의는 모든 참석자들이 동등한 위치와 자격을 가지고 대화하는 원탁과 같다고 할 수 있다. 원탁에서는 주체와 객체의 구분이 사라지고, 누가 호스트이고 귀빈인지 가늠할 수 없다. 여기서 참석자들의 대화는 쌍방향이나 다방향으로 진행된다. 이처럼 모든 집단들이 주체 집단이 되어 다자 대화를 진행하는 상호문화주의는 상호교감과 합리적 의사소통을 통해 서로 간의 변화를 기대할 수 있다. 따라서 다수도 소수에게서 그리고 소수도 다수에게서 영향을 받아 새로운 제3의 문화를 창출할 수 있다(이정은, 2017: 206). 이처럼 상호문화성에 기반한 상호문화주의는 다양한 문화의 자연스러운 공존을 넘어 문화 간의 인정과 접촉을 통해서 새로운 공통의 문화를 만들어내려는 접근이라고 할 수 있다.

나. 상호문화주의의 적용

상호문화주의는 상이한 문화들이 공존하는 다양성을 존중하면서 사회통합을 증진하고자 한다. 이를 위해서 다양한 집단의 권리를 존중하고 이들 간의 상호작용을 지원함으로써 연대의식을 창출하고자 한다. 상호문화주의는 국가 정책 차원에서 사회통합을 주된 목적으로 설정하기 때문에 다문화주의보다 더 직접적이고 체계적으로 다양한 집단 간의 소통 정책을 지원하며 통합력 증대를 위한 정책을 실시할 수 있다(Scott, 2011: 25).

캐나다 퀘벡 주는 이와 같은 상호문화주의 실험에서 하나의 중요한 사례를 제공하고 있다. 퀘벡 주가 상호문화주의를 도입한 배경은 노동력 공급을 위해 이민자들을 수용하면서 발생한 문화적 이질성을 극복하고 퀘벡의 정체성을 강화하기 위한 노력에서 찾을 수 있다. 퀘벡 주는 새로 유입된 소수 이민자 집단의 종교와 문화의 자유를 인정하면서도 퀘벡의 문화적 정체성을 지켜야 하는 딜레마에 직면하였다. 그리고 이러한 딜레마를 해결하기 위해 퀘벡 주가 선택한 것이 바로 퀘벡판 다문화주의라고 할 수 있는 상호문화주의이다(최병두, 2014: 88).

1971년 이후 캐나다 연방 정부는 공식적으로 국가의 단일 문화를 인정하지 않고 소위 모자이크 문화를 지향하는 다문화주의에 기초한 정책을 채택하였다. 내부적으로 상존하고 있는 영국계와 프랑스계 사이의 문화적 갈등, 광활한 대지와 자원에 비해 턱없이 부족한 인구 등 캐나다가 처한 사회 환경이 이와 같은 정책을 채택하게 된 배경이었다. 이에 대해 퀘벡 주는 정부의 이러한 정책 기조가 퀘벡의 독자적 문화와 민족성을 인정하지 않으려는 의도와 연계된 것으로 보고 이에 반발하였다(박영자, 2012: 310). 하지만 퀘벡 사회 역시 경제 성장과 산업화에 필요한 노동력 수급 문제로 이주민이 증대하면서 인적 구성이 변화하고 문화적 다양성이 증대되었다. 이러한 상황에서 퀘벡 주가 직면한 가장 큰 도전은 퀘벡의 정체성을 유지하고 사회통합을 꾀하는 일이었다.

퀘벡 주는 상호문화주의를 통해 불어를 사용하는 주류 사회의 문화를 보존하면서 소수 인종 문화 집단의 다양성 또한 인정하고자 하였다. 이에 따라 퀘벡은 연방 정부의 이중언어주의(bilingualism)와 다른 정책을 취하였다. 1974년 '퀘벡 언어법(Official Language Act)'을 통해 불어를 퀘벡 주의 유일 공식 언어로 지정하였다. 그리고 1977년에는 '퀘벡언어헌장'이라 불리는 '101법안(Bill 101)'을 제정하였다. 이는 공교육 기관의 언어를 불어로 단일화시켜 의사소통 능력을 함양하고 퀘벡의 정체성과 사회통합을 유지하기 위한 것이었다. 그리고 퀘벡 주정부는 이주민들의 언어 통합 프로그램에 막대한 재원을 투자하였다. 공교육을 기반으로 이주민 자녀 대상의 불어 학습 프로그램을 적극 운영하는 등 퀘벡인으로서의 정체성을 심어주기 위한 노력을 경주하였다(박영자, 2012: 310-312).

퀘벡의 상호문화주의자들은 연방 정부의 다문화주의가 다양성의 인정이라는 가치에 사로잡혀 소수 집단 내의 개인을 고립시키고, 공적 영역에서 사회적 상호 작용 기회를 제한함으로써 사회통합을 가로막는다고 평가하였다. 대신에 이들은 소수 집단을 존중하고 이들이 퀘벡의 사회통합과 발전에 기여할 수 있도록 하는 적극적인 언어 지원 정책을 강조하였다. 퀘벡의 사회통합을 위해서는 새로운 이주민이 퀘벡의 정치 경제 문화를 이해하고 역사와 맥락을 공유하며 정체성을 형성하는 것이 중요하며, 그 과정에서 언어가 기초적 매개라는 사실을 인식하였기 때문이다. 퀘벡에서 불어는 상이한 문화 사이의 상호작용을 위한 공식적 매개로 중요한 위치를 차지하고 있다(박영자, 2012: 312).

이처럼 퀘벡 주는 연방 정부의 다문화주의와 구별되는 상호문화주의를 통해 사회통합의 지향을 분명히 하였다. 퀘벡 주가 채택한 상호문화주의 정책의 가장 두드러진 특징은 언어와 교육을 매개로 다양한 문화 집단 간의 상호작용을 활성화하고 사회통합의 목적을 분명히 하고 있다는 점이다. 이러한 퀘벡의 상호문화주의는 주 정부의 적극적 개입과 통합 정책을 지향한다는 점에서 동화모델이라는 평가를 받기도 한다.[7] 하지만 퀘벡 주정부의 경우 사회통합 정책이 동화모델로 왜곡되지 않도록 하기 위한 자기 성찰과 조정 기제를 갖추고 있다. 집단 갈등이 표면화될 때 마다 조정위원회를 구성하여 상호문화주의의 현재와 한계 등에 대해 진단하고, 그 결과를 공개적 공식적으로 논의하는 상호 성찰과 소통 과정을 통해 다양성 속에서의 통일을 위한 노력을 경주하고 있다(박영자, 2012: 326).

상호문화주의 개념은 2000년대 이후 유럽 지형에서 이주자의 사회통합 정책을 뒷받침하는 키워드가 되었다(최병두, 2014: 84). 대표적으로 캔틀보고서(Cantle Report)는 바로 이와 같은 상호문화주의에 입각한 정책적 접근을 담고 있는 최초의 정책제안서이다. 이 보고서는 2001년 올덤, 번리, 브래드퍼드 등 잉글랜드 북부 도시에서 발생한 인종 갈등과 유혈 폭력 소요 사태 이후, 연구책임자 테드 캔틀(Ted Cantle)이 이끈 〈커뮤니티 결속 평가단(Community Cohesion Review Team)〉에 의해 같은 해에 발간되었다. 이 보고서는 다양한 문화에 대한 보다 깊은 지식, 다양한 문화들 간의 상호 접촉, 다양한 문화에 대한 존중을 바탕으로 커뮤니티 결속의 증진과 교차문화적 접촉(cross-cultural contact)의 중요성을 강조하고 있다(Home Office, 2001: 10).

이후 2004년 영국의 싱크탱크인 코메디아(Comedia)가 조셉 로운트리 재단(Joseph Rowntree Foundation)의 지원을 받아 수행한 연구보고서 『상호문화도시: 최고의 다양성 만들기』(The Intercultural City: Making the Most

---

7 퀘벡 주가 다문화주의나 동화주의를 거부하고 사회통합을 위해 상호문화주의 정책을 견지하고 있음에도 불구하고, 1990년대 중반 이후 무슬림 학생의 히잡(hijab) 착용, 2001년 구르바즈의 키르판(시크교도들이 지니는 작은 칼) 착용, 2010년 무슬림 여성의 니캅(niqab) 착용 등에 문제를 제기한 퀘벡 주정부의 태도에서 나타나듯이 퀘벡의 상호문화주의가 차이의 인정에 인색하며 프랑스식의 동화모델을 닮아가고 있다는 비판도 제기되고 있다(김경학, 2010).

of Diversity)는 유럽에서 상호문화 개념이 구체적인 틀을 갖추는데 기여하였다. 또한 2008년 유럽회의는 『상호문화 대화에 관한 백서』(White Paper on Intercultural Dialogue)에서 다문화주의의 한계점을 지적하고 그에 대한 대안으로 상호문화 대화를 제안하였다. 그리고 유럽연합의 유럽위원회는 2008년을 〈유럽 상호문화 대화의 해(European Year of Intercultural Dialogue)〉로 지정하였다. 이를 통해 상호문화주의가 유럽에서 확산되는 계기가 마련되었고, 다문화주의의 개념적, 정책적 한계를 극복할 수 있는 하나의 새로운 패러다임이 되었다(오정은, 2011: 192).

한편 2008년부터 유럽회의와 유럽위원회가 공동으로 주관한 상호문화도시 프로그램(Intercultural Cities Programme)은 상호문화주의에 기초한 정책이 유럽 전역으로 확산되는데 결정적인 역할을 하였다. 이 프로그램은 다문화주의와 다문화 정책의 한계를 극복하기 위해 제안된 상호문화주의와 그에 기초한 정책 프로그램이다(최병두, 2014: 94). 상호문화도시 프로그램은 유럽회의의 47개 회원국의 도시들 중에서 주류문화 집단과 이주자 비주류문화 집단들이 상호교류와 상호접촉 그리고 상호대화와 상호작용을 통해 더불어 살아가기에 적합한 환경을 조성한 모범 도시를 선정하여 지원하는 유럽의 도시개발 프로젝트이다(오정은, 2012: 45). 이와 같은 프로그램을 통해 상호문화주의가 다문화주의의 대안이자 다문화 시대의 사회통합을 이끌어 낼 수 있는 하나의 새로운 패러다임이라는 인식이 유럽인들에게 확산되었다.

유럽 지형에서 이주자의 사회통합과 사회결속을 위한 새로운 이념으로서의 상호문화주의와 그에 기반한 정책들은 다문화주의와 다문화 정책의 한계를 극복하기 위한 대안이라고 할 수 있다. 이처럼 유럽의 상호문화주의는 궁극적으로 주류 집단과 이주자 집단의 구성원들이 구체적인 생활

공간에서 능동적인 문화접촉을 통해 상호대화, 상호이해, 상호존중에 이르는 방안을 적극적으로 모색하고자 한다는 점에서 다문화 사회의 새로운 시민의 형성과 시민교육을 위한 토대라고 할 수 있다.

참고문헌

김경학(2010), 퀘벡 '상호문화주의'의 문화적 다양성 관리의 한계: 시크 '키르판' 착용 논쟁을 중심으로, 민주주의와 인권, 10(3).
김범춘(2013), 다문화 사회의 정치철학으로서 공동체주의의 가능성, 시대와 철학, 24(2).
김영란(2013), 다문화 사회 한국의 사회통합과 다문주의 정책, 한국사회, 14(1).
김이선 외(2007), 한국사회의 수용 현실과 정책과제, 서울: 한국여성정책연구원.
김태원(2012), 다문화 사회의 통합을 위한 패러다임으로서의 유럽 상호문화주의에 대한 이론적 탐색, 유럽사회문화, 9.
김학태(2015), 다문화 사회의 사회통합을 위한 법정책 연구, 유럽헌법연구, 18.
김한규(2002), 단일 민족의 역사와 다 민족의 역사, 당대비평 특별호.
김형민·이재호(2017), 유럽의 상호문화주의, 경기대인문학연구소, 시민인문학, 32.
김형민·조창현(2014), 다문화 사회의 사회통합을 위한 방안, 디지털 영상매체를 활용한 상호문화교육 교수-학습 프로그램 개발의 필요성에 대한 검토, 한국비교정부학회, 한국비교정부학보, 18(2).
김희정(2007), 오경석 외, 한국의 관주도형 다문화주의: 다문화주의 이론과 한국적 적용, 한국에서의 다문화주의: 현실과 쟁점, 서울: 한울아카데미.
박영자(2012), 다문화시대 한반도 통일·통합의 가치 및 정책방향: '상호문화주의' 시각과 교훈을 중심으로, 국제관계연구, 17(1).
박채형(2012), 다문화 사회의 성격과 다문화 교육의 방향, 학습자중심교과교육연구, 12(1).
변종헌(2016a), 다문화 사회의 사회통합: 전망과 과제, 윤리교육연구, 41.
변종헌(2016b), 다문화 시민교육의 방향과 과제, 윤리교육연구, 40.
변종헌 외(2015), 다문화 교육의 이론과 실제, 서울: 박영스토리.
변종헌(2014a), 시민교육의 성찰, 제주: 제주대학교출판부.
변종헌(2014b), 세계화와 글로벌 시티즌십의 구축, 초등도덕교육, 45.
변종헌(2013), 다문화 사회에서의 갈등해결교육: 상호문화주의적 접근, 윤리교육연구, 32.
변종헌 외(2011), 다문화 사회의 시민성, 지역사회와 다문화 교육, 서울: 학지사.
오경석(2009), 한국의 다문화주의: 특징과 과제, *Homo Migrans* Vol. 1.
오경석 외(2007), 한국에서의 다문화주의: 현실과 쟁점, 서울: 한울아카데미.
오정은(2012), 유럽의 상호문화정책 연구: 상호문화도시 프로그램을 중심으로, 성결대학교 다문화평화연구소, 다문화와 평화, 6(1).
오정은(2011), 네덜란드의 외국계 주민 통합정책 연구: 틸부르크(Tilburg) 시의 상호문화 사업을 중심으로, 한국유럽학회, 유럽연구, 29(3).

이경희(2011), 한국 다문화 교육 정책에 대한 비판적 고찰, 교육사회학연구, 21(1).
이민경(2008), 한국사회의 다문화 교육 방향성 고찰: 서구 사례를 통한 시사점을 중심으로, 교육사회학연구, 18(2).
이정은(2020), 다문화 사회의 한국, 한국철학사상연구회, 철학, 문화를 읽다, 경기: 동녘.
이정은(2017), 다문화주의와 상호문화주의의 대결, 시대와 철학, 8(1), 통권 78호.
이태주·권인숙(2007), 다민족 다문화 사회 진전에 있어서의 사회갈등양상과 극복과정, 한국여성정책연구원.
장미혜 외(2008), 다민족·다문화 사회로의 이행을 위한 정책 패러다임 구축, 서울: 한국여성정책연구원.
장인실 외(2012), 다문화 교육의 이해와 실천, 서울: 학지사.
정기섭(2011), 지속가능발전교육의 관점에서 본 상호문화역량, 한독교육학회, 교육의 이론과 실천, 16(3).
최병두(2014), 상호문화주의로의 전환과 상호문화도시 정책, 대구대학교 다문화 사회정책연구소, 현대사회와 다문화, 4(1).
최현덕(2009), 경계와 상호문화성: 상호문화 철학의 기본과제, 코기토, 67.
한경구·한건수(2007), 한국적 다문화 사회의 이상과 현실: 순혈주의와 문명론적 차별을 넘어, 김혜순 외, 한국적 다문화주의의 이론화, 동북아시대위원회 연구보고서.
홍종열(2011), 유럽의 상호문화교육, 한국글로벌문화콘텐츠학회, 글로벌문화콘텐츠, 7.
황정미(2010), 다문화시민 없는 다문화 교육: 한국의 다문화 교육 아젠다에 대한 고찰, 담론 201, 13(2).
황정미 외(2007), 한국사회의 다민족·다문화 지향성에 대한 조사연구, 서울: 한국여성정책연구원.
Abdallah-Pretceille, M.(2006), "Interculturalism as a paradigm for thinking about diversity", *Intercultural Education*, Vol. 17, No. 5.
Bennett, C. I.(1990), *Comprehensive Multicultural Education*, Boston: Allyn & Bacon.
Berry, J. (ed.)(2012), *Cross-Cultural Psychology*, Cambridge: Cambridge University Press.
Berry, J.(1997), "Immigration, Acculturation and Adaptation", *Applied Psychology*, Vol. 46, No. 1.
Bickmann, C. & R. A. Mall 외 지음, 김정현 엮음, 주광순·박종식·김정현 외 옮김(2010), 상호문화 철학의 논리와 실천, 서울: 시와 진실.
Bolten, Jürgen(2012), *Interkulturelle Kompetenz 5.*, ergänzte und aktualisierte Aufl, (Erfurt.
Bolten, Jürgen(2007), *Interkulturelle Kompetenz*, Erfurt.

Cantle, T. 지음, 홍종열·김성수·김윤재·김정흔 역(2020), 상호문화주의, 경기: 꿈꿀 권리.

Castles, S. & Mark J. Miller(2009), *The Age of Migration: International Population Movements in the Modern World, 4th ed.*, London: The Guilford Press.

Home Office(2001), *Community Cohesion: A Report of the Independent Review Team Chaired by Ted Cantle*, London.

Joppke, C.(2007), "Beyond National Models: Civic Integration Policies for Immigrants in Western Europe", *West European Politics, Vol. 30, No. 1*.

Kymlicka, W.(2005), "Liberal Multiculturalism", in Will Kymlicka & Baogang He (eds.), *Multiculturalism in Asia*, Oxford: Oxford University Press.

Parekh, B.(2007), Multiculturalism, in J. Baggini & J. Strangroom (eds.), *What More Philosophers Think*, London: Sage.

Parekh, B.(2006), *Rethinking Multiculturalism*, Basingstoke: Palgrave Macmillan.

Porcher, Louis(1989), "Glanz und Elend des Interkulturellen?" Manfred Hohmann & Hans H. Reich (eds.), *Ein Europa für Mehrheiten und Minderheiten: Diskussionen um interkulturelle Erziehung*, Münster & New York.

Scott, M.(2011), "Defining Interculturalism; More Diversity; Meeting to Explore the Building of a Harmonious Society", *The Gazette*, 25.

Taylor, C.(2012), "Interculturalism or Multiculturalism?", *Philosophy & Social Criticism, Vol. 38, No. 4-5*.

http://www.hani.co.kr/arti/international/europe/444235.html

http://news.chosun.com/site/data/html_dir/2011/02/06/2011020600235.html

http://media.daum.net/foreign/others/newsview?newsid=20110211153110424

― 제3장 ―

다문화 시민교육의 내용 2

권상철

1. 글로컬 시민성
2. 지역 시민성 사례: 생태, 공존의 시민성과 능동적 시민성

제3장

다문화 시민교육의 내용 2

권상철

1. 글로컬 시민성

다문화 시민교육은 다양한 문화적 배경을 가진 사람들의 문화적 배경을 이해하고 존중하는 학습으로 문화 다양성과 사회통합을 지향한다. 문화적 다양성을 존중하는 것은 다양한 문화에 대한 지식을 늘리고 이해하는 노력과 실천을 기반으로 한다. 한국의 다문화 시민교육은 세계화와 더불어 국가 시민의 자질을 넘어 세계 시민의 자질 함양을 강조해 왔으며 여기에 지역 차원에서의 융합과 실천으로 로컬의 중요성을 반영하는 글로컬(glocal)이라는 용어를 등장시키고 있다. 세계와 지역이 연결되며 등장한 글로컬 정체성은 다중(multiple) 또는 혼성적(hybrid)이지만, 세계화의 경제적 그리고 문화적 영향력이 커서 지역사회의 오래된 삶의 방식과 문화는 상대적으로 위축되어 나타나는 경우가 많다. 따라서 글로컬 시민성 배양을 위한 기본적인 접근은 글로벌, 국가, 로컬의 공간 스케일을 위계적 포섭으로 접근하기보다 각각에 대한 이해를 기초로 수평적 관계로 고려하는 안목이 기본적으로 필요하며 여기서 더 나아가 이들 간의 관계적 사고와 다중 스케일적 관점을 통해 상대적으로 위축된 로컬의 의미를 되찾아보고 이에 기초한 주민 참여와 협력을 지역 단위에서 실천하는 노력은 지속가능한 사회로 나아가는 시민 역량의 배양에 중요하게 역할 할 것이다(김민호, 2011; 서재복, 2023).

이 절에서는 다문화 시민교육을 위한 글로벌과 국가 시민성 논의로부터 글로컬 시민성을 소개하고 로컬의 중요성을 특히 간과해온 지역 기반의 토착 지식을 강조하며 시민성 함양의 기초로 부각시켜 보고자 한다. 로컬 시민성은 지역 기반 사례를 통해 구체화할 수 있는데, 제주 지역은 해녀들의 경제와 사회 활동에서 나타나는 생태적 규범, 빈곤 지역에서 공동체 경제에 기반해 지역 발전을 도모한 이시돌 목장의 사회적 경제를 운영하고 있는 지역 기반 시민성 교육의 대표 사례가 있어 이를 실제적인 시민교육 방안으로 소개해 보고자 한다. 이와 더불어 주민 참여에 기반한 커뮤니티매핑 활동을 시민성 함양 실천 방안으로 제안해 본다.

가. 글로벌 그리고 혼성적 시민성

기본적으로 시민성은 개인, 집단, 국가와 같은 공간적 단위를 가진 정치적 공동체의 권리와 의무라는 관점에서 정의된다. 즉 시민성은 보통 국가와 같은 정치적 공동체에서 개별 구성원과 관련한 권리와 의무로 특정 의무를 충족하는 사람들에게 어떤 권리와 특권을 보장하는 것으로 정의된다. 글로벌 시민성은 근대 국민국가의 형성과 함께 개념화된 용어로 국민국가의 존재 방식과 연동하면서 존재해 왔다(유네스코, 2014). 따라서 초국가적 현상이 확대됨에 따라 국민국가의 단일성과 영역성이 약화 또는 상대화되는 상황은 시민성의 존재 방식을 둘러싼 논쟁으로 이어진다. 즉 단일하고 완결된 것으로 여겨지던 국가 시민성을 대신하는 이른바 대안적 시민성의 모색이 활발하게 이루어지고 있다(이경한, 2017; 이남섭, 2008).

세계화로 인해 경계화된 국가 시민성은 도전을 받고 있다. 탈국가적 시민성은 국가가 시민을 위한 유일한 것일 수는 없다는 것을 강조하며 한 국가의 시민들에게 주어진 공식적 권리가 다른 국가나 초국가에 의해 수여되는 경우를 고려한다. 초국적 및 이중 시민성, 디아스포라 및 세계시민주의라는 개념은 시민성의 형성에서 글로벌 연계를 강조한다. 세계화와 더불어 국경을 넘는 이동이 점점 더 빈번하고 용이해 짐에 따라 높아진 이동성은 시민성 개념의 다변화를 요구한다. 대부분의 시민성은 출생을 통해 획득되고 이러한 시민성은 당연한 것으로 간주한다. 그러나 국가를 횡단하여 이동하는 다른 사람들 경제 활동을 위한 이주자 난민들에게는 시민성은 획득되어야 하고 승인받아야 한다. 시민으로서의 지위는 이러한 다양한 이동에 영향을 줄 수 있지만, 이주는 또한 시민성이 어떻게 규정되고 통제되는지에 영향을 줄 수 있다.

따라서 시민성은 상호연결된 세계 속에서 열린 시민성으로 상정되어야 한다는 주장이 계속되고 있다. 시민으로서 한 사람의 정체성은 단순히 국가적 소속만으로 결정되지는 않으며, 오히려 일상적 차원에서 나타나는 로컬 및 글로벌 영향에 의해서도 형성된다. 세계화로 인해 시민성은 배타적으로 하나의 한정된 영토에 국한된다는 가정이 도전받고 있다. 시민성은 공간 사이를 계속해서 이동하며, 국경을 포함한 경계를 가로지른다. 시민성은 특정 경계 또는 공간적 범위 속에 한정되기보다는 오히려 다중스케일적이며 유동적이다. 경계화된 국가 시민성에 도전하는 초국가주의는 국가 경계를 횡단하는 초국적 시민성의 실천과 관련된다. 이러한 새로운 탈국가적 시민성은 글로벌 시민성(global citizenship) 또는 세계시민주의 cosmopolitan citizenship)라 불리며, 글로벌 시민성은 보편적인 가치 추구를 위한 초국가적 접근과 참여로 같은 국민이라는 의식보다는 같은 인간이라는 의식을 발달시켰다(김혜수·허혜경, 2022; 조철기, 2020).

20세기 이후 탈산업화, 국제적 이주의 중개 세계화에 따른 상호의존성의 증가, 지구온난화, 국제적 안보, 국제적 인권 등이 새로운 테제로 떠오르면서 시민성에 대한 접근은 세계의 변화와 함께 변화되어야 한다(Dobson, 2003). 글로벌화된 세계에서의 개인의 행동 변화는 보다 넓은 정치적·사회적 맥락에 대한 이해 없이는 담보할 수 없다. 미래 세계의 쟁점과 변화를 탐구하기 위해서는 단지 국가 시민성의 개념만으로는 불충분하다. 시민성은 출생 또는 선택에 의해 결정된 국가시민성, 세계 공동체 구성원들 간의 상호의존성과 관련한 국제적 시민성 또는 글로벌 시민성으로 구분한다면 지속가능하고 평등한 세계를 위해서는 국가 경계에 제한된 시민성을 넘어 더 글로벌한 안목을 발전시켜야 한다. 글로벌 시민성 교육이 현존하는 세계의 복잡한 문제를 모두 해결해 줄 수 있는 것은 아니다. 그러나 글로벌 시민성은 학생들이 올바른 의사결정을 하고 변화를 위한 행동의 기초를 제공해 줄 수 있다(Heater, 1990).

글로벌 차원의 중요성은, 첫째, 우리가 상호의존적인 세계에 살고 있으며, 우리는 서로에 대한 책임성을 가지고 있기 때문이다. 둘째, 우리의 사회에 존재하는 차별을 경고할 필요가 있기 때문이다. 셋째, 우리는 서로에 대한 잘못된 정보와 고정관념에 맞설 필요가 있기 때문이다. 넷째, 세계에는 많은 불평등이 있으며, 그것은 세계가 작동하는 방식에 의해 영향을 받기 때문이다. 다섯째, 우리가 더 지속가능하게 사는 것을 피할 수 없고, 우리는 미래에 일어나는 것에 영향을 줄 수 있기 때문이다. 이를 토대로 일곱째, 교육적 측면에서 글로벌 차원을 결합한 교수 전략이 학생들의 관심이며 학습을 촉진할 수 있기 때문이다(조철기, 2020).

[표 1] 글로벌 시민교육의 영역

시민성	• 사람들의 권리와 타자에 대한 책임성 • 글로벌 맥락에서 지역적으로 중요성을 가진 쟁점들 • 다양한 관점에 대한 가치와 존중 • 잠재적으로 글로벌 중요성을 가진 로컬 의사결정에 참여하는 방법
상호 의존성	• 인간과 장소를 사이의 상호연결들 • 국가들 사이의 상호의존성과 글로벌적인 정치적·경제적 시스템들 • '자연적' 세계와 '사회적' 세계 사이의 상호의존성 • 로컬과 글로벌 사이의 연계들
다양성	• 세계 여러 곳의 로컬적 차이들을 보편적인 인권에 대한 사고들에 관련시키기 • 장소들과 인간의 명백한 특성에 대한 인식 • 문화와 삶의 방식의 차이를 이해하고 존중하기 • 세계 여러 곳의 사람, 경관, 환경의 다양성에 대한 경외감을 발전시키기
사회 정의	• 다양한 스케일에서의 불평등의 존재와 영향 • 불균등한 발전의 인간 삶에의 영향 • 불평등한 권력 관계들 • 행동들은 인간의 삶에 의도된 결과와 의도되지 않은 결과를 모두 가지고 있다는 사실
지속가능한 발전	• 지속가능한 개발의 원리들에 대한 지식 • 경제적·환경적·정치적·사회적 맥락들 사이의 상호연결에 대한 이해 • 세대 간의 형평을 이해하고 가치화하기 • 환경적 영향의 맥락에서 삶의 방식(예: 여행, 소비, 관광에 관한 탐구들)

출처: DfE(2000)에서 선별 후, 기본 시민성에서 지속가능발전 순으로 재배열

국가적 시민성이 포섭과 배제, 자아와 타자, 우리와 그들, 여기와 저기 등의 자기중심적 논리를 지향하였다면 글로벌 시민성은 이들이 서로 분절

된 것이 아니라 네트워크로 연결되어 있음을 강조한다. 사회적으로 거리가 있는 타자들과 공감하며 사회정의적 측면에서 특히 약자들에 대한 책임성을 강조한다. 탈국가화된 시민성은 상호의존성과 다양성을 인지하고 비판적이고 창의적이며 지속가능한 대안적인 안목을 키우는 글로벌 시민성을 강조한다. 국가, 시민의 영역은 고정불변한 것이 아니라 사회적 구성으로서 항상 생성, 파괴, 변형, 재형성의 과정에 있다. 세계를 가로지르는 복잡한 상호연결성은 대안적 시민성을 요구하는 것으로, 영역 간 네트워크의 강도가 커지고 있는 세계에서 고정적이고 제한된 정체성은 도전을 받는다.

대안적인 글로벌 시민성은 세계에서 자신들의 장소를 일련의 영역에서 중심으로 보는 것이 아니라 복잡한 네트워크에 포함되어 있다는 인식을 강조한다. 따라서 대안적 상상력은 글로벌적으로 상호의존적인 시민성 개념을 강조한다. 글로벌 시민성은 삶의 질을 높이기 위한 것일 뿐만 아니라 더불어 함께 살기 위한 것이다(박경환, 2008; 서태열, 2004).

세계화의 영향은 전 세계 지역으로 확산하며 기존 국가 중심의 사고는 글로벌, 국가, 로컬의 공간 규모로 포섭 관계를 보이는 것으로 고려되었다. 국민국가는 시민들을 묶는 제도적 형태 중의 하나, 즉 시민성의 일부만이 국민국가와 불가분하게 연결된다고 보았다. 그러나 세계화와 더분 환경 악화, 빈부 격차 심화는 지속가능한 발전과 사회를 지향하는 변화와 변혁을 지향하며 시민성은 로컬, 지역, 국가, 국가연합 등 다양한 공간적 스케일에서의 개인들, 사회경제집단들을 동시에 고려하는 다층적(multi-level)인 그리고 이러한 사고를 통해 시민성은 절대적(absolute)이라기보다는 관계적(relational)인 것으로 인식의 폭을 넓히고 있다. 시민성은 국민국가의 경계에 의해 규정되는 것이라기보다는 오히려 다양한 인간과 장소들과의 연결에 의해 구성되는 것으로 고정된 경계에 의해 규정되기보다는 유동적이며 다중적(multidimensional)으로 인식할 필요가 있다.

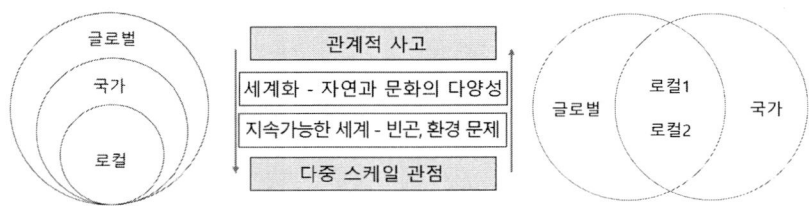

[그림 1] 글로벌-로컬의 위계적, 다중 스케일적 그리고 구성적 접근

다중적 시민성이란 세계화로 인해 한 개인은 글로벌 시민으로서의 지위와 국가 시민으로서의 지위 그리고 로컬 시민으로서의 지위를 동시에 지닐 수밖에 없다. 사람들은 로컬, 지역, 국가, 세계적 스케일에서의 시민들이며, 많은 사람들에게 이러한 정체성 또는 애국심의 다중 시민성은 혼동으로 다가온다. 특히 세계화로 인한 다문화 사회의 형성은 거주자들에게 필연적으로 다중 정체성 또는 다중 시민성 또는 혼종성을 요구하고 있다. 다중 시민성은 동일한 개인에게 서로 다른 수준의 시민 지위가 중층적으로 주어지는 것, 즉 로컬, 국가, 글로벌 시민성이 중첩되는 것을 의미하며 최근에는 이를 혼종적 시민성(hybrid citizenship)이라고 부르기도 한다.

국가적 시민성은 세계화와 더불어 세계적 시민성과 중첩되며 혼성의 시민성으로 변모하고 있다. 국민국가는 보편적으로 이념적(ideological) 지향을 강조하는 반면 세계화로 다가온 글로벌은 실제적(real) 현실로 다가오며 국가주의 기반의 시민성은 세계시민성의 영향을 받아 국가 내에서 참여와 민주주의 가치를 확대하고 세계시민성 또한 단순한 코스모폴리탄적 시민성만이 아닌 국가 시민성을 아우르며 다중 또는 혼성적 시민성으로 변화하고 있다. 시민이 지니게 되는 정체성은 다중적일 수밖에 없는데, 한 개인에게 지역 주민, 국민, 세계시민으로서의 시민성이 동시에 요구된다는 의미이다.

국가의 국민, 대륙의 시민, 더 나아가 세계시민 차원에서 다른 지역, 국가 등과의 개방적 교류를 할 때 비로소 지방. 국가, 지역 및 세계 사회가 공존과 상생의 길을 발견할 수 있기 때문이다. 따라서 오늘날 현대 사회가 필요로 하는 시민성을 다중정체성(multiple identities)이라 명명하였다. 심리적 측면에서 볼 때 다중적인 지위에서 요구되는 정체성과 충성심은 국가라는 단일한 집단의 관계 속에서만 배타적으로 요구되는 것이 아니라, 상이한 수준의 다양한 공동체에 참여를 통해 보다 강화될 수 있다(변종헌, 2006).

오늘날 우리는 국가 그리고 더 큰 스케일로서 대륙과 글로벌 수준의 시민성을 동시에 요구받고 있다. 즉 자신이 거주하는 한 국가의 '국민'으로서 유럽연합처럼 초국가연합으로서 시민 그리고 세계화 시대의 글로벌 시민이 동시에 요구된다. 따라서 우리는 이제 혼종적 또는 다중 시민성을 요구받고 있다. 이러한 상황에서 로컬은 경험적(experienced) 특성을 가지며 정체성을 재정립하는 변화를 보인다. 현대 사회에서 시민은 글로벌, 국가, 로컬의 공간 스케일을 횡단하여 작동하는 공동체의 구성원으로 다양한 공간 스케일에서의 정체성과 역할을 담당하는 주체로 이해할 필요가 있다.

따라서 시민교육은 사회문제에 대한 세계적이고 보편적인 사고를 추구하지만 실제 현실에서의 행동은 지역적으로 이루어지도록(Think Globally, Act Locally) 유도할 필요가 있다. 세계화로 인한 상호의존성 심화를 이해하고 비판적으로 사고하는 교육과 더불어 그 문제해결은 지역의 작은 실천부터 시작될 수 있음을 강조할 필요가 있다. 세계시민교육의 지식, 이해, 실천 영역으로 보면 글로벌 시민은 넓은 세계에 대해 알고 세계시민으로서 자신의 역할을 이해하는 사람으로 로컬에서 글로벌에 이르는 일련의 수준에서 공동체에 참가하고 기여하는 사람으로 정의한다(유네스코, 2014; Oxfam, 1997).

나. 로컬과 지역 기반 시민성

세계화가 보편화, 동질화, 획일화를 의미한다면, 지역화는 특수화, 이질화, 다양화를 의미한다. 세계화가 글로벌 시민성을 촉진한다면 동시에 지역화는 로컬 시민성을 촉진한다. 세계화와 지역화는 국가의 위상을 약화시키면서 탈국가적 시민성 즉 글로벌 시민성과 로컬 시민성을 요구하고 있다(Kenreich, 2019). 그러므로 시민성 교육은 이제까지의 국가 단위에 적합하였던 국가 시민성에 글로벌 시민성을 더하고, 이로부터 실천으로까지 이어지는 로컬 시민성을 길러줄 수 있어야 한다(김민호, 2011; 한상희, 2019; Morgan, 2012).

로컬 시민성은 거주하는 지역에 기반한 시민성으로 가장 직접적이고 명료하다. 각 지역에 사는 정주자들은 거주국의 국적 취득 여부와 관계없이 지역 공동체의 사회관계에 편입된다. 글로벌 시민성이 보편적 인권을 바탕으로 세계시민주의를 지향한다면, 정주에 기반한 로컬 시민성은 일상생활의 공동성에 기반해 정주에 기초해 참여와 자율의 시민성 실천을 강조한다. 로컬 시민성은 참여를 포함한 지역 공동체의 구성원으로서의 완전한 성원권을 의미하는 적극적인 개념이다.

로컬 시민성의 핵심인 지역사회에의 참여는 능동적 시민성과 연결된다. 지역주민이 대외적으로 지역 지식, 다중 정체성과 주체성을 갖추고 대외적인 관계를 가지고 있더라도, 소속된 지역의 시민으로 행동하지 않는다면 지역사회는 발전할 수 없을 것이다. 이는 능동적 시민성을 글로벌, 국가 시민성과 규모에서가 아니라 이들을 포괄하는 다중적 개념으로 보는 시각과도 일치한다. 여기에 능동적 시민성은 또 다른 반성적이고, 자기비판적이며, 역동적인 지역사회 시민이 가질 수 있는 자질을 포함한다. 이 자질은 현재 지역사회가 당면한 현실을 지역사회 고유의 구체적인 역사적 전개 과정 속에서 성찰하고, 지역사회 시민들이 지역이 당면한 문제들을 풀어나가는데 자신이 속해 있는 지역사회에 참여하는 실천적인 측면도 포함한다(김민호, 2011; 이은미, 2015).

로컬 시민성은 기본적으로 지역 내 다양한 집단에 대한 이해와 존중을 포함한 지역사회에 대한 지식과 이해의 다원적 시민성과 생활세계에서 이웃 간의 관계 형성과 협동의 통합적 시민성, 그리고 지역사회 참여와 봉사를 통한 공익과 사익의 호혜적 관계를 만들어 가는 능동적 시민성을 구분하는데, 지역사회에 대한 지식과 이해에서 참여와 실천의 요소를 모두 포함한다.

세계화의 진전으로 글로벌 시민성이 확대되고 있지만 많은 사람에게 시민성은 로컬리티 또는 지역 공동체와 동일시된다. 비록 국민국가는 출생이나 귀화를 통해 시민으로서의 공식적인 지위가 확립되는 곳이지만, 대개 로컬리티를 통해 수평적인 시민성의 결속이 '우리'라는 동질감을 창출하는데 작동한다. 시민성은 로컬 수준에서의 일상적인 행위와 실천을 통해 의미를 찾는데, 사람들은 그 도시에 대한 권리를 주장하기 위해 시민으로서 능동적으로 행동하는 방법을 이해해야 한다.

[표 2] 로컬 시민성의 분류 및 내용

분류		내용
다원적 시민성 (pluralistic citizenship)	정체성 특수성	• 지역사회에 대한 관심과 지식 • 지역사회 내 다양한 집단에 대한 이해와 존중 • 지역주민으로서의 정체성 정립
통합적 시민성 (inclusive citizenship)	소속감 연대성	• 이웃 간의 관계 형성 • 생활세계에서의 의사소통 • 정직성, 정의감, 협동
능동적 시민성 (active citizenship)	참여 헌신	• 지역사회 참여 • 지역사회에의 봉사 • 공익을 위한 사익의 발생

출처: 김민호(2011)의 수정

　로컬 시민성은 지역사회 능력과 직결되는데 이를 배양하기 위해서는 시민교육이 필수적이다. 민주시민은 참여 의지와 능력을 그 핵심적 속성으로 포함하고 있으므로 양자 간의 관계는 필연적이다. 사회 참여 기능을 익히는 것은 의사 결정자로서 권리와 의무를 인식하고 민주적 절차를 배우게 하여 자기 통제와 공동체 의식을 함양하며 현실과 이상 사이의 차이를 메우는 과정에서 자신의 역할을 이해하고 실천하게 된다. 사회적 참여는 지역 시민성에서 강조하는 지역 정체성과 함께 주요 구성 요소로서, 지역 시민성 함양을 위해 중요하게 기능할 수 있다.

　지역 정체성이 특정 지역에 거주하면서 지역주민들과의 사회적 상호 관계, 그리고 그 지역만의 고유하고 상징적인 지리적 환경, 문화적 상징, 역사적 경험 등을 체험하고 공유하면서 형성된다고 할 때, 지역 정체성 형성의 과정에 교육이 지대한 영향을 미칠 수 있다. 즉, 교육을 통해서 정체성의 드러냄과 정체성의 구성을 촉진하게 하고, 교육을 실행함으로써 학습자에게 지역사회의 구성원으로서 특정 정체성을 가지도록 할 수 있다. 지역의 모든 요소들이 지역 정체성 형성에 영향을 미친다. 즉, 지역의 모든 상징요소가 지역 정체성의 구성인자로서 작용한다. 지역 정체성은 지역의 상징이 함축하고 있는 의미를 통해서 획득되기 때문에 지역의 상징요소를 발굴하는 것은 중요하다.

지역 시민성에서 주요 강조 요소로서 지역 정체성(지식, 가치·태도)과 능동적 사회 참여(시민으로서의 행동)로 구분할 수 있다. 문제해결 능력과 의사결정 능력 등을 통한 올바른 문제해결이나 합리적 의사결정의 과정이 없는 단순하고 기계적인 맹목적 참여가 이루어지면 그것은 무의미한 참여가 될 것이 자명하다. 민주 시민의 자질로서 의사결정 능력이나 문제해결 능력의 중요성은 인정하지만, 지역 정체성과 사회 참여 능력을 강조하는 지역 시민성 함양은 필수적으로 요구되는데, 지역 정체성은 시민교육의 지식 그리고 이해 영역, 사회 참여는 실천 영역으로 시민으로서의 행동으로 이어진다.

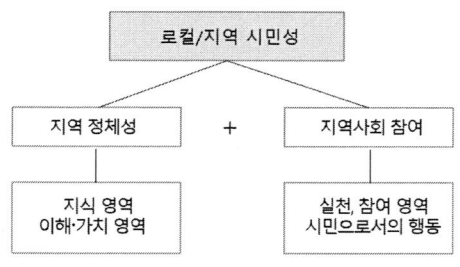

[그림 2] 로컬/지역 시민성의 구성

출처: 이남섭(2008)의 수정

세계화와 더불어 현대 사회는 국가에 기반한 시민성에서 글로벌 시민성의 등장으로 코스모폴리탄적 획일화된 시민성이 강조되고 있으나 지역의 다양한 상황과 특수성을 고려하는 로컬 시민성이 요구되고 있다. 로컬 시민성은 지역의 정체성과 상황에 배태된 시민성의 정립 그리고 이를 지역사회 현안과 이슈에 대한 관심과 참여를 통해 행동으로 이어지는 실천적 시민성으로 보다 실제적인 의미를 가진다(이경한, 2017). 국가주의의 확대로 간과되었고 세계화와 더불어 반대급부로 그 의미를 찾게 된 로컬 시민성은 지역사회의 생활은 자연과 인간 간의 공존과 지속가능성을 배태하고 있어 그 의미를 되새겨 보며 부족의 시대를 살며 만들어낸 지혜를 미래 사회의 대안으로 관심을 기울일 필요가 있다.

2. 지역 시민성 사례: 생태, 공존의 시민성과 능동적 시민성

지구상 모든 지역에서 인류는 삶을 영위하며 자연 그리고 인문 환경과 더불어 살아온 궤적은 최근 필요로 하는 공존과 협력의 가치를 가진 지역 지식 또는 토착지식을 구축해 왔다. 이는 고립이 아닌 오랜 내부와 외부의 변화를 수용하며 적응해 온 방식으로 가치를 가지기에 미래의 시대를 살아가는데 필요한 실존하는 시민성의 교훈을 제공한다. 지역 토착 지식은 전근대적이라는 낡은 프레임으로 오랫동안 간과되어 왔지만, 과거로부터 다양한 상황에 적응하며 회복력을 갖춘 지식 체계로 오히려 현재를 성찰하고 미래를 진단할 수 있는 중요한 현재 세대뿐만 아니라 미래 세대에게 전승해야 할 가치 있는 문화적 자산이다(김민호, 2011).

제주는 섬 지역으로 한정된 환경에서 자연 그리고 인간 간의 공존의 삶을 영위해 왔기에 최근의 로컬 시민성 논의에 부합하는 지역 기반 시민교육의 사례를 다수 가지고 있다. 이는 지역 기반 시민교육을 지역의 자연,

역사, 사회, 문화 등의 이슈를 통해 나와 타인, 나와 지역, 나와 세계와의 상호 의존성과 상호 연계성을 이해하고 로컬에서 시민성을 함양하는 지역의 현장으로 다른 지역의 시민교육에 안목과 방향을 제시해 준다.

지역 기반 시민교육은 개인 및 지역사회와 세계와의 연계에 초점을 둠으로써 세계적인 사건이나 문제를 구체적으로 다루기 쉽고, 일상생활과 관련지어 이들에 참여하는 방법을 명확히 하고 쉽게 접근하는 데 도움을 준다. 지역 기반 세계시민교육이 갖는 의의는 현재의 시민, 미래의 시민에게 요구되는 시민성 핵심 역량을 함양하는 데 사람들이 직접 살아가는 공간이자 시민적 역량을 기르기 위한 실천과 참여를 가능하게 하는 지역은 학습한 지식과 실제 삶 간의 강력한 연계를 조성할 수 있다. 더 나아가 지역은 각 개인과 삶의 세계가 분리되지 않도록 재연결함으로써 현대 사회의 개인의 고립과 소외를 극복하는 데 도움을 준다(손명철, 2021; 최병두, 2011).

지역의 의미 기반으로서의 생활세계에 기반한 시민교육은 '추상화된 지식'과 '생활세계에 기반한 경험'과의 괴리에서 오는 문제를 극복하기 위한 대안으로 중요한 의의를 가진다. 생활세계는 추상화된 지식의 원천으로서 사람들의 삶의 맥락과 연계를 추구할 수 있는 기반이며, 삶의 토대로서 지역이 어떻게 존재하는지에 대한 사유의 기반을 제공할 것이다. 또한, 주민들이 자신들의 몸을 통해서 경험하고 체험하는 장소로서 생활세계는 개인의 사적인 공간이 아니라 공적인 공간으로서 '나' 이에 존재 하고 있는 '우리'라는 상호적인 세계를 이해할 수 있는 인식론의 틀을 제공한다. 또한 지역 기반 시민교육은 시민적 참여를 이끌어 낼 수 있는 효과적인 방법이다. 지역에서의 능동적인 체험을 통해서 환경적, 사회적으로 책임감 있게 행동할 가능성이 높기 때문이다. 지역 기반 시민교육은 지역사회로의 참여를 통해 '실천하는 시민'으로서 세상과 재연결시킴으로써 다른 사람을 위하는 가치를 경험하도록 돕는 동시에 지역사회가 그 구성원들의 헌신과 공헌으로부터 이익을 얻게 하여 개인과 지역사회 모두에 기여할 것이다(김민호, 2010; 조수진·남상준, 2015).

지역 기반 시민교육은 궁극적으로 지역에 뿌리내린 세계시민을 양성해 낼 수 있는 잠재력을 지니고 있다. 세계화, 정보화가 가속화되면서 미래 사회에 요구되는 시민은 국가의 경계를 넘어서는 세계시민이라고 할 수 있으며, 이러한 세계시민에게 더욱 요구되는 것은 지역에 뿌리내린 참여적 세계시민일 것이며, 지역에 뿌리내린 건전한 정체성을 바탕으로 할 때 지역화와 세계화 모두에 적극적으로 대응할 수 있다. 지역사회를 자신의 삶의 터전으로 여기고 지역사회 안에서 지역주민들과 소통하는 가운데 지역사회 발전의 비전을 지니고 지역사회의 문제를 스스로 찾아 해결할 역량을 지닌 시민이 세계시민으로 성장할 수 있는 것이다(김민호, 2011).

제주도에서 찾는 지역 기반 시민교육의 사례는, 우선 자연환경과 더불어 삶을 영위해 오고 있는 해녀 활동을 들 수 있다. 실제 제주 해녀의 삶의 방식은 유네스코 인류 무형 세계유산으로 지정되어 협력과 지속가능성 측면에서 그 가치를 인정받고 있어 시민교육의 사례로 적합하다(유네스코 아시아태평양 국제이해교육원, 2018). 두 번째 사례는 농촌 지역의 빈곤 문제를 극복하는 과정에서 드러나는 사회적 연대경제의 사례로부터 최근 자본주의 세계화와 더불어 국가 간 그리고 국가 내 나타나고 있는 불평등 상황에서 빈곤 문제를 극복하는 대안으로 공존과 연대의 사회적 경제 논의가 오래전부터 이어져 온 경험이며 이로부터 세계시민성으로 확대시켜 나가기에 적합한 전통으로 고려할 수 있다. 이러한 전통은 공동체자산구축(community wealth building)이라 불리는 새로운 그러나 전통과 맥을 같이

하는 경험으로 연계하여 사고함으로써 실천 가능성을 높일 수 있다. 마지막에서는 지역 경험에 기초한 시민성 발굴 사례에 더해 지역공동체 구성원들의 사회 참여와 역량을 구축하는 방법으로 커뮤니티매핑(community mapping)을 소개해 보고자 한다. 이는 지역사회 현안에 대한 지도제작을 주민이 주도하며 진행하는 활동으로 지역사회 이해와 참여를 통해 지역주민의 잠재력과 시민성을 높이는 방법으로 유용하다.

가. 해녀문화와 세계시민성

세계시민성은 민족국가를 초월한 시민의식, 세계시민주의 등으로 소개되는데, 이는 기본적으로 국가적 차원을 넘어서 지구적 차원에서 서로의 문화를 향유하고 존중하며, 인류 보편의 가치를 인식하고 실천하는 것을 의미한다. 따라서 세계시민성 함양을 목표로 하는 시민교육은 글로벌 차원에서 제기되는 문제들에 대해 지역적 또는 세계적으로 대응하고 해결하기 위한 적극적인 활동과 역량을 강화하는 노력을 핵심으로 삼는다. 세계시민교육은 다양한 방식으로 이루어질 수 있지만, 유네스코는 세계 여러 곳에 있는 자연, 인문 자원을 세계유산으로 지정하여 이를 보전함과 동시에 이를 시민교육의 토대로 다루고 있다. 세계유산은 특정 국가 또는 특정 지역에 소재할지라도 위치에 상관없이 인류 전체의 유산으로서 보존할 필요가 있다. 이를 통해, 인류의 역사와 보편적 가치, 인간 삶의 환경, 그리고 인류 문화의 다양성 등을 이해하고 실천할 수 있는 교육으로 주목하고 있다.

세계유산 교육은 후속세대에게 세계유산의 가치와 세계유산 보존의 필요성을 인식시키고, 지역, 국가, 세계적인 차원에서 유산을 보호하는 데 참여시켜, 능동적으로 대처할 수 있는 능력을 배양하는 데 목적을 두며, 이러한 과정에서 자문화 정체성을 찾고 인류 공동 유산의 보편적 가치와 의미를 인식하고 생태적 그리고 문화적 다양성을 인식하는 기회를 제공하는 데 의미를 둔다. 세계유산교육은 자신의 지역과 한국의 세계유산 속 조상들의 삶의 문화와 가치, 지혜, 기술을 배움으로써 지역 정체성을 찾고, 세계인과 공유하고 활용할 수 있는 방안을 탐색하는 방향의 교육이다. 또한, 세계유산교육에서는 교육 소재를 우리 지역의 유산으로 한정하지 않고 다른 지역의 유산도 탐색하여 그 안에 담긴 인류의 가치와 문화, 지혜 등을 공유하면서 인류애를 가치화하는 방향의 교육도 필요하다(유네스코 아시아태평양 교육원, 2018).

세계유산교육은 지역의 유산을 대상으로 그 안에 담긴 조상의 지혜, 가치, 기술 그리고 창의성, 미적 아름다움 등을 탐색하여 민족의 정체성을 학습한다. 지역의 유산을 통한 교육은 지역에 대한 자긍심과 시민성 함양에 긍정적 영향을 줄 수 있다. 동시에 우리 지역이 아닌 다른 지역의 유산에 대한 관심과 그 안에 담긴 그 지역 사람들의 가치와 문화 등을 다양성의 관점으로 이해하는 기초가 된다. 세계유산은 실체로 존재한다. 현장에 기반한 교육은 대상에 대한 관찰을 통해, 대상의 가치를 일깨우는 데 도움을 준다. 이러한 교육적 접근은 문화유산과 자연유산의 외적인 모습에 대한 심미적 감상뿐 아니라, 형성배경이나 역사를 접함으로써 내적 대화를 이끌어 내는 기회를 제공한다. 따라서, 세계유산을 현장에서 보고 느끼며 조사하는 현장 지향적 교육은 중요하다. 또한 세계유산 교육은 세계유산을 보존, 전승하기 위한 가장 기본적인 활동에 해당한다. 그러므로 세계유산교육에서는 기존의 태도, 가치, 행동에 대해 비판적 성찰이 필요하며, 이를 토대로 문제의 원인을 찾고 해결방안을 모색하는 교육이 요구된다.

이는 학습자가 맹목적인 태도로 방관하지 않고, 적극적인 자세로 관심을 표현하고 실천에 나서도록 이끌 것이다. 이 과정 속에서 학습자는 자신의 가치와 태도를 비판적으로 성찰하고 세계관을 변화시킴으로써 참여적 태도를 갖춘 시민성 함양으로 이어질 수 있다.

제주도는 섬 지역의 특성으로 잘 보전된 자연환경과 독특한 생활 문화는 유네스코의 세계자연유산으로 한라산과 성산 일출봉, 그리고 거문오름 용암 동굴계, 그리고 인류무형문화유산으로 '제주 칠머리당 영등굿' 그리고 '제주 해녀문화'를 등재하고 있다. 제주 해녀문화의 경우 많은 사람들이 해녀의 수가 줄고 있어 보존해야 할 대상이어서 인류문화유산으로 지정된 것으로 오해하는데, 유산의 지정은 해녀 자체가 아니라 해녀문화, 즉 해녀들의 공동 작업 관행 등이 현대의 공유경제 규범과 유사한 맥락의 자원의 지속가능한 이용 규범들로 점차 고갈되는 자원과 환경 악화의 문제를 극복하는 지속가능한 발전의 한 가능성으로 고려해서이다(송원섭·조철기, 2023).

제주 해녀문화를 이해하기 위해서는 기본적으로 지역에 대한 이해가 필요하다. 제주도는 화산섬으로 토양이 비옥하지 않아 대규모 농사를 짓기에 적합하지 않다. 따라서, 해안 마을 대부분의 가구는 물속에 잠수하여 해산물을 채취하는 해녀들이 중요한 수입원이었다. 그럼에도 잠수 기술의 전수와 공동 수확으로 공동체 사업을 운영하고, 기술적 도구를 사용하지 않고 지역 생태 지식에 기초해 생계를 위한 작업을 하며 자연의 지속가능한 발전을 유지하는 제주 해녀문화는 생태 친화적 방식으로 좋은 평가를 받고 있다(김민호, 2017; 김권호·권상철, 2016).

제주도의 해녀는 척박한 자연 환경에서 풍요로움을 지향하기보다는 한정된 자원을 지속가능하게 유지하기 위해 많은 공동의 규범을 만들어 운영해왔다. 주민들의 환경-사회 인식은 잠수복의 변화 과정에서 나타나기도 한다. 해녀들은 발전된 도구를 사용하지 않고 채취 작업을 하여 자원 고갈을 방지하고 지속가능한 이용을 도모해왔는데 현재의 고무 잠수복은 1970년대 도입되었다. 당시 고무 잠수복 도입은 해녀들의 반대에 부딪혀 사용하는 데 어려움이 있었다. 고무 잠수복 이전의 무명 잠수복은 체온 저하로 작업을 20분 전후밖에 지속할 수 없어 물 밖으로 나와 불을 쬐며 체온을 올려야 했는데 이를 위해 돌을 쌓아 바람을 막는 불턱을 만들었다. 고무 잠수복은 체온을 상대적으로 오랫동안 유지할 수 있어 잠수시간을 늘릴 수 있었으나 가격이 비싸 일부 능력이 있는 해녀만 구입이 가능했다. 고무 잠수복은 경제력이 곧 수확의 차이로 이어질 수 있다는 이유로 도입이 반대에 부딪혔다. 또한, 오랜 잠수 시간이 많은 채취로 이어져 자원의 남획과 고갈로 이어진다는 점도 반대의 이유였다. 그러나 안전 문제, 가격 인하 등으로 고무 잠수복은 점차 보편적 복장으로 채택이 되었다. 불턱은 단순히 몸을 덥히는 장소를 넘어, 잠수회나 마을의 상황에 대한 의견을 교환하고 규범을 정하는 기능도 갖게 되면서, 민주적인 공동체 운영에 중요한 의미를 가지는 것으로 평가받는다(권상철, 2015).

제주 해녀문화의 장점으로는 경제적 공동체라는 특성을 강조할 필요가 있다. 최근 환경 자원에 의존했던 경쟁적 자본주의가 점차 자원 고갈과 환경 훼손의 위기를 맞이하고, 경제력의 차이로 인한 빈부 격차가 커짐에 따라, 그 대안으로 협동조합, 공유경제 등의 사회적 경제가 관심을 얻으면서, 제주 해녀 문화가 현재의 삶에 주는 시사점은 크다. 제주 해녀의 어로 작업은 개인의 경제 활동과 더불어 공유자원에 대한 이용이 어떻게 민주적이며 합리적으로 조율되어 지속가능하게 운영되는지를 보여 주는 성공적인 사례다. 제주도 해안 마을은 연안 어장에서 어촌 계원이 직접 어로 작업에 종사하며 자율 관리 어업을 일찍부터 발전시켜 왔다. 특히, 해녀를 중심으로 한 공동체 어업은 어촌 마을의 입어 관행을 통해 공동으로 이용하고 관리해왔다. 연안 어장은 관할 수역의 경계선을 이해관계가 있는 어촌마을 간의 합의에 의하여 확정하고, 이렇게 확정된 수면을 어장 경계선으로 구획하였다(권상철, 2015).

연안 어장은 어촌마을 간의 합의에 의하여 어장 경계선을 구획한 마을어업의 경계선으로 선대 때부터 이어져 온 관행이다. 어촌 마을의 자생적인 자치 조직은 어촌의 자치 규정에 의해 마을의 총유(總有)로 재산의 관리와 처분의 권능을 가지지만, 그 재산의 사용과 수익의 권능은 공동체의 각 구성원에 속하는 방식으로 현재까지 이어지고 있다. 연안 어장은 합리적으로 마을 단위로 나누어져 있는데, 어장이 넓고 해산물이 풍부한 경우에는 동별로 획정되기도 한다. 예를 들어 구좌읍 하도리의 어장은 넓은 편이어서 동별로 나누어져 있다. 어장 구획선은 토지와 달라 뚜렷하지 않은데, 곰(目)이라고 불리는 구획선은 해안에 있는 곳과 바다에 있는 여를 잇는 경우도 있고 눈에 띄기 쉬운 바위를 기준하여 직선으로 그어 획정하기도 한다. 그 경계 기점에 곶이나 바위가 없을 경우에는 바위 위에 페인트를 칠해 그 구획의 기점으로 삼는데, 어장의 경계 설정은 관행에 기초하여 이루어진다.

제주도 연안 공동어장에서의 해녀 활동은 예로부터 내려오는 입어 관행에 따라 행해져 왔다. 어장의 경계선 책정, 어장의 관리 및 처분, 입어 자격의 득실 결정, 입어의 시기와 방법, 입어료의 결정과 징수 방법 등 어장 질서 유지에 대한 규제는 국가법이나 행정관청의 관여 없이 마을 자체의 규약 등과 같은 불문율에 따라 정해졌다. 이러한 오랜 역사를 지닌 입어 관행은 종래의 관행에 따라 이룩된 관습법으로 현재까지 이어져 온다. 해산물 채취 작업의 기본적인 원리는 채취물의 종류에 따라 개별과 공동 작업으로 구분하여 수행하는데, 어장의 질서와 성별 간의 역할 분담을 통해 사회경제 체계를 유지하고 있다(표 3 참조). 개별은 잠수들의 물질이 대표적인 예인데, 비계통 출하가 없고 마을어장에서 가장 길게 이어지는 작업 형태이다. 공동은 개인들이 모여 팀을 구성하여 함께 일하는 협력 작업을 가리키는데, 우뭇가사리 채취 작업에서 볼 수 있다. 조합 공동은 해초 채취에서 볼 수 있는 노동 형태로 동네별 조합들이 작업과 출하에 이르기까지 자율적으로 운영한다.

[표 3] 제주 해녀의 어로 형태

구분	개별	공동팀	조합공동
채취자	잠수	동네 잠수들	동네 어촌계원
분배	개별분배	참여자 공동분배	가구별 분배
종류	패류와 그 외	우뭇가사리(감태, 풍초)	해초
방식	연중 8개월간	한시적, 팀의 자율	한시적, 각 동별 자율
시기	여름 외 연중	늦봄과 여름	봄, 늦봄 2기
판매	계통출하	비계통·계통출하	비계통·계통출하

잠수회는 마을어장 내의 일정 구역을 설정하여 연중 몇 차례만 이 구역에서 물질하며 전복의 작은 종패를 이곳에 뿌리는 등 자원 재생을 목적으로 하는 자연 양식장을 운영하고 있다. 잠수회는 누구나 보이는 곳에 양식장을 설치하여 항상 감시원을 두어 지키고 있으며, 양식장에 몰래 입어하는 것을 엄하게 금지하고, 물질 중 조류에 따라 양식장으로 들어가서 잡는 것에 대해서도 벌금을 물렸다. 자연 양식장은 그들에게 공동 재산으로 간주된다. 새 잠수 회원에게는 가입비를 징수하고 벌과금을 부과하는 형태의 내적 규율도 있다.

[표 4] 해산물의 금채기와 금지 어획물 크기

구분	1월	2월	3월	4월	5월	6월	7월	8월	9월	10월	11월	12월
톳	■	■	■	■						■	■	■
우뭇가사리	■	■	■	■							■	■
소라						■	■	■				
해삼							■	■	■			
미역									■	■	■	
전복									■	■	■	
감태류	■	■	■	■	■	■	■	■	■	■	■	■

연중 포획금지: 전복 체장 10cm 이하, 소라 체장 7cm 이하 등

해양 자원 고갈 방지 목적으로 상위 수준에서는 총 허용 어획 제도를 운영하고 있다. 소라의 경우 1991년부터 시행되고 있으며 첫 번째 관리대상 해산물로 지정되었다. 산란 시기를 금채기로 지정한 전국적 규제를 따르면서, 지역 잠수회는 자체적으로 자신들의 바쁜 시기를 금채기에 추가하여 출하 물량 조절에 따른 시장 가격 형성을 유리하게 하는 체계로 운영하고 있는데 이러한 체계는 자원 보존과 지속가능성이라는 목적 달성에도 도움이 되고 있다.

해녀들이 바다를 이용하는 지식은 경험의 산물이다. 앞에서 언급한 금채기의 설정은 해양생물의 생태적 지속성 유지를 위한 지식이었는데, 그것은 어업 활동의 결과 필요한 만큼만 채취하는 것이 중요하다는 경험에 기초한다. 이러한 물질 관련 지식과 기술은 암기하는 것만으로는 체득되지 않는다. 선후배 간의 해녀 공동체가 직접 경험을 통해서 얻는 '몸기술'이면서, 물속 작업을 통해서 얻어지는 해녀 공동체만의 공유 지역 토착지식이다. 제주도의 해안선 93%는 암반으로 화산폭발로 흐른 용암이 바다 속으로 흘러들어 만들어 졌다. 바닷가에서부터 바다 속으로 2km까지 흘

러간 곳도 있어 대부분의 해안이 '돌바다'를 이루는데, 해녀들의 일터인 마을 어장도 예외일 수는 없다.

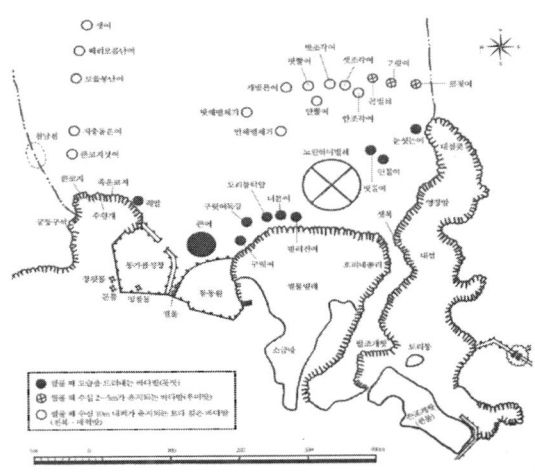

[그림 3] 제주 마을 어장의 구성도: 북부 신촌동마을 사례

마을 어장은 만조 시에는 바닷물에 잠기고 간조 시에 드러나는 조간대와 그보다 깊은 수심의 조하대로 나뉜다. 제주에서 '갯'이라 불리는 조간대에는 다양한 해조류, 패류, 어류 등이 바위에 서식하고 있어 해조류를 따거나 물고기를 잡는 데 큰 어려움이 없다. 하지만, 조간대를 벗어난 지대인 조하대에서는 잠수를 통해서만 해산물을 채취할 수 있다. 이 조하대에는 제주에서 '여'라고 부르는 수많은 암초들이 도사리고 있다. 이는 어선어업이 어려운 조건을 만드는 요인이지만, 해안의 생물다양성을 만들고 유지하는 환경을 이룬다.

제주의 마을 어장 사례를 보면(그림 3), 한 마을 어장에 여럿의 '여'(원으로 나타낸 곳)가 널려있다. 썰물에 드러나는 '여'(●)가 있는가 하면, 전혀 드러나지 않는 '여'(○)가 있으며, 그 중간지대에서 간만의 차에 따라 드러나고 숨기를 반복하는 '여'(⊗)도 있다. '여'는 그 위치와 환경에 따라 서식하는 해산물도 다르다. 따라서 해녀들이 '여'와 만나는 계절도 제각각이며, 조하대 깊은 곳에 위치한 '여'에 값비싼 해산물이 서식한다. 해녀들이 소중하게 여기는 전복이나 미역은 조하대 깊은 곳의 '여'와 그 주변에서 서식해, 해녀들의 물질기술이 제대로 발휘되는 지대도 바로 이 일대이다. 이러한 제주 마을어장의 지형적 특성에 대한 이해는 어장을 발견을 통한 성공적인 수확의 기본적 요소이다. 해녀들은 물질 기술을 익히는 한편, 어장 특성에 대한 지식을 점차 늘려가면서 숙련도 높은 해녀가 된다. 특히, 기술과 지식이 가장 뛰어난 '상군' 해녀들은 어장 지형을 숙지하여 암초에 대한 지형물의 특성을 터득하고 해산물 생태에 따라 서식처도 거의 알게 된다. 이러한 수준의 해녀들은 깊은 물속, 오랜 시간 잠수하여 전복과 같은 귀중한 해산물이 있을 곳도 가늠할 수 있고, 어장 곳곳의 암초에 따라 생산되는 해산물의 종류를 숙지하게 되며, 경험적으로 마을 어장에 대한 지역 지식을 쌓아 간다.

  제주 해안 어장은 마을의 공동 재산으로 마을이나 동네 사람들이 공동체 의무를 지며 모두 함께 유지해 나간다. 바다를 함께 지키는 의무는 공동으로 입어해서 해산물을 채취하는 권리로 이어진다. 이러한 관행은 법률 이상으로 엄수되어 해산물을 채취하는 가운데 해안 마을의 자원과 질서를 유지하고 있다. 해녀의 다양한 의무 중에서 전통적으로 지켜오던 해안으로 밀려오는 시체 처리와 공동어장 유지를 위한 바닷속 잡초 제거 등은 자원 이용과 관리 측면에서 중요시되어왔다.

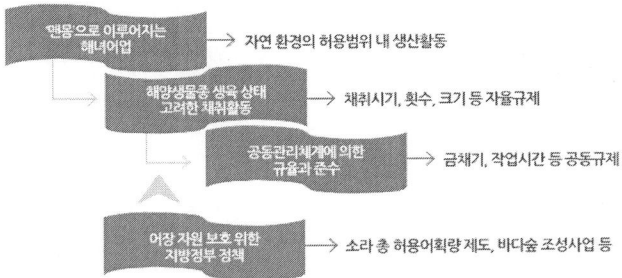

[그림 4] 해녀 어업의 생산방식과 지속가능성 개요

해안 마을 사람들의 당연한 의무 중 바닷속 해초 베어내기는 우뭇가사리나 톳 등 가치 있는 해조류가 잘 자라도록 하는 작업으로 모든 마을에서 중요하다. 어촌계에 가입된 해녀 중 15~60세 사이의 나이이면 해초 제거 작업 참여는 필수적인 의무이다. 만약 불참했을 때에는 벌칙이 따르는데 그 벌칙은 해녀가 밀집되고 물질이 중요한 마을일수록 엄격해서 그 해의 입어권을 박탈하는 경우도 있다. 해초 제거 작업은 마을 주민들의 민주적인 합의에 따라 일 년에 몇 차례, 언제 치르며, 만약 결석했을 때에는 어떻게 조치하는지 등을 자율적인 합의에 따라 결정하는데 대체로 잠수회 또는 해녀회가 주관한다. 바다의 특성에 따라 해초 제거 작업을 행하지 않는 마을, 한 해에 한 번 치르는 마을, 또는 두 번 치르는 마을이 있다.

제주해녀들의 생활 규범은 몇 가지의 긍정적 효과를 내고 있다(김권호·권상철, 2016). 첫째, 오랜 기간 축적된 정보를 기반으로 이루어진 적절한 자원관리를 통해 자원의 지속적 생산성이 유지돼, 결과적으로 인간과 자연 상호 간의 지속할 수 있는 삶이 유지되고 있다. 자원 생산성의 유지는 자원관리의 기본 목표로 수산자원의 채집 금지 크기, 금채기 및 총허용어획량(TAC) 등을 구체적으로 설정하여 과도한 채취에 따른 자원 생산성 악화를 방지하려는 규범과 이를 지키는 노력이 모든 마을에서 예외 없이 나타났다. 이는 고무 작업복의 도입에 따른 작업 시간의 상당한 증가와 해양 환경 악화에 따른 어장 황폐화로 인한 생산 감소를 극복하기 위해 자발적이며 제도적으로 대응 방안을 마련한 것으로 볼 수 있다.

둘째, 마을공동체별 자율적인 자원관리를 통해 정부의 자원관리에 따른 집행비용이 감소하였다. 정부는 수산업협동조합과 개별 어촌계를 중심으로 어장관리체계를 지방분권적으로 재조직했다. 이 결과 중앙정부는 어장에 대한 배타적 이용과 관리 권한을 지방어촌에 배분함으로써 개별 어촌계의 자치활동으로 중앙정부의 역할을 대체하고, 전국의 연안 어장관리 및 감독에 드는 행정적 비용을 절약했다. 다만 개별 어촌계 간의 갈등이 발생할 경우, 이를 해결하기 위한 잠재적 비용이 발생할 가능성이 있어 제도적 장치 보완을 통해 점차 감소시킬 필요가 있다.

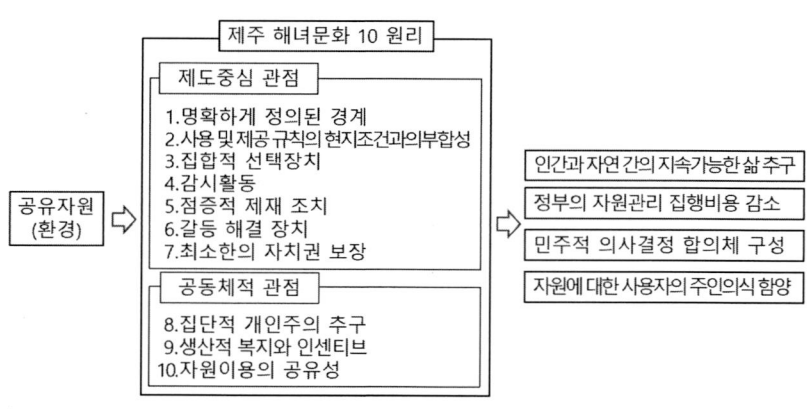

[그림 5] 공유자원 규율과 제주의 공동체적 규범

출처: 김권호·권상철, 2016

셋째, 불턱회의의 예에서 확인할 수 있듯, 자원 이용에 대한 자발적 협약과 자치적 관리를 통해 이상적 의미의 '민주적 의사결정 합의체'의 구성과 작동이 이루어지고 있다. 또한, 공유자원과 직접적 연관이 있는 개별 주체들은 자신의 경제적·사회적 혜택을 위해 더욱 적극적으로 자원관리에 참여하는 모습을 보였다. 이는 곧 공유자원은 과도한 자원 이용에 따른 황폐화를 일으킨다는 기존 '공유재의 비극'의 주장과는 상반된 상황을 의미한다. 오히려 동등한 권리를 가진 각 주체 상호 간의 견제와 감시를 유도함으로써, 다수의 적극적 참여에 의한 민주적 합의와 균형적 발전을 추구하는 결과를 보였다.

넷째, 공유자원의 관리에 대한 개별 주체들의 적극적 참여는 자원 이용자에게 있어서, 해당 자원에 대한 '주인의식'을 함양할 수 있게 하였다. 이는 기존의 이론들이 보였던 '공유자원은 누구의 것도 아닌 것, 그래서 과도한 이용으로 황폐해질 것'이라는 접근과 상반되기에 주목해 볼 만하다. 법적으로 각 주체에게 영구적이고 단독적인 소유권이 인정되는 상태가 아니지만, 자원의 이용과 관리에서 주체적으로 참여함으로써, 남의 것이 아닌 '우리 모두의 것'을 이용하고 있다는 사고방식이 많은 해녀에게 공통으로 발견되었다. 이러한 집단적 주인의식은 자원과 환경의 보존과 전승에 대한 의무감을 느끼게 했다.

제주 해녀문화의 공동체적 규범은 공동재의 비극의 오류를 지적하며 공동자원의 관리로 세계적으로 발견되는 공동자원의 이용과 관리 규율을 모두 반영하고 있으며 여기에 제주지역은 공동체적 규범으로 개인과 공동의 이익을 동시에 추구하며 생산적 복지로까지 확대하는 모습을 보이고 있어 로컬에서 찾는 세계시민성 사례로 관심을 기울일 가치가 크다.

나. 제주 이시돌목장의 사회적 연대 경제

　세계화와 더불어 신자유주의적 자본주의 확대는 불평등과 빈부격차를 심화시키는 문제를 드러내며 이를 최소화하는 대안 경제를 모색하는 노력이 공동체 경제, 협동조합 등의 사회적 경제 등으로 해외와 국내에서 다각적으로 시도되고 있다. 대안 경제 논의는 오랜 발전지향적 개발과 이에 따른 불평등의 심화와 환경 파괴 등의 문제, 특히 최근 확산 일로에 있는 빈곤과 실업 문제를 지역 단위에서 완화시켜 보려는 목적을 지향한다. 넓게 후기발전주의로 포괄할 수 있는 이들 논의는 성장 지향의 경쟁보다 활기 지향의 협동, 전문화보다 다각화, 환경적 지속불가능보다 환경적 지속가능, 민간-비지역 소유보다 공동체-지역 소유 등의 주류 자본주의 시장경제와는 대비되는 특성을 강조하며 대안 경제와 사회를 모색하고 있다.

　자본주의 시장경제의 폐해와 모순을 극복하기 위한 대안 경제는 집합적으로 구성원들의 이익을 추구하는 사회적 기업 그리고 민주적 참여와 자조에 기초한 협동조합 등을 구체적인 형태로 제시한다. 이들 공동체 경제는 현실적으로 상당수는 공유재에 기반하고 공유재의 이용과 관리는 공동체에 의해 이루어지는 전통 경제의 모습을 보이며, 지역 공동체 단위의 규범으로 제도화된 다양한 형태를 보인다. 공동체 경제 중 가장 제도화된 협동조합은 산업화 시절 유럽에서 등장했는데 2000년대 금융위기에 따른 경제사회 문제의 해결방안으로 새롭게 관심을 얻고 있다.

　협동조합을 포괄하는 사회적 경제는 시장과 국가 주도를 넘어 자율과 참여라는 기본 원칙 아래 생활 공간에서 자율적인 경제 공동체를 정립할 수 있는 방안으로 강조된다. 이러한 측면에서 대다수의 나라에는 전통적인 경제-사회 형태로 마을 단위 공동체 경제가 있어 왔기에, 현실에서 실제 운영되고 있는 다양한 구체적 사례를 통해 지속가능한 제도적 측면의 성공 모델을 발굴하는 노력을 기울인다. 세계 여러 지역에서 다양한 형태로 포착되는 대안 경제는 선진국의 경우 소비, 노동자, 복지 분야, 개발도상국의 경우 생산과 지역 발전 분야가 주로 언급되는 차이를 보인다.

개발도상국의 경우 공동체 경제가 상당수 공유재에 기반하고 있으나 이들 공유재는 자본주의 이윤 추구의 원시적 축적 대상으로 지속적인 감소를 경험한다. 오랫동안 공유지 비극론은 환경 악화의 문제를 사유화 방식으로 해결하는 정책의 기저에 있었으나, 최근 들어 부의 축적을 위한 논리로 비판을 받고 있다. 공유재는 세계 많은 지역에서 지속가능한 경제-사회 공동체의 기초로 현재 이용가능한 공유재와 더불어 새로이 공유재를 만들어가는 노력은 생산 분야에서의 협동조합으로 모습을 드러낸다. 따라서 지역 또는 마을 단위의 공유재 이용과 관리 그리고 보다 조직화된 협동조합은 경제와 더불어 사회의 지속가능성에도 중요하게 역할 할 수 있음을 강조할 필요가 있다.

공유재 관리의 제도적 측면은 세계 여러 지역의 전통적인 생활방식에서 찾을 수 있으며 개발도상국 농촌 지역의 경우 생산 활동에서 농축산 분야는 빈곤 극복에 중요하게 역할 한다. 제주는 기존 이용가능한 공유재를 마을 단위에서 이용-관리하며 현재에도 지속되고 있는 마을 공동어장 그리고 새로운 공익 기업 활동을 통해 협동조합형 공동체 경제를 유지하고 있는 지역이다. 제주는 섬 지역이라는 예외적인 상황일 수 있으나 공동체 경제 사례는 지역 상황에 적합한 공동의 협력적 삶을 영위하는 보편적 경우로 공유재를 지역사회에서 자율적으로 지속가능한 이용, 관리하며 복지 분야로까지 확대하며 지역 발전을 도모하는 로컬에서 찾는 세계적 성공 사례로 검토해 볼 수 있다.

제주 이시돌 목장의 경험은 협동조합이라는 용어를 사용하지 않지만 비영리 재단법인 이시돌농촌산업개발협회를 설립해 낙후된 농촌 지역의 발전을 주도한 협동조합형 지역 개발, 협동조합의 변형인 실천적 혁신, 또는 사회적 행동 모델로 고려해 볼 수 있다. 최근 국내의 협동조합은 설립 원칙과 형식은 갖추고 급격히 수적으로 증가하고 있는데, 있지만 정부의 요구에 부응하는 형태로 진행되는 경우가 많고 사업의 이윤보다 결속에 치중하는 경우가 많다고 지적받는다. 협동조합은 자본주의의 확대에서 드러나는 빈부격차 등의 문제를 해결하기 위해 협력과 자치에 기반한 경제 조직의 형태로 조합원의 복리를 기본으로 한다. 협동조합은 보다 넓게는 운영을 통해 이윤을 내고 이윤을 목표가 아닌 수단으로 생각하고 일자리를 창출하는 재투자로 사용한다면 지역 발전으로 이어질 수 있다. 이러한 지역공동체의 발전과 복지로 목표 가치를 확대한다면 협동조합은 대안 경제로서의 가능성을 높일 수 있을 것이다.

제주 이시돌 목장은 1954년 한림성당에 초대 주임신부로 부임한 맥그린치 신부[1]가 시작하였다. 그는 당시 가난에서 벗어나지 못하고 있는 한림 지역의 '주민들은 삶의 고단과 고난에 찌들어 있었고, 스스로 나서기보다 그저 저승의 조상에게만 기댔다. … 조상의 못자리가 좋지 않다고 하면 빚을 내서라도 옮겼다. 4~5일 굿판을 벌이는 것도 빈번해 이 지역의 빈곤을 타파하기 위해 사업을 시작했다(양영철, 2016). 지역 빈곤 극복을 위해 가장 먼저 시작한 작업은 1955년 전후 제주 토종 돼지를 개량종으로 바꾸기 위해 요크셔 품종 두 마리를 미군 사령관으로부터 얻어 기른 일이었다. 사료

---

[1] 세계의 잘 알려진 협동조합은 천주교 신부들에 의해 시작되었다는 공통점을 보이는데, 몬드라곤 협동조합은 호세 마리아 신부, 캐나다 안티고니쉬 협동조합은 톰킨스 신부, 한국의 원주협동조합은 지학순 주교가 초기 설립에 중요한 역할을 했다.

로는 생선 내장과 클로버를 섞어서 먹였다. 1957년 맥그린치 신부는 청소년 25명으로 4H 클럽을 만들고, 회원들에게 돼지를 나눠주고 이들이 새끼를 낳으면 암컷 2마리를 가져오게 해 다른 회원에게 분양하는 식의 가축은행을 시작했다. 1959년경에는 일출봉 인근에서 기르는 양을 보고 성장기 아일랜드에서 양털로 옷을 만들어 판매하는 것을 본 경험을 되살려 지역에 일자리가 없어 고향을 떠나려거나 놀고 있는 젊은이들에게 양을 길러 양털에서 실을 뽑아 옷, 양말과 담요를 만드는 교육을 하는 직조강습소를 설립하였다. 이는 이후 한림수직사가 되어 성수기 때는 물레로 제품을 만드는 여성은 40명, 집에서 짜오는 재택근무자는 1300명에 이를 정도였다.

점차 돼지 수가 늘며 성당 마당이 부족해지고 냄새도 심해 새로운 장소를 물색하였다. 현재의 이시돌 목장은 1961년 시작되었는데 금악리 일대의 땅 3천 평을 매입해 4H 청년회원 20여 명과 더불어 개간을 하며 초지를 조성하고 일본군이 썼던 군인 막사를 우리로 만들어, 돼지, 면양, 소를 키우며 축산 규모를 현재의 약 300만 평 면적으로 확대한 것이다. 이시돌 목장이 규모를 갖추고 실습목장의 역할을 수행할 수 있게 되자, 1962년 축산과 목초지 개량, 생산물 가공 등의 생산 활동과 더불어 교육과 사회 사업을 목적으로 하는 비영리 재단법인 이시돌농촌산업개발협회를 설립하였다.

개발도상국 낙후지역에는 대부업이나 한국의 경우 계가 은행을 대신하고 있어 높은 이자를 물어야 하고 계주가 망하면 돈을 떼이는 경우가 많아 신용협동조합은 초기 지역 발전에 필수적이다. 제주의 경우 부산에서 구호 활동을 하면서 1960년 5월 한국 최초의 신용협동조합인 성가신용조합을 설립한 메리가별 수녀가 전국 신협 설립을 지원해주고 있어 이곳에서 교육을 받고 1962년 한림신용협동조합을 창립하였다. 그러나 회원 수도 적고 빈곤한 살림으로 운영에 한계가 있어, 천주교 신자뿐 아니라 지역주민까지 조합원을 확대하여 6년이 지나 자리를 잡게 되었다.

이시돌 목장은 1963년 미국이 잉여 농산물 옥수수 원조를 정부만이 아니라 민간단체도 받을 수 있게 바꾸자 한국에서 처음으로 일 년에 수만 톤씩 1967년까지 무상 옥수수 원조를 받았다. 무상으로 받은 옥수수는 개척 농가 사업과 배합사료공장 건립을 동시에 착수하는 기반이 되었다. 옥수수는 개척 농가 사업을 위해 아주 저렴하게 시장에 팔아 그 수입으로 이시돌 목장 주변의 토지를 사들이고 이들을 30년 상환의 조건으로 주민들에게 분양하였다. 1976년까지 지속된 토지 개간과 축산농가 정착 사업은 가구당 약 3만 평의 98세대가 입주하는 성과를 거두었다. 배합사료공장은 양돈 농가에 시중의 1/3 가격으로 판매를 해 양돈업을 번성시키게 된다. 그러나 1980년대 초 전국적인 돼지 과다 생산으로 정부는 삼양, 삼성과 이시돌 목장 등 기업형 양돈 목장을 정리하도록 강제했다. 이시돌 목장의 경우 돼지를 직원들에게 분양했는데, 이 과정에서 돼지는 한림 지역의 최고 소득원으로 자리를 잡고 제주는 전국적인 양돈 산업의 중심지로 발전하게 된다.

1970년대에 들어 이시돌 목장은 넓은 조성된 초지에 소를 길러 부가가치를 높이는 계획을 세우고, 독일의 원조단체로부터 소 500마리의 지원에 추가로 150마리를 더해 호주와 뉴질랜드에서 운송해 온다. 이때 한진그룹이 제주에 제동목장 부지를 구입하여 조성하는 중이어서 같이 350마리를 구입하여 운송한다. 이시돌 목장은 이후 지속적으로 소를 들여와 가장 많을 때는 2,500마리가 되었는데, 이러한 소 목축 확장은 양돈 사업에 대한 정부의 구조조정과 시기적으로 비슷해 충격을 덜 수 있었다(양영철, 2016).

[표 5] 이시돌 목장의 사업, 활동

시기	활동명	세부 활동내용	비고
1957년	4H 클럽 조직, 돼지 가축은행 운영	농촌 청소년의 자립을 돕는 4H 단체를 한림성당에 나오는 청년들을 중심으로 조직, 외국 품종 돼지를 4H 회원에게 무상으로 빌려주고, 새끼를 낳으면 2마리 갚는 계약	초등~고등학생 25명으로 시작
1959년	직조강습소	여성들에게 수직물 교육 후 각 가정에서 양모사로 장갑, 양말 등 제작	1990년 한림수직사로 발전, 2005년까지 운영
1961년	이시돌 중앙실습목장 개설	현재의 이시돌 목장 부지를 매입, 목야지 조성 개간 작업, 목장내 에서 가축관리, 농기구 사용 등 농업 기술교육 실시	약 300만평, 직원수 180명으로 당시 제주도청보다 많은 수
1962년	이시돌농촌산업개발협회 설립	축산과 목야 개량, 생산물 가공 및 교육, 사회 사업 목적	비영리 재단법인
1962년	한림신용협동조합 창립	제주에서 첫번째, 전국에서 7번째 신용협동조합 설립, 성당 신자회원에서 한림지역 주민으로 확대	신용조합이 제주도에 자리잡자 일반인에게 이관
1963년	개척농가 조성사업 착수	1963~67년 미국 옥수수 무상원조를 받아, 헐값에 팔고, 그 수익금으로 축산 토지 약 1천헥타르를 구입, 개간하여 30년 상환 조건으로 분양	가구당 약 3만평 약 98세대 입주, 1976년 완료
1964년	이시돌 배합사료 공장 가동	미국 정부로부터 지원 받은 잉여 옥수수를 이용해 사료 생산 시작, 대규모 양돈업 발달	현재의 이시돌 사료공장
1970년	이시돌의원 개원	한림지역에 의원을 개원하여 극빈자에게 무료진료 (당시 무료 60%), 2001년 무료 호스피스 병동 추가하며 이시돌복지의원으로 변경	2007년 이시돌목장으로 이전, 호스피스 전문병원으로 운영
1972년	농가 종축개량용 소 도입	독일로부터의 원조로, 호주와 뉴질랜드에서 650마리 수입	
1973년	양돈 협업농가 조성	양돈사업 참여자를 모집, 기술, 시설, 사료지원과 종돈 분양으로 자립터전 제공	약 200세대
1981년	비육우와 젖소 도입	캐나다에서 600마리 수입, 다음해 호주에서 비육우 870마리, 젖 소 156마리, 양 70마리 수입	일부 일반농가에 분양
1981년	이시돌 양로원 개원	농촌 노인복지사업으로 개설하여 무의탁자 무료 수용	요양원으로 변경
1982년	노인학교 개교	경로당과 노인대학을 개설	

1983년	농가 가축 입식	제주도에서 추천한 무축농가에게 시세의 반가격으로 송아지 분양	200세대에 350마리 분양
1984년	어린이집, 유치원 개원	농촌 3개 마을에 어린이집과 유치원을 개설	
1985년	치즈가공, 우유가공 공장 운영	이시돌목장에서 생산한 우유 가공, 치즈 생산하여 판매	1991년 제주낙농협회에 이관
2003년	말 사업 추진	경주마를 도입, 마필 육성과 종자마 사업	
2007년	유기 농·축산물 인증	초지 유기농산물, 젖소 유기 축산물 국제, 국내 인증, 비육우 무 항생제 축산물 인증	

출처: 권상철, 2015; 양영철, 2016

이시돌 목장은 2년의 준비를 거쳐 1970년 비영리 병원인 이시돌 의원을 개원하며 복지 사업을 시작한다. 의사와 간호사는 목포의 성골롬반 병원에서 파견을 받고 나머지 인력은 제주에서 선발해 배치했다. 당시 제주도에는 병원이 드물고 싼 진료비와 빈번한 무료 진료가 이루어졌는데, 이로 인해 생기는 적자는 이시돌협회에서 충당했다. 이후 국내 최초로 호스피스 병동을 갖추며 이시돌복지의원으로 확장한다. 2007년 이시돌복지의원은 현 이시돌 목장 내로 병원을 건립한 후 이전하여 무료 호스피스 전문병원으로 개원하고, 운영은 이시돌협회의 지원과 후원금으로 유지하고 있다(양영철, 2016).

이시돌 목장은 한림과 주변 지역을 빈곤으로부터 벗어나게 하기 위해 다양한 사업을 펼치는데 초기부터 이시돌농촌산업개발협회라는 비영리 기관으로 활동을 전개하며 성장과 분배를 모두 이룩한 혁신적 협동조합형 지역 발전으로 평가할 수 있다. 보리와 조 등의 밭농사 위주의 농업이 대부분이던 현실에서 이시돌 목장은 축산업과 낙농업 등의 새로운 산업을 도입하고, 토지와 가축, 사료 등의 지원과 다양한 기술 교육을 실시하여 농가 스스로 자립할 수 있는 기반을 마련했다. 지역의 다양한 수익 사업을 통해 생겨난 일자리는 지역 사람들에게 직접적인 경제적 혜택을 주었고, 서민층 개인들을 협동조합으로 조직하여 상부상조할 수 있도록 후원하였다. 초기에는 직접적으로 가축은행에서 시작, 신용협동조합, 양돈협업 농가를 조직하여 운영하였고, 이후에는 양돈, 축산, 낙농업을 제주 지역에서 생겨나는 협동조합에 넘겨주었다.

이시돌농촌산업개발협회는 1962년 이래 돼지, 면양, 한림수직, 사료 공장, 소, 말 사육, 우유-치즈 가공, 신용조합 등 1~3차 산업 모든 분야의 사업을 개척하였다. 이시돌 목장은 지역 자원과 노동력을 이용하여 혁신적 기업 활동을 전개하며 한림 지역의 성장과 경제적 자립, 사회복지 등에 노력하며 지역 발전에 상당한 공헌을 해왔다. 주민들에게는 기술을 교육하고 개척 농가 사업을 통해 지역 스스로 자립할 수 있도록 했으며, 일정 수준 사업이 정착되면 지역에 환원하고 수익금으로는 유치원, 양로원, 노인복지회관, 병원 등 지역복지 사업에 투입하였다. 이러한 이시돌 목장의 활동은 외국의 혁신적 협동조합 경험과 유사하고, 복지서비스까지 제공하며 성장과 분배를 동시에 달성한 혁신적인 사회적 실천으로 공동체적 지역 발전 모델이자 로컬에서 찾은 시민성의 세계적 발현으로 고려할 수 있다.

다. 지역 공동체 경제와 시민성 교육

지역공동체 경제는 세계 여러 지역에서 지속가능한 경제-사회를 유지 발전시키는 구체적 모습으로 다양하게 나타난다. 지역공동체 경제는 단순한 경제적 공간이 아니라 자발적 참여로 개인과 지역사회의 발전을 위한 협력과 책무가 중요시되는 구체적인 삶의 장소로 사회적 공동체이다.

현실적으로 공동체 경제에는 공유재의 역할이 중요하고, 공유재는 공동체 유지에 없어서는 안 될 필수 요소로 고려된다. 지역 공동체의 경제-사회 기반을 이루어 왔던 공유재는 점차 사라지고 있다. 이러한 감소는 이기적 개인의 무임승차에 따른 문제로 고려하는 '공유재 비극론'에 의해 더욱 급속히 진행되었다. 그러나 공유재의 감소는 대다수 이기적 개인보다 시장과 국가 주도로 자원착취적 경제 성장과 자연의 상품화를 통해 이루어졌다.

최근에는 공유 경제가 숙박, 운송업 등에 적용되며 공유의 가치를 확대하고 있는데, 이는 오래전부터 전통적 마을 단위의 사회경제 개념이 현대 사회의 수요에 부응해 재구성된 형태라 하겠다. 실제 세계 많은 지역에서 공유재는 공동체의 자율적인 이용과 관리의 규범에 의해 지속적으로 유지되고 있다. 지역 공동체 경제는 공유재와 공동체가 긴밀히 연계된 형태로 공동체를 강화하는 것은 기존 공유재의 지속적인 이용과 관리를 유지하고 더불어 지역주민들이 협력을 통해 새로운 공유재를 만들어가는 노력으로 중요하다.

제주 지역의 해녀문화와 이시돌 목장은 지역 공동체 경제의 구체적인 사례이다. 마을 공동어장은 현재에도 지역 단위의 공유재에 기초한 경제 활동이 이루어지고 있는 곳이다. 마을 어장은 공유재인 해양 자원의 관리 그리고 저소득 어민을 위한 소득 기회를 제공하기 위해 해양 공유지를 마을 단위로 배분한 것으로, 사유화를 통한 관리에 비해 지속가능한 형태로 이용과 관리가 되고 있다는 평가를 받는다. 제주의 마을 공동어장은 세계 다른 여러 지역에서 발견되는 제도화된 규범, 예를 들어 명확하게 정의된 구획과 회원, 현지 조건과 부합하는 규칙, 집합적 선택 장치 또는 민주적 의사결정 과정인 불턱 회의 등을 동일하게 적용하고 있다. 여기에 수확을 개인별 그리고 마을 공용으로 배분하는 규범과 더불어 할망바당, 학교바당 등을 지정해 공유재의 일부를 사회경제적 약자와 공익적 목적을 위해 배정하는 관행은 제주 지역에서 더해지는 윤리적인 특징이다.

제주 이시돌 목장은 이익을 추구하는 사업체로 지역 공동체를 위한 비영리기업의 운영 형태를 따랐다. 이시돌 목장의 사업 방식은 전체 공동체의 이익을 위해 자산을 재단법인화하여 특정 이익 집단만을 위한 기업 조직으로 변질할 수 있는 문제를 피하였다. 이러한 지역사회 공동체 사업 회사법인은 특히 현행 후기 산업화 발전에서 소외되어 온 공동체들에게 적합한 지역 발전 형태라 하겠다. 그러나 국내의 현실은 압축적인 경제 성장과 개발에 길들여져 지방 정부는 성장에 대한 집착으로 국가 예산 및 프로젝트의 유치를 통해 발전을 꾀하는 경우가 많다. 그러나 지역 발전을 목표로 하는 경우 연대를 통해 일자리와 재화를 만들어나가며 공동체성을 강화시키는 노력이 필요하다. 현실적으로 다수의 개발도상국 상황에서는 자본이나 폭넓은 주민 참여가 부족해 인적자원 개발과 공동체 기업 형성이 지역 발전의 중요한 과제로 등장한다.

이시돌 목장은 주변 경제에서 경쟁력을 갖추기 위해 지도자가 전문가 위원회를 구성하고 강력한 리더쉽으로 주민들을 참여시키며 추진한 경험은 실천적 사회적 혁신 모델로 고려할 수 있다. 이는 초기부터 마을 전체를 공동체적 단위로 접근하기보다는 소지역 또는 사업 중심의 공동체 복원 활동을 펼치는 문제해결 방식을 적용한 방식이다. 자발적 참여와 호혜성에 기초한 공동체적 문제해결 방식은 다양한 가능성을 가질 수 있다는 열린 사고로 받아들일 필요가 있다. 제주 이시돌 목장의 발전 과정은 주민 참여와 협력을 토대로 지역과 밀접한 연관성을 가진 사업체이자 결사체의 속성을 가지는 협동조합형 지역발전 방식을 보여 주는 사례이다.

지역 공동체 경제는 사람들 간의 공동체 의식이 핵심을 이루는데 이는 저절로 생기는 것이 아니라 구성원들이 또는 헌신적 활동가가 효과적인 사업을, 특히 외부에서 주어진 사업이 아니라 스스로 찾아낸 경우 공동체 강화에 도움이 된다. 이러한 측면에서 정부는 마을 공동체를 지정하고 지원하기보다는 마을공동체를 발견하고 지원하는 게 바람직하다. 마을공동체의 규모는 작게 시작할수록, 그리고 마을공동체의 성격이 약해 구성원의 개별 목적이 사회적 협력을 필요로 하는 수단적 공동체로 시작하는 것이 효과적일 수 있을 것이다. 그리고 협동조합 설립 상황이 유럽의 경우도 나름의 독특한 방식으로 전개된 것에 비추어, 다양하게 자율적으로 형성된, 경제사회 위기를 극복하기 위해 만들어진 경제 방식을 협동조합으로 포괄하는 사고가 필요하다.

이시돌 목장은 주변 경제에서 경제적으로 충분한 자본과 경험을 가지지 못한 상황에서 비영리 기업을 설립하고 성장과 복지를 동시에 추구하며 지역 공동체를 강화하는 결과를 만들었다. 협동조합은 공식적인 하나의 방안만이 존재하는 구조가 아니고, 각각의 지역에서 그 특성과 전통을 살피고 그에 맞는 사업을 지역에 현존하는 조직과 함께 시작하라는 권고는 협동조합 자체보다 지역 단위의 협력이 더 중요하며 협동조합은 이를 위한 하나의 도구로 활용될 수 있다는 것이다. 유럽형 협동조합을 일단 답습해 보는 것보다 중요한 것은 지역의 상황과 사업의 지역과의 연계성을 파악하는 일이다. 이시돌 목장의 경우는 협동조합이라는 이름을 명시적으로 사용하고 있지는 않지만 혁신적 또는 협동조합형 지역 공동체 경제로 고려할 수 있다.

지역 상황에 대한 고려가 중요하다는 것은 이시돌 목장 발전 경험이 광범위하게 다른 지역으로 확산하지 못하고 한림 지역에만 한정된 것에서도 찾을 수 있다. 유럽에서 협동조합이 성공하고 확대될 수 있는 그리고 크게 내부 분열이 없는 배경에는 종교 공동체가 작용했다면, 제주의 경우 종교적 차이가 협동조합형 지역 발전이 주변으로 확장하는데 장애가 되었을 수 있다. 또한 시기적으로 정부가 새마을 운동을 농촌 지역에서 전개하며 지역사회 자체적으로 주도한 사업은 상충적일 수 있는데, 이 경우 주민들은 정부 주도 사업에서 더 많은 지원을 받을 것이라는 기대에 자율 참여적 이시돌 목장 발전 방식에는 관심을 덜 기울였을 것이다.

지역 공동체 경제는 다양한 모습으로 운영되는데, 성공 모델은 지역 상황을 포함하는 안목을 가지는 것이 매우 중요한 현실적 과제이다. 제주의 마을 공동어장과 이시돌 목장은 공유재 기반 그리고 협동조합형 지역 발전의 공동체 경제로 특징지을 수 있다. 세계 여러 지역의 보편적 공동체 경제 특성과 더불어 제주 지역의 특수성을 모두 담고 있는 마을 공동어장과 이시돌 목장은 대안 경제 논의와 실천 방안 모색에 성공 사례로 더할 수 있다.

제주 해녀문화 그리고 공동체 경제의 지속가능성의 특징은 전 세계에 세계시민성 함양을 위한 사례로 활용하기에 적절하다(유네스코 아시아태평양교육원, 2018; 김민호 2011; 송원섭·조철기, 2023). 제주의 사례는 자유주의 시민성과 공동체주의 시민성이 상호 호혜적으로 작동하는 양상을 보인다. 공동체와 개인 간의 관계는 주로 권리와 의미의 관계로 규정되는데, 이러한 관계를 어떻게 규정하느냐에 따라 개인에게 요구되는 자질이 달라진다. 공동체와 시민 간의 관계에 있어서 사적인 측면, 즉 개인의 권리를 강조하는 시민의 측면을 강조하는가 아니면 공적인 측면, 즉 공동체의 측면, 개인의 의미와 책임을 강조하는가에 따라 자유주의 시민성과 공동체주의 시민성으로 나뉜다. 제주의 해녀문화와 공동체 경제에 대한 학습은 학생들에게 자유주의적 시민성과 공동체주의적 시민성에 대한 이해와 함께, 이 둘이 어떻게 상호 호혜적으로 기능할 수 있는지를 탐색할 수 있게 한다는 점에서 중요한 교육 사례가 된다. 그리고 이들의 유지와 보전은 지역 단위에서 찾을 수 있는 가치 있는 자산이 지속가능하게 발전할 수 있도록 학생들에게 인류 보편적인 시민성인 세계시민성의 함양을 위해 중요한 실제 운용되는 사례로 의미가 있다.

라. 시민성 함양 방안으로써의 커뮤니티매핑

글로벌, 로컬 시민성 등에 대한 개념적 정의와 이론적 검토는 상당히 이루어졌다. 그러나 아직 이 분야의 역량을 배양하는 구체적인 방법에 대한 논의는 아직 초보적 수준에 머물러 있다. 시민성 배양의 교육은 지식, 이해, 실천의 영역으로 구분하여 접근하는데, 실천은 지식과 이해를 구현하는 통합적 측면을 가지기에 중요하다. 교육적 측면에서 전통적으로 지역사회 문제해결을 강조하는 참여와 비판적 사고 함양은 시민교육에 중요한 활동이다. 다양한 지역사회 참여 활동 중 최근 커뮤니티매핑(community mapping)은 주민 주도로 지역사회의 현안과 자산을 지도로 제작해 공유하며 자생적 문제 발굴과 개선 방안을 모색하는 방법으로 관심을 얻으며 공동체 역량 강화와 시민성 함양을 도모하는 활동으로도 확장되고 있다(전보애·홍일영, 2020).

커뮤니티매핑은 지역주민이 주도하는 지도제작 활동으로 참여자들이 협업하며 자신들이 거주하는 지역사회의 문제나 현안을 발굴하며 이해하는 과정을 최종 지도 성과보다 중요시한다. 이 과정에서 주민 간 소통으로 지역 잠재력과 자산을 발굴하며 협력을 강화하는데 의미를 두는 활동이다. 지도는 기본적으로는 정부 차원에서 행정 자료를 지도로 제작해 영역의 이용과 관리를 위한 목적으로 제작되는데 종종 정보가 왜곡되어 전달되거나, 지역 공동체 단위의 현실을 반영하는 지도의 부족 등이 문제로 언급되었다. 이러한 상황에서 컴퓨터와 인터넷이 보편화되며 디지털지도를 제작해 공유하는 웹서비스의 등장으로 지도제작 활동은 지도 자체가 아닌 지역주민들이 자신들의 지역사회에 대한 관심을 표출하는 방법으로 확대되며 주민의 공동체 참여 기회와 이를 통한 시민성 함양을 기회를 제공한다.

커뮤니티매핑은 종종 지역자산매핑(Community Asset Mapping)으로도 불려진다. 매핑은 온라인매핑 서비스가 등장하기 이전부터 지역사회 문제를 다루는 도구로 사용되어 왔으나, 참여행동 연구와 더불어 커뮤니티매핑은 개발도상국과 선진국에서 지역사회에 대한 구체적인 관심으로 등장하여 활용되고 있다. 개발도상국에서는 식민기 이후 독립국이 되며 원주민 토지에 대한 정부의 통제가 약화하며 이전 영토에 새로운 경계를 설정하고 지도화하는 작업이 필요하게 되었다. 식민기 지도는 토착 주민의 자치구를 무시했기에 이를 반영하는 지도제작은 정부 관료와 협상을 위해 필요했다. 1970년대 후반 시작된 국제개발기구에 의한 하향식의 개발도상국 경제 발전 노력은 그다지 성공적이지 못해 의사결정 과정에 공동체 참여를 포함하는 참여적 접근이 하향식과 상향적 접근을 절충하며 확대되었다.

참여형 지도제작은 지역사회 구성원들의 정체성을 강화하고 지역 지식과 장소 인식을 강화하는 성찰과 기억을 유도하는 방법으로 사용되었다. 따라서 참여형 지도제작은 커뮤니티 구성원에게 포용적이며, 역량을 강화하는 투명한 활동으로 이러한 실천은 지역사회 주민들이 직면한 시급한 문제에 대한 인식을 높이고 의사결정을 내리는 데 도움을 주었다. 지도제작 활동은 지역사회가 자원 관리에서 다양한 목표를 달성하기 위해 모임을 갖고 집단적으로 협력할 수 있도록 지원하며, 참여형 매핑 활동을 활성화하며 공동체는 토지와 자원 사용을 매핑하고 자원에 대한 여러 소유권 주장에서 분쟁을 해결할 수 있다. 커뮤니티매핑은 공동체 내 개인 간 그리고 서로 대립하는 공동체 간의 사회적 상호작용과 의사소통을 가능하게 해 자원 이용과 관리의 갈등을 관리하는 데 필수적이며 집합 행동에 동기를 부여한다.

선진국에서의 커뮤니티매핑에 대한 관심은 1980년대 미국의 탈산업화로 쇠락하는 도시 지역의 실업, 열악한 주거 상황 등의 빈곤 문제를 해결하려는 노력이 성과를 내지 못하며 촉발되었다. 노스웨스턴대학 연구진은 대안을 모색하며 시카고의 빈곤 지역에 대한 외부의 하향식 지원보다 지역 내의 자산과 역량을 발굴하는 상향식 접근을 시도하였다. 초기 연구진은 지역주민들로부터 지역발전 방안에 대한 3000개 이상의 이야기를 수집해 이들로부터 공통점을 도출하는데 여기에는 지역주민들의 숙련된 기술, 단체의 역량, 공공과 민간 등 기관의 자원, 물리적 그리고 경제와 문화 자원 등을 지역 자산으로 고려하였다. 지역 자산은 발전의 잠재력으로 이를 활용하는 방안으로, 장소에 기반한 거버넌스를 지역 내 대학, 학교, 협회와 기관 등이 협력하여 형성하고 다양한 활동을 전개했다. 대학은 지역 조사를 통해 자산을 발굴하고 환경정화, 평생교육 등의 활동을 진행하며 지역사회 결속과 발전의 토대로 역할을 했다. 대학과 지역단체는 협업을 통해 지역사회의 필요(need)와 자산(asset)을 목록화하여 지도로 나타내는 작업을 진행하는데, 이러한 과정은 자산기반지역발전(ABCD: Asset Based Community Development)으로 불리며 점차 확산되어 미국뿐 아니라 전 세계의 여러 지역에서 적용되고 있다.

자산 기반 지역 발전은 지역 내의 다양한 사회자본을 발굴하여 잠재적 가치를 알리는 활동이 기초 작업으로 지역 주민이 쉽게 이해할 수 있도록 지도화하는 작업으로 이어진다. 지역 자산은 지역의 발전 잠재력을 가진 대상으로 개인, 기관, 공동체 단위에서 찾을 수 있으며, 개인의 역량을 기관 등과 네트워킹하여 공동체 단위의 사회적 자본으로 발전시킬 수 있다. 지역 자산을 발굴하는 데는 많은 주민과의 면담을 통해 이야기를 채집하는 방식이 중요한데, 이를 위해서는 많은 인력이 필요할 것으로 대학생의 지역사회 참여 수업과 병행하는 것이 대학과 지역사회 모두가 혜택을 보는 방법이 된다.

커뮤니티매핑은 지도제작과 지역사회 발전을 연계시키며 지역 주민의 역량 강화와 연계된 분야로 지도를 지역주민 주도로 지역사회의 현안과 지식을 담아내는 상향식 접근으로 제작하며 지역주민의 참여를 확대한다. 참여의 필요는 북미 지역에서 도시 공동체 재생과 계획 수립 과정 그리고 개발도상국 지역에서는 영역 획정과 환경 갈등 문제에서 제기된다. 지도제작은 지리정보시스템의 발달로 확대되었으나 GIS가 전반적으로 정부와 기업 수요에만 부응하며 지역사회, 특히 사회적 약자의 입장을 대변하는 기술로 활용되어야 한다는 주장들이 제기된다. 인터넷 웹지도 제작 서비스는 지역사회 기반의 지도제작 수요를 충족시키며 참여 지리정보시스템(PGIS)을 활성화하는 계기를 제공한다. 이는 의사결정에 참여하지 못하던 불리한 집단에게 자신들이 속한 지역의 문제와 현안 그리고 자산을 발굴해 공유하며 지역 발전을 모색하는 대안적 기회를 제공한다.

커뮤니티매핑(community mapping)은 공동체 지도 만들기로 커뮤니티의 의미를 함께 행동한다는 의미를 더해 '함께 만드는 공동체 지도' 만들기

(임완수, 2022)로 일상생활에 도움을 주는 정보 수집과 공유 활동을 일컫는다. 커뮤니티매핑은 공동체(community) 구성원이 참여를 통한 소통(participatory)으로 지도(map)를 만들기(~ing)를 진행하는 활동이다. 커뮤니티매핑의 진정한 힘은 지역사회 문제를 다루며 기술보다 그것을 구현할 아이디어와 사람들, 즉 기술을 기반으로 사람들의 '참여'에서 시작해 자신과 지역의 '변화'를 만들어 낼 수 있다는 신뢰와 소통의 기반을 만든다는 것에 있다. 커뮤니티매핑의 핵심은 집단지성이 커뮤니티와 결합하여 사회적 문제를 발견하고 해결해나가는 과정에서 공동체성을 회복하고 지역을 변화시키는 힘으로 성장하도록 하는 도구이다(정수희·이병민, 2014).

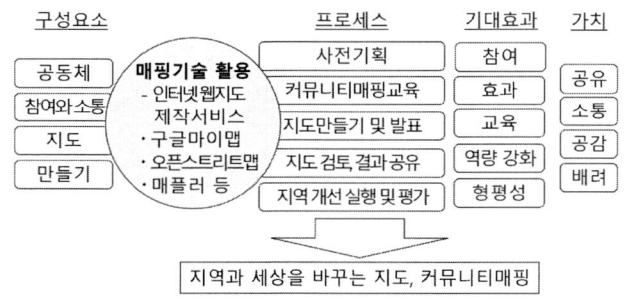

[그림 6] 커뮤니티매핑의 작동 원리와 가치

출처: 임완수, 2021의 수정

커뮤니티매핑의 의미는 공익을 위한 활동으로 지역 현안을 같이 발굴하고 공유하는 작업 과정으로 확대하면, 상향식 지역 발전의 방안이 될 수 있는데 지역 자산의 발굴과 지도화 작업을 위해 지역의 주민과 전문가 집단 등이 상호 협력하는 작업 과정으로 진행한다. 이는 단순한 용어의 의미를 넘어, 지역주민이 시민의식으로 자신들의 지식과 정보를 담아내려는 노력으로 하향식 지도에 대한 대안 모색의 결과이다. 기본적으로 커뮤니티와 매핑의 조합인 커뮤니티매핑은 공동체의 집단지성을 의미하며 매핑은 진행형으로 지도의 결과물보다 지도를 제작하는 과정에 보다 의미를 부여한다. 이 진행 과정에서 참여, 소통, 공감, 배려의 가치를 배양하며 지역과 세상을 변화시키는 활동이 되며 시민의식이 고양되는 계기를 제공한다.

커뮤니티매핑은 사전 기획부터 시작해 단계적으로 접근하며 각 단계별로 참여자와 더불어 전문가, 참여자, 관계자가 중요한 협력 주체로 역할한다. 지역주민은 핵심적인 참여자로 역할을 하고, 외부의 전문가와 관계자가 여러 과정에 협력자로 포함되어 전체 과정의 진행에 참여한다.

참여 지도제작을 위한 지역사회 현안, 문제에 대한 참여의 수준은 알권리에서 의사결정에 이르는 스펙트럼에서 상황에 따라 결정한다. 지역주민의 참여는 계층적으로 구분해 볼 수 있는데, 기본적으로 알권리, 공개, 시민권리, 대중 참여 목표 설정, 대중 참여 위험분석과 해법 제안, 대중의 최종 결정 참여 단계로 나아가는 데 커뮤니티매핑은 최종 결정 단계에까지 미치는 활동으로 지역사회 참여와 발전을 도모하는 시민성 함양에 적합한 활동이라 하겠다.

커뮤니티매핑의 교육적 측면을 보면, 매핑 활동은 실제 지리정보를 수집하여 지도를 만드는 과정으로 커뮤니티 구성원들이 자신이 속한 커뮤니티의 발전을 위해 공간정보를 재현하고 재생산하는 전략적인 시민 활동이다. 학습자가 실생활과 관련된 문제 상황을 해결하는 과정을 통하여 비판적 사고, 문제해결력, 내용 지식을 적용할 수 있도록 하는 문제중심 학습에 부합한다. 문제중심 학습은 학습자 중심의 학습으로 학생들은 실생활과 관련된 비-구조화된 문제를 해결하고, 교사는 촉진자, 코치, 평가자 등의 역할을 수행한다. 커뮤니티매핑은 공간정보기술을 사용하여 지역 문제를 발견하고 해결하는 과정을 익히며, 이를 통해 장소 기반 사고와 실천적 시민 역량을 경험한다.

커뮤니티매핑은 학생들이 사회 문제에 참여하고 해결하기 위한 교육 플랫폼으로 지역 문제와 같은 주제나 문제를 해결하는 비공식 환경으로 사용이 가능하다(고성원 외, 2016; 구순옥·남상준, 2019). 실제 커뮤니티매핑은 지진, 홍수, 테러 등과 같이 재난이 발생했을 때 구조 활동으로 기존 공간 데이터의 보완과 업데이트 및 문제를 해결하는데 그리고 자원·환경문제와 같이 실제 지역 문제 해결방법을 모색하는 데 사용하고 있다. 커뮤니티 매핑은 문제 중심 학습과 같이 지역사회 문제를 학습자가 실제 찾고 해결할 수 있는 과정을 경험하고, 지역사회 및 총체적으로 지역 환경을 활용하고 실제 세계에서의 학습자의 직접적인 학습경험을 강조하는 장소 기반 학습으로 실생활 문제해결 접근으로 학생들이 학교나 지역사회의 문제를 발견하고, 나아가 문제를 해결하기 위한 대응책을 개발하는 것도 포함한다. 장소 기반 학습은 지역사회의 인문자연환경과 상호작용 및 지역사회의 사회적 정의로 접근하여 사회를 변화시키기 위한 수단으로 학습자의 생활과 지역을 연결하여 활용하는 방법이다.

[그림 7] 커뮤니티매핑 사례: 학교 안전지도, 도시 생물다양성[2]

커뮤니티매핑은 각기 다른 학습능력을 가진 학생들이 집단의 동일한 목표를 성취하기 위해 소집단으로 활동하는 협동 학습 방식으로, 서로 격려하고 도움을 주는 사회적 지지를 기반으로 학습자 자신과 동료 학습자가 최대한으로 학습할 수 있도록 하는 학습이 가능하다. 협력 교육은 학습자 간 상호 이해와 존중을 기반으로 비판적 사고와 원활한 의사소통을 제공해 학생들의 시민성 함양에도 긍정적으로 역할을 한다. 실제 사례를 보면 성북구 초등학교 안전지도는 교통안전시설, 청소년 유해시설, CCTV 등의 범주를 지도에 표시하고, 수원시 생물다양성 현황은 조사 자료인 식물, 조류, 포유류, 곤충, 양서파충류, 어류 등의 범주를 웹지도에 표시하고 있다.

커뮤니티매핑은 종종 지역자산매핑과 같은 의미로 사용할 정도로 지역발전과 긴밀히 연계된 작업으로도 역할 하는데, 지역자산매핑은 실제 지도라기보다는 그래픽으로 지역 자원의 구성과 분포를 개략적으로 나타내 지역의 잠재력을 파악하는 방법이다. 종이지도의 제작은 전문성과 비용이 요구되고, 현황 반영이 즉각적으로 이루어지지 못해 현장성과 지역 지식을 반영하는 데 어려움을 가지지만, 인터넷 웹매핑 서비스가 늘어나며 커뮤니티매핑이 지역자산매핑을 대신해 자주 언급된다. 참여 지도제작은 기본적으로 지역사회의 관심사나 사회적 약자를 대변하는데, 선진국의 경우 도시계획에서 간과되는 빈곤 지역, 개발도상국의 경우 국가, 기업 주도 개발사업에 자신들의 입장을 반영하지 못하는 농촌이나 원주민의 입장을 드러내기 위한 활동이 주로 나타난다.

---

2 http://www.mapplerk3.com/sbmap/, http://www.mapplerk2.com/suwon/

[표 6] 참여 지도제작의 주요 활용 분야

	도시, 지역 계획	원주민/공동체 매핑	환경/자연 자원 관리
장애/ 지식 격차	• 복잡한 도시 체계 문제 • 자원: 재정, 시간, 전문가, 동기 • 참여자에 의한 공동 작업과 결과	• 신뢰 • 목표/영향/목적 명확함 • 매핑 과정에서의 권력: 누가 참여, 주도, 그리고 성과 소유	• 계획과 관리 방식으로 매핑의 가치 설정 • 갈등적 가치와 이해관계자의 동의 구하기 • 신뢰, 동기, 이해관계자 영입
제작/ 연구 우선 순위	• 참여매핑 수집 자료 반영을 위한 더 많은 사례와 평가 • 기존의 분석 방법 구분	• 매핑이 역량 강화에 미치는 영향 이해, 측정과 평가 • 매핑 목적을 분명히 하고 모든 이해관계자 간 신뢰 강화	• 매핑 위한 공동체 구성 • 성과를 다양한 방식으로 공유 • 참여 매핑과 정책의사결정을 보다 긴밀하게 연계

출처: Brown and Kytta, 2018

　참여 지도제작은 선진국의 경우 도시계획에 지역 주민의 의견과 경험을 반영하려는 목적이 주를 이루고, 개발도상국의 경우 사회적 약자인 농촌 지역, 소수민족들의 생계기반 침해 문제 등을 드러내기 위한 목적으로 진행한다. 선진국과 개발도상국의 주요 활용 분야는 차이를 나타내지만, 양자 모두에게 최근 관심을 얻으며 활용이 확대되는 경우는 환경과 자연 자원관리의 입장 대립과 갈등을 해소하는 방안 그리고 지역 상황에 대한 주민의 관심과 참여를 높이는 방안으로 참여지도 제작의 커뮤니티매핑이 활용되는 추세이다.

　선진국과 개발도상국 모두 지도제작의 성과물로 자신들의 의견/입장을 표출하는 것에서 더 나아가 참여지도 제작 과정에서 주민의 역량을 강화하는 목적을 지향한다. 이는 지도제작의 행정적, 기술적 측면을 넘어, 주민 참여와 지역에 대한 관심을 고취하며 다양한 의견 수렴의 창구로 역할 하는 기회로 활용하며(Cochrane et al., 2014), 지역사회 발전과 지역 시민성 함양을 위한 과정으로 강조한다.

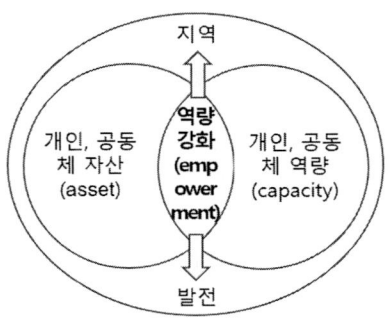

[그림 8] 개인과 공동체 역량 강화와 지역 발전

출처: 권상철, 2023

커뮤니티매핑은 주류적인 지도제작이 전문가의 영역으로 한정되거나 지역사회의 지식을 반영하지 못하는 한계를 극복하는 대안으로 주민참여에 기반한 지도제작 그리고 그 성과를 인터넷에 공유하며 지역주민의 관심과 참여를 확대하는 방안으로 등장했다. 커뮤니티매핑은 다양한 생활 주변의 현안에 적용하며 다양하게 활용되고 있지만, 보다 본질적으로는 지역주민의 역량 강화의 수단으로 활용할 수 있다. 대표적 사례로, 영국 프레스턴시는 최근 지방소멸의 위기를 극복한 성공 경험에 공동체자산구축(Community Wealth Building)에 커뮤니티매핑을 적용하고 있다. 지역 발전을 위한 다양한 노력 중 커뮤니티매핑은 지역주민의 지역사회 문제에 대한 관심 제고와 참여를 통해 지역사회의 자부심과 시민의식을 고양하는 활동으로 중요하게 작동한다.

국내 지자체 단위에서는 지역 구성원들을 지역공동체 안으로 참여시키기 위한 여러 방안들을 모색 중이다. 그러나 지역 구성원들이 공동체 참여와 그로 인한 지역공동체의 문제해결과 활성화라는 두 가지 과제 모두 지역 자산 또는 사회자본과 밀접한 관련이 있다. 사회자본이 높을수록 구성원들의 지역 참여가 활발히 이루어지며, 사회자본의 요소들인 신뢰, 규범 네트워크 등은 지역이기주의, 지역 문제의 해결에 주민참여를 통해 긍정적 영향을 준다.

지역 단위의 커뮤니티에서는 지역공동체가 처해 있는 다양한 문제에 접근하도록 하는 효과적인 실천프로그램으로 커뮤니티매핑은 활용 가능하다. 프로그램의 참여자들은 지역공동체를 중심으로 다양한 정보, 생각, 정보, 경험을 소통하며 지역 내에 소재하는 새로운 사회적 가치를 발견하고 이를 기반으로 지역 고유의 콘텐츠를 창조하고, 이는 지역의 경쟁력을 높이는 창조적 자산으로 발전할 수 있다. 제주 지역사회 개선을 위한 지도화 작업과 공유의 활동[3]은 지역 주민이 작업에 참여해 지역 현안을 도출하고 이를 선정하는 과정에서 주민 역량과 시민성 제고의 효과를 거두는 작업이라 하겠다.

제주 커뮤니티매핑의 사례로 제주 사회적 경제 기업 분포 지도 제작은 공동체자산구축(community wealth building)을 통한 내생적 지역발전이 최근 지역 쇠퇴에 대응하기 위해 시도되고 있는 것에 기초한다. 영국의 프레스턴, 미국의 클리블랜드, 스페인의 몬드라곤은 대표적 성공 사례로 언급된다. 공동체 자산구축 전략의 원칙은 사회적 경제의 특징을 보이는데 사회 구성원 간의 협력을 바탕으로 재화와 용역의 생산과 판매를 통해 사회적 가치를 창출하는 민간 분야의 모든 경제적 활동과 유사하다. 사회적 경제는 기존 사회서비스 개선, 취약계층 일자리 창출, 지역공동체 상생 등 다양한 사회적 가치 실현을 추구. 이들은 경제 주체의 공동 소유, 지역사회에 서비스를 제공하는 지역 금융의 구축, 공정한 고용과 정의로운 노동

---

[3] 제주 지역을 사례로 한 다양한 웹지도는 아래 링크를 통해 검색할 수 있다. https://drive.google.com/drive/u/1/folders/1Q1iEoiGnPVwKywQBw6qTqXV5VPJWUDpn

시장, 상품과 서비스의 진보적 조달, 토지와 여타 부동산의 사회적으로 생산적인 이용을 통해 경쟁 중심에서 벗어나 협력과 연대를 지향해 지역사회가 마주한 불평등 문제를 풀어가는 데 중요한 역할을 한다.

사회적 경제에 기반한 내생적 지역 발전은 대자본, 중앙의존적 경제의 대안/보완으로 사회적 기업 활성화가 중요할 것으로, 이들 기업의 대상으로 소비 활동을 전개하는 것이 필요하다. 이를 위해 지역 내 사회적 기업의 분포를 주민와 시민들에게 널리 알리는 것이 중요한데, 커뮤니티매핑이 그 역할을 담당할 수 있는 활동이다. 제주 사회적 기업의 종류와 분포를 지도화[4]하는 작업은 제주도 또한 최근 사회적 기업을 육성해 내생적이며 지속가능한 지역경제를 활성화하려 노력하고 있는데, 이를 커뮤니티매핑으로 가시화시켜 사회적기업 간 연계를 제공하고 소비자들이 이들 기업에 대한 배려를 할 수 있도록 하는 작업으로 의미가 있다. 제주도 사회적 기업 매핑 사례를 보면 제주도는 사회적 기업이 많지 않지만, 이를 활성화하기 위해서는 이들 기업에 대한 관심이 우선적으로 필요하기에 지도화와 공유를 위한 웹지도를 통해 소비자들에게 이들 소매업종에 대한 위치 정보를 제공해 매출 증대에 도움을 줄 수 있다.

제주 행복하게 협동조합은 발달장애 가족이 마음 편하게 갈 수 있는 제주 지역 가게 정보를 모은 '맘 편한 가게 지도'를 제작하여 2022년 11월 배포하였다. 이 지도는 제주시 소통협력센터 프로젝트 '맘 편한 가게 발굴단' 활동의 결과물로, 주위의 시선이나 서비스 부족으로 편하게 시설을 이용하지 못하는 경우가 많은 발달장애가족들이 직접 지도제작에 나서 발달장애 가족들의 추천과 맘 편한 가게 발굴단의 확인을 통해 대상업소를 선정

---

[4] https://www.google.com/maps/d/u/1/viewer?mid=1bsI7NOlAdRu7sAvUJgiM hGd-mlhWy_1g&ll =33.337175480171204 %2C126.56776338058893&z=11

하여, 사회적 경제, 식당, 카페와 베이커리, 마트, 병원, 미용실, 학원, 숙소, 편의시설, 문화생활 등 총 10개 분야 73개의 가게 정보를 담고 있다.

제주도 발달장애가족을 위한 편의시설, 문화생활 시설 등을 담은 커뮤니티매핑은 '맘 편한 가게'의 종이지도를 웹지도로 제작하여 링크를 공유하면, 누구나 쉽게 가게의 위치와 성격을 파악하고, 이동 중에 사용할 수 있다. 웹지도는 가게의 범주를 사회적기업, 식당, 카페-베이커리, 마트, 병원, 미용실, 숙소, 편의시설, 문화체험시설로 분류해 서로 다른 심볼을 사용하였다. 웹지도상에서는 전체 가게를 볼 수 있고, 각 범주를 선택하고 나머지는 해제하면 해당 범주만의 가게를 지도에 나타내고 개별 속성을 클릭해서 파악할 수 있다. 범례로 구분한 여러 장소 중 선택적으로 예를 들어 '식당과 카페, 베이커리' 또는 '식당과 문화 체험시설 등' 만을 선택해 나타내고 해당 지역을 확대하여 쉽게 장소를 찾아볼 수 있는 경우를 보여준다.

커뮤니티매핑은 아직 초기 단계이기는 하나 지역공동체는 사회자본의 축적을 위한 효과적인 방안이 절실히 필요한 시점이기에 지역 구성원이 직접 참여하여 집단지성을 동원해 지역자산, 사회자본을 발굴하고 이를 통해 지역사회의 발전과 참여와 실천의 시민성 함양을 동시에 도모할 수 있다. 최근 환경 악화의 문제, 특히 개발지향에 반하는 지역주민의 지식과 입장을 지도에 담아내는 카운터매핑(counter-mapping)은 지역주민들이 지역 지식에 기반한 환경 변화와 피해 가능성을 정부 그리고 과학 지식에 저항하는 토착 생태지식을 표현하는 방법이 될 수 있으며, 이러한 비판적 접근의 실천은 지역 공동체성이 와해되어 가는 현대 사회에서 지역주민의 참여와 결속을 강화시키며 시민성을 함향하는 직접적인 도구로 중요한 역할을 할 수 있다(Misiaszek, 2017; Dermeritt, 2002).

[그림 9] 제주 '맘 편한가게' 종이 지도와 웹지도[5]

마. 지역 기반 시민교육에서 찾는 다문화 교육

세계는 점진적으로 정치적, 경제적, 문화적 상호의존성을 높이고 있으며, 이로 인한 이주의 증대, 환경과 불평등의 심화 등 국가 차원에서 해결할 수 없는 전 지구적 문제도 늘어나고 있다. 세계화로 등장한 새로운 시대는 교육에서도 유엔의 지속가능발전목표(SDGs) 그리고 유네스코의 2030 교육목표를 제시하며 세계 학습자가 익혀야 할 지식과 기능 그리고 실천을 세계시민교육으로 강조하고 있다(유네스코, 2014; DfE, 2000). 세계화 시대와 더불어 다가온 글로벌 시민성은 국가 차원의 시민성과 혼재된 글로컬 시민성을 등장시켰으나 지역 단위에서의 로컬 시민성은 상대적으로 위축되어 있다.

로컬 시민성은 일상의 삶에 다층적이고 혼성적으로 배태되어 있는 시민성으로 지역 기반 시민교육 사례를 발굴해 활용하는 방안은 구체적인 이해를 도모하고 과거로부터 누적되어 현재까지 이어지는 지속가능성의 실

---

5 행복하게 협동조합 https://blog.naver.com/happy-0930, https://www.google.com/maps/d/u/1/edit?mid=1VNYc3q6pslH93UK2QPfNU2AXadpTx7o&ll=33.3896565492053%2C126.57629755000005&z=11

제 모습으로 적극적 참여와 실천을 유도할 수 있는 강점을 가진다. 제주는 섬 지역으로 한정된 환경에서 부족의 시대를 살아온 삶의 지혜를 누적시키고 있는데, 특히 제주 해녀문화 그리고 이시돌 목장의 발전 경험은 실존하는 공동체 규범과 공존의 지역 발전을 보여 주는 좋은 시민교육의 사례가 될 수 있다. 이들은 지역 주민들이 자율적으로 참여하여 만들고 이어오고 있는 인간과 환경 간의 생태적 그리고 인간 간 나눔과 공유의 인본적 시민성의 실존하는 구체적 사례이다.

지역 기반 또는 장소 기반 교육은 학생들에게 보다 적극적인 능동적 시민성 함양을 위해 매우 중요하다. 제주 해녀문화 그리고 공동체 경제 방식의 지역 발전이 가진 현재적 한계에 대한 문제중심학습 그리고 이를 지속적으로 유지하며 확대할 수 있는 방안을 모색하는 프로젝트 수업은 학생들에게 실제적 과제를 제공하고 이를 통해 지역 맥락적 지식을 다루고 실천으로까지 이어지는데 초점을 맞추는 실제적 과제에 참여할 수 있도록 하는 능동적 시민성(active citizenship)을 지역 수준에서 함양하는 창구가 될 수 있다. 지역 공동체 기반의 현장 장소기반 학습은 참여적 실행연구의 방법으로 로컬의 공동체 경험에서 실천적으로 지역 토착 지식을 세계시민성으로 함양하는 목적을 충족시키는 방법을 제공하게 된다(송원섭·조철기, 2023; 김민호, 2010). 지역사회 참여는 시민교육의 핵심 역량으로 시민성과 관련된 지식의 습득과 참여 동기, 참여에 대한 확신과 효능감으로 이어지기에 중요하다. 커뮤니티매핑은 참여 학습의 한 방법으로 지역사회 현안이나 문제를 다루는 구체적인 목표와 성과를 얻을 수 있는 활동이며 동시에 활동 과정에서 요구되는 다양한 협력과 의사결정은 시민성을 함양하는 방법이 될 수 있다.

로컬 시민성은 지역사회에서 찾을 수 있는 생태시민성, 민주시민성, 공동체시민성 등이 배태되어 있는 사례를 통해 함양될 수 있는데, 이들 지역사회의 실존 사례는 구체적 지식을 얻으며 이해를 도모하고 더불어 능동적으로 참여하는 시민교육의 모든 측면을 충족시키는 방안이 될 수 있다. 세계화의 진전과 더불어 그 영향은 발전시대의 효율성 물질적 풍요의 글로벌 가치에 밀려 로컬은 상대적으로 위축되어 있었으나, 로컬의 지역은 글로벌의 대비 개념이 아닌 과거로부터 누적되어 온 글로벌 합리성과 로컬의 지역성이 융합된 다층적 관계적 사고로 접근함으로써 세계화 시대와 더불어 확대되는 환경 악화와 불평등의 문제를 보다 지속가능하고 정의로운 경제사회상을 가진 지역 전통의 삶을 부각시킴으로써 다양한 문화가 그 가치를 인정받고 환경사회적으로 지속가능 세계를 만드는 능력과 태도를 갖추는데 기여하는 시민교육의 장이 될 수 있다.

참고문헌

고성원·이준기·신세인·하민수(2016), 커뮤니티 매핑을 활용한 집단지성 기반 생태교육에 대한 사례연구: 무주 푸른꿈 고등학교의 '반딧불이 프로젝트', 학습자중심교과교육연구, 16(1), 41-78.
구순옥·남상준(2019), 커뮤니티매핑 기반 참여적 환경지도 제작활동 효과, 한국지리환경교육학회, 27(2), 131-145.
권상철(2015), 다문화 생태주의와 지역지식, 김민호 외, 다문화 교육의 이론과 실제, 서울: 박영스토리.
권상철(2015), 대안 공동체 경제 논의와 제주지역 사례: 마을 공동어장과 이시돌 목장, 한국경제지리학회지, 18(4), 141-172.
권상철(2023), 제주 지역 자산의 지도화와 공유를 위한 커뮤니티매핑, 제주학연구센터.
권상철(2016), 지역정치생태학: 환경과 개발의 비판적 검토와 공동체 대안, 서울: 푸른길.
김권호·권상철(2016), 공동체 기반 자연환경의 지속가능한 이용 방안: 제주해녀의 공유자원 관리 사례. 한국지역지리학회지, 22(1), 49-63.
김민호(2017), 제주해녀의 토착지식 기반 다문화 교육의 지역화 방안, 교육문화연구, 23(4), 433-458.
김민호(2011), 지역사회기반 시민교육의 필요성과 개념적 조건, 평생교육학연구, 17(3), 193-221.
김민호(2010), 다문화 교육의 지역화 모형과 추진전략: 제주지역 시민사회를 중심으로, 교육발전연구, 26(2), 53-79.
김병연(2015), 생태시민성과 페다고지, 서울: 박영스토리.
김찬국(2013), 생태시민성 논의와 기후변화교육, 환경철학, 16, 35-60.
김혜수·허혜경(2022), 인류의 미래를 위한 글로벌 시민교육, 서울: 창지사.
박경환(2008), 소수자와 소수자 공간: 비판 다문화주의의 공간교육을 위한 제언, 한국지리환경교육학회지, 16(4), 297-310.
변종헌(2006), 세계시민성 관념과 지구적 시민성의 가능성, 윤리교육연구, 10, 139-161.
서재복(2023), 시민교육으로서 다문화 교육, 이경한 외, 시민교육의 이해와 실천, 공동체, 65-84.
서태열(2004), 세계화, 국가정체성 그리고 지역정체성과 사회과교육, 사회과교육, 43(4), 5-29.
손명철(2021), 지속가능한 제주의 미래를 위한 장소기반교육—생태환경교육과 지역지식을 중심으로, 제주도연구, 56, 115-135.
송원섭·조철기(2023), 제주도의 토착지식을 활용한 장소 기반 시민성교육, 문화역사지리,

35(2), 59-75.

양영철(2016), 제주 한림 이시돌 맥그린치 신부: 오병이어의 기적, 서울: 박영사.

유네스코(2014), 글로벌시민교육: 21세기 새로운 인재 기르기, 유네스코 아시아태평양 교육원.

유네스코 아시아태평양교육원(2018), 세계시민, 세계유산을 품다: 제주 세계자연유산과 해녀문화를 중심으로.

이경한(2017), 아프리카의 우분투를 통한 세계시민교육의 가능성 탐색, 국제이해교육연구 12, 한국국제이해교육학회, 125-148.

이남섭(2008), 교육과정 지역화를 통한 지역 시민성 함양 프로그램 구안: 인천 지역을 중심으로, 한국교원대학교 교육대학원 석사학위논문.

임완수(2021), 세상과 나를 바꾸는 지도 커뮤니티매핑, 서울: 빨간소금.

조수진·남상준(2015), 장소기반교육(PBE)의 사회과교육적 의의 및 효과 탐색, 한국지리환경교육학회지, 23(1), 1-17.

전보애·홍일영(2020), 드론을 활용한 커뮤니티매핑이 시민성과 사회참여역량에 미치는 효과: 동해 논골담길 창의적 체험활동을 사례로, 한국지리환경교육학회지, 28(2), 89-107.

정수희·이병민(2014), 지역공동체의 실천적 집단지성의 발현으로서 커뮤니티매핑에 대한 소고, 서울도시연구, 15(4), 185-204.

조철기(2020), 시민성의 공간과 지리교육, 서울: 푸른길.

최병두(2011), 다문화 사회와 지구, 지방적 시민성: 일본의 다문화공생 개념과 관련하여, 한국지역지리학회지, 17(2), 181-203.

한상희(2019), 지역 기반 세계시민교육을 위한 중학교 사회과 수업 모듈 개발, 제주대학교 대학원 박사학위논문.

Brown, G. and Kyttä, M.(2018), Key issues and priorities in participatory mapping: Toward integration or increased specialization?, Applied geography, 95, 1-8.

Cochrane, L., Corbett, J. and Keller, Peter(2014), Impact of Community-based and Participatory Mapping, Social Sciences and Humanities Research Council of Canada.

Connor, Linda et al.(2017), Grade 12 Global Issues: Citizenship and Sustainability, Manitoba.

Dermeritt, D.(2002), What is the 'social construction of nature?': a typology and sympathetic critique, Progress in Human Geography, 26(2), 767-790.

Department for Education(2000), Developing a Global Dimension in the School Curriculum, UK.

Dobson, A.(2003), Citizenship and the Environment, Oxford University Press.

Heater, Derek(1990), Citizenship: The Civic Ideal in World History, Politics, and Eudcation, Longman.

Kenreich, Todd W.(2019), Rediscovering the Local: Collaborative, Community Maps for Civic Awareness, in Hae Shin (ed.), Spatial Citizenship Education, Routledge, 72-87.

Misiaszek, Greg William(2017), Educating the Global Environmental Citizen: Understanding Ecopedagogy in Local and Global Contexts, Routledge.

Morgan, John(2012), Teaching Secondary Geography As If the Planet Matters, David Fulton Book.

Oxfam(2015), Global citizenship in the Classroom A guide for teachers.

제4장

다문화 시민교육의 방법

문현식

1. 교과 기반 다문화 시민교육
2. 제주 지역화 교과서 매개 다문화 시민교육

제4장

다문화 시민교육의 방법

문현식

1. 교과 기반 다문화 시민교육

가. 1학년
[통합교과 – 바른생활]

단 원	우리의 겨울	학년	1학년
교육과정 성취기준	[2바08-01] 상대방을 배려하며 서로 돕고 나누는 생활을 한다.	교육과정 핵심역량	공동체 역량/사회성
학습주제	• 친구를 배려하는 말과 행동 실천하기		
학습목표	• 친구를 배려하는 말과 행동을 알고 역할놀이를 할 수 있다.		
학습 주안점	• 본 수업에서는 친구를 배려하는 말과 행동이 무엇인지를 알고 이를 실천할 수 있는 마음을 갖게 하는 데 목적을 둔다. 그러므로 학생들의 일상생활과 관련지어 수업을 전개해 나가는 것이 무엇보다 중요하다. 그리고 지속적으로 배려의 말과 행동을 실천할 수 있게 수업 후 지속적으로 지도할 수 있는 방안도 필요하다.		

다문화 시민성	다양성			관계성			보편성		
	인정	관용	수용	공감	소통	협력	반차별	반편견	세계 시민성
			○			○		○	

학습단계	교수·학습 활동	※ 유의점 □ 학습자료
도입	◎ 생각열기 • 동요를 듣고 따라 불러보고 동요에 나오는 배려하는 행동을 발표해 봅시다. 〈미덕동요 배려2〉 (2분) 　– 친구가 갖고 싶은 장난감을 넓은 마음으로 양보하는 것입니다. / 친구와 줄을 설 땐 천천히 기다리는 것입니다. • 배려란 무엇일까요? 　– 다른 사람을 도와주거나 보살펴 주려는 마음을 배려라고 합니다. ◎ 학습 목표 확인하기 	학습 문제	친구를 배려하는 말과 행동을 알고 역할놀이를 해 봅시다. | ◎ 학습활동 안내 〈활동1〉 배려하는 말과 행동 알기 〈활동2〉 배려하는 말과 행동을 역할놀이로 표현하기	□ 미덕 동요 https://www. youtube.com/ watch?v=0YQ MyutXGwA
전개	〈활동1〉 배려하는 말과 행동 알기 ◎ 경험을 바탕으로 배려하는 말과 행동 알기 　– 짝꿍 찾기 게임을 통해 배려하는 말과 행동을 알아봅시다. 1. 문장 카드를 하나씩 뽑는다. 2. 친구와 문장카드를 비교하고 짝꿍을 찾는다. 3. 짝꿍과 함께 선생님께 가서 완성된 문장을 읽는다. 　– 목이 마른 친구에게 / 내가 갖고 온 물을 나눠줘요. 　– 한글을 잘 모르는 친구에게 / 한글을 가르쳐줘요. 　– 교실 및 생활 속에서 겪었던 배려에 대하여 이야기해봅시다. 〈활동2〉 배려하는 말과 행동 역할놀이 ◎ 상황에 맞는 배려의 말과 행동 연습하기 　– 짐을 든 친구가 문 앞에 서 있다면 어떻게 해야 할까요? 　　☞ "내가 문을 열어줄까?"라고 말하고 문을 열어 줍니다. 　– 한글을 몰라 어려워하는 친구가 있다면 어떻게 해야 할까요? 　　☞ "내가 가르쳐줄게."라고 말하고 친절하게 알려줍니다.	

전개	◎ 모둠 친구들과 상황에 맞게 역할놀이하기 • 모둠 친구들과 역할을 나누어 연습하고 역할놀이를 발표해 봅시다. – 모둠별로 역할놀이 상황을 하나씩 뽑는다. – 모둠 친구들과 역할을 나누어 역할놀이 연습을 한다. – 친구들 앞에서 역할놀이를 한다.	
정리	◎ 배려하는 행동 다짐하기 • 배려하는 말과 행동으로는 무엇이 있는지 발표해 봅시다. – 학교 및 일상생활에서 친구를 배려하려는 말과 행동으로는 무엇이 있는지 생각하고 일상생활에서 어떻게 실천할지 자신의 생각을 발표한다.	

평가항목	평가 기준			평가방법
	상	중	하	
친구를 배려하는 말과 행동을 표현할 수 있는가?	친구를 배려하는 말과 행동을 알고 역할놀이에 적극적으로 참여한다.	친구를 배려하는 말과 행동을 알지만 역할놀이에 소극적으로 참여한다.	친구를 배려하는 말과 행동이 무엇인지 모른다.	관찰평가

단 원	'작은 연못' 이야기				학년		1학년	
교육과정 성취기준	[2바08-01] 상대방을 배려하며 서로 돕고 나누는 생활을 한다.				교육과정 핵심역량		공동체 역량/책임감	
학습주제	• 평화로운 세상 만들기							
학습목표	• 평화로운 세상을 만들기 위해 내가 실천할 수 있는 방법을 찾아 발표할 수 있다.							
학습 주안점	• 본 수업에서는 평화로운 세상 만들기에 관심과 적극적 실천을 이끌어내는 데 중점을 둔다. 학습자 수준에 맞춰서 세상의 범주를 가정–학교–지역사회–국가–세계 등 다양하게 활용할 수 있다. 그리고 평화로운 세상 만들기는 내면화된 태도 형성이 필요하기 때문에 지식 위주의 수업전개보다는 공감을 불러일으킬 수 있는 방법의 활용이 적합하다.							
다문화 시민성	다양성			관계성			보편성	
	인정	관용	수용	공감	소통	협력	반차별	반편견	세계 시민성
		○				○		○	

학습단계	교수·학습 활동	※ 유의점 □ 학습자료

도입	◎ 배움을 위한 마음 열기
	• '작은 연못'노래 부르기
	  – '작은 연못'속에는 슬픈 이야기가 담겨 있어요.
	  – '작은 연못'에서 무슨 일이 있었나요?
	    ☞ 물고기가 싸우다 모두 살 수 없게 되었어요.
	  – '작은 연못'을 평화로운 곳으로 만들려면, 어떤 노력이 필요할까요? 함께 생각해 봅시다.
	
	◎ 학습 문제 확인하기
	
	    | 학습 문제 | 평화로운 세상을 만들기 위해 내가 할 수 있는 실천 방법을 찾아 발표해 봅시다. |
	
	◎ 학습활동 안내
	〈활동1〉 왜 그랬을까요?
	〈활동2〉 평화로운 '작은 연못'을 만들기 위한 약속
	〈활동3〉 우리가 만든 평화로운 '작은 연못'
		□ 작은 연못
		음원(유튜브)

전개	〈활동 1〉 왜 그랬을까요?
	◎ 물고기 입장이 되어 생각해 봅시다.
	  – '작은 연못'의 물고기는 왜 싸웠을까요?
	    ☞ 먹이를 더 많이 먹겠다고 싸웠을 거예요.
	    ☞ 자리가 좁다고 싸웠을 거예요.
	    ☞ 서로 잘난 체하다가 싸웠을 거예요.
	
	〈활동 2〉 평화로운 '작은 연못'을 만들기 위한 약속
	◎ 다툼이 없는 평화로운 '작은 연못'을 만들기 위해 물고기들이 지켜야 할 규칙을 만들어 봅시다.
	    ☞ 먹이를 나누어 먹어요.
	    ☞ 서로 양보해요.
	    ☞ 좋은 점을 칭찬해 줘요.
	
	〈활동 3〉 우리가 만든 평화로운 '작은 연못'
	◎ 모두가 행복한'작은 연못'을 꾸며 봅시다.
	  – 평화로운 작은 연못이 될 수 있도록 물고기에게 해주고 싶은 말을 발표(말·글·그림 등 하고 싶은 방법으로)해 봅시다.	

| 정리 | ◎ 활동 정리
• 평화롭게 살기위해서는 지켜야 할 약속은 무엇인가요?
  – 물고기가 '작은 연못'에서 평화롭게 살기위해서는 지켜야 할 약속은 무엇인가요?
  – 학교에서 친구들과 사이좋게(평화롭게) 지내려면 어떻게 해야 할까요?
  – 전쟁을 하고 있는 나라들이 있어요. 전쟁을 멈추고 평화로운 세상을 만들려면 어떻게 하면 좋을까요?
  – 평화를 만들기 위한 약속은 '작은 연못', 학교, 세계 여러 나라 어디든 내용이 비슷합니다. 한 사람 한 사람 약속을 지키게 되면 모두가 평화로운 세상을 만들 수 있습니다. | |

평가항목	평가 기준				평가방법
	상	중		하	
평화로운 세상을 만들기 위해 내가 할 수 있는 실천 방법을 찾아 발표할 수 있는가?	평화로운 세상 만들기를 위해 구체적으로 실천할 수 있는 방법을 명확하게 제시한다.	평화로운 세상 만들기를 위해 실천할 수 있는 방법을 제시하지만 구체적이지 않다.	평화로운 세상 만들기를 위해 실천할 수 있는 방법을 제시하지 못한다.		관찰 및 발표평가

[통합 교과 – 즐거운 생활]

단 원	여름나라	학년	1학년
교육과정 성취기준	[2즐04-02] 여름에 사용하는 생활 도구를 여러 가지 방법으로 표현한다.	교육과정 핵심역량	창의적 역량/ 문화다양성
학습주제	• 세계 여러 나라의 특징이 담긴 부채 만들기		
학습목표	• 국가의 특징이 담긴 부채를 만들 수 있다.		
학습 주안점	• 본 학습에는 부채 만들기와 세계 여러 나라의 문화 이해, 그리고 삶의 지혜 등 세 가지 학습내용이 포함되어 있다. 그래서 필요한 학습 내용을 다른 교과 영역에서 가져와 통합적으로 재구성하여 수업해 볼 수 있으며, 이러한 학습 내용이 본 수업에서 구현될 수 있도록 수업을 진행하는 것이 필요하다.		

다문화 시민성	다양성			관계성			보편성		
	인정	관용	수용	공감	소통	협력	반차별	반편견	세계 시민성
	○				○				○

학습단계	교수·학습 활동	※ 유의점 □ 학습자료
도입	◎ 배움을 위한 마음 열기 • 전래 동화「빨간 부채 파란 부채」들려주기 　-「빨간 부채 파란 부채」이야기 듣기 　- 그림책에 나오는 부채의 모습 상상하기 • 다양한 부채 사진 탐색하기 　- 다양한 형태의 부채 사진 살펴보고 특징 이야기 나누기 　- 부채가 필요한 이유 생각하기 ◎ 학습 문제 확인하기 　학습 문제 : 국가의 특징이 담긴 부채를 만들어 봅시다. ◎ 학습활동 안내 〈활동1〉 부채 만들기 〈활동2〉 부채질 놀이하기	□ '빨간 부채 파란 부채' 그림책 ※ 교사가 전래동화를 직접 들려준다.
전개	〈활동1〉 부채 만들기 ◎ 세계 여러 나라의 특징이 담긴 부채 만들기 • 세계 여러 나라의 전통의상, 인사말 탐색하기 　- 전통의상, 인사말, 국기를 보고 어떤 나라인지 퀴즈 풀기 　- 자신의 활동지에 담긴 나라에 대해 탐색하기 • 부채 만들기 　- 전통의상 색칠하기 　- 전통의상, 국기, 인사말 오려서 부채를 창의적으로 꾸미기 • 자신이 만든 부채 소개하기 　- 친구들에게 완성된 부채를 소개하기 　- 자신이 꾸민 부채에 담긴 나라에 대해 간단히 소개하기	□ '세계 여러 나라 소개거리 PPT □ '세계 여러 나라의 특징이 담긴 활동지 ※ 학생들이 쉽게 알 수 있는 대표적인 전통 의상, 인사말, 국기 등으로 퀴즈를 구성한다. ※ 날씨에 따라 의상이 달라짐을 자연스럽게 알 수 있도록 한다.

전개	〈활동2〉 부채질 놀이하기 ◎ 놀이 방법을 알고 놀이하기 – 두 명씩 마주보며 자신의 부채에 담긴 다른 나라의 인사말 주고받기 – 가위바위보 하기 – 이긴 사람이 진 사람에게 부채질 해주기 – 바위로 이겼으면 다섯 번, 가위로 이겼으면 열 번, 보로 이겼으면 열다섯 번 부채질 해주기	
정리	◎ 활동 정리 – 부채 만들기를 통해 알게 된 국가의 특징 말해 볼까요? – 부채질 놀이를 함께 한 친구들이 만든 부채를 칭찬해 볼까요? ☞ ○○이의 부채는 중국의 전통의상 색이 너무 예뻤어요. ☞ ○○이의 부채에 있는 베트남의 인사말이 특이했어요. – 더운 여름 날 부채를 만들어 사용했던 조상들의 삶의 지혜에 대해 여러분은 어떤 생각을 하나요?	※ 활동 전반을 통해 자연스럽게 세계 여러 나라의 전통의상과 인사말을 접할 수 있도록 한다. 더불어서 부채를 만들어 더운 여름을 이겨냈던 조상들의 지혜에 대해서도 생각해보게 한다.

평가항목	평가 기준			평가방법
	상	중	하	
국가의 특징을 담은 부채를 만들 수 있는가?	국가의 특징을 찾아 부채에 표현할 수 있다.	국가의 특징을 찾았으나 부채에 표현하는 데 어려움을 보인다.	국가의 특징을 찾지 못한다.	관찰 및 발표평가

[통합 교과 - 슬기로운 생활]

단 원	여기는 우리나라			학년		1학년	
교육과정 성취기준	[2슬07-01] 우리나라의 상징과 문화를 알아보고 소개하는 자료를 만든다.			교육과정 핵심역량		지식정보처리역량/ 문화다양성	
학습주제	• 여러 나라의 음식을 알아보고 상차림하기						
학습목표	• 여러 나라의 음식을 알아보고 상차림을 할 수 있다.						
학습 주안점	• 본 수업은 여러 나라에서 즐겨먹는 음식과 음식의 재료를 알아보고 상차림을 해보는 활동을 통해서 음식문화의 다양함을 경험하게 하는 데 목적이 있다. 그러므로 전통음식에 한정하지 말고 각 국가에서 즐겨먹는 음식을 소재로 음식 문화가 다양함 그리고 음식 문화는 음식의 재료와 관련되어 있음을 알게 하는 방향으로 수업을 전개해 주면 좋다.						
다문화 시민성	다양성			관계성		보편성	
	인정	관용	수용	공감	소통	협력	반차별	반편견	세계 시민성
	○				○				○

학습단계	교수·학습 활동	※ 유의점 □ 학습자료

도입	◎ 배움을 위한 마음 열기
	• 동기유발
	  – ❶의 여러 가지 음식에 대해 다섯 고개 놀이하기
	• 내가 좋아하는 음식 발표하기
	  – 좋아하는 음식과 좋아하는 이유 발표하기
	◎ 학습 문제 확인하기
	
	| 학습 문제
		여러 나라의 음식을 알아보고 상차림을 해 봅시다. |
		
		◎ 학습활동 안내
		〈활동1〉 여러 나라의 음식 알아보기
		〈활동2〉 음식 이름 알기 놀이
		〈활동3〉 상 차리기 활동하기
			□ ❶ PPT(참고자료의 여러 가지 음식 활용)
			
			※ 여러 나라의 음식에 대해 알아보는 활동으로 일상생활 속에서 접해 본 음식에 대한 경험을 바탕으로 발표하도록 한다.

전개	〈활동1〉 여러 나라의 음식 알아보기 ◎ 여러 나라의 음식 종류 알아보기 - 내가 먹어 본 여러 나라 음식 발표해보기 - 국, 반찬, 간식, 음료 등 살펴보기 〈활동2〉 음식에 들어간 재료 말해보기 ◎ 어떤 음식인지 이름 알아보기 - 음식 카드를 활용하여 음식 이름 알아보기 ◎ 음식에 들어간 재료 말해보기 〈활동3〉 국가별 음식 상차림하기 ◎ 나라를 선정하여 그 나라에서 즐겨먹는 음식 상차림하기 - 음식 사진 붙이기 - 내가 차린 상에 있는 음식의 이름과 음식의 재료 써 보기 - 내가 차린 상차림 소개하기	※ 우리나라와 다른 나라 음식을 구분하려고 하지 말고 다양한 음식 재료에 따라 다양한 음식이 있음을 알게 한다. □ 음식 이름 카드 ※ 학생들이 쉽게 알 수 있는 대표적인 음식으로 퀴즈를 구성한다. □ 음식 사진, 풀, 가위, 학습지
정리	◎ 활동 정리 - 나라마다 상차림에 올라온 음식이 다른 이유가 무엇인지 말해볼까요? - 친구들의 상차림 중에서 가장 먹어보고 싶은 것은 무엇이며 그 이유는 무엇인지 말해볼까요?	

평가항목	평가 기준			평가방법
	상	중	하	
국가별 음식을 활용한 상차림을 할 수 있는가?	국가별로 즐겨먹는 음식을 2개 이상 알고 상차림을 할 수 있다.	국가별로 즐겨먹는 음식을 찾을 수 있지만 상차림을 하지 못한다.	국가별 즐겨먹는 음식을 찾지 못한다.	관찰평가

나. 2학년

[국어]

단 원	인물의 마음을 짐작해요.	학년	2학년
교육과정 성취기준	[2국02-04] 글을 읽고 인물의 처지와 마음을 짐작한다.	교육과정 핵심역량	의사소통역량/공감
학습주제	• 인물에게 하고 싶은 말 전하기		
학습목표	• 이야기를 듣고 인물의 마음을 짐작하여 인물에게 하고 싶은 말을 할 수 있다.		
학습 주안점	• 본 수업에서는 그림책을 통해 나와 겉모습이나 생각이 달라도 모두 친구가 될 수 있고 내가 먼저 말이나 행동으로 표현하는 능동성이 필요함을 인식할 수 있도록 한다. 이러한 인식을 통해 교실 속 다양한 친구들 사이에서 평등한 관계를 유지함으로써 세계시민교육 영역 중 인권존중, 문화다양성존중, 평화와 갈등해결, 다문화감수성 중 다양성, 관계성을 기를 수 있도록 수업을 전개하면 좋다.		

다문화 시민성	다양성			관계성			보편성		
	인정	관용	수용	공감	소통	협력	반차별	반편견	세계 시민성
			○	○				○	

학습단계	교수·학습 활동	※ 유의점 □ 학습자료
도입	◎ "모두 다 꽃이야" 노래 부르며 허용적인 분위기 조성 ◎ 학습 문제 확인하기 <table><tr><td>학습 문제</td><td>이야기를 듣고 인물의 마음을 짐작하여 인물에게 하고 싶은 말하기 활동을 해 봅시다.</td></tr></table> ◎ 학습활동 안내 〈활동1〉 이야기 속으로 고고! 〈활동2〉 너의 마음, 나의 마음 〈활동3〉 내 마음을 받아줘	□ '모두 다 꽃이야' 음원감정카드(모둠) ※ 배움 준비 활동을 통해 자신의 생각을 자유롭게 말할 수 있는 허용적인 교실 분위기를 조성한다.
전개	〈활동 1〉 이야기 속으로 고고! ◎ '외국에서 온 새 친구' 읽기 전 배움 – 제목만 보고 어떤 이야기인지 말해볼까요? ☞ 다른 나라에서 전학 온 친구 이야기일 것 같아요.	□ 그림책 '외국에서 온 새 친구'(마리아 디스몬디, 보물창고)

전개	☞ 전학 온 친구가 축구를 잘하고 초코 우유를 좋아하나봐요. – 새 친구는 왜 전학을 오게 되었을까요? 　☞ 이사를 왔어요. 　☞ 부모님이 일을 하러 온 것 같아요. ◎ '외국에서 온 새 친구' 읽기 중 배움 – 누가 나오나요? 　☞ 조니, 게이브, 선생님, 다른 친구들이 나와요. – 게이브는 왜 아침에 울었나요? 　☞ 엄마와 헤어지기 싫어서요. 　☞ 학교 가는 게 무서워서요. – 조니는 같은 반에 전학 온 게이브를 좋아했나요? 　☞ 싫어했어요. 울보 전학생이 왔다고 했어요. – 점심시간에 다른 나라 말을 하는 게이브를 보고 조니는 어떻게 행동했나요? 　☞ 자기와 다르다면서 무시하는 말을 했어요. – 다른 친구들은 게이브를 어떻게 대했나요? 　☞ 축구도 같이 하고 도와주며 어울려 놀았어요. – 조니가 게이브에게 관심을 가지게 된 것은 언제였나요? 　☞ 게이브가 축구공 묘기를 멋지게 성공하는 모습을 보았을 때예요. – 조니가 게이브와 친구가 되었음을 알 수 있는 물건은 무엇일까요? 　☞ 게이브가 좋아하는 초콜릿 우유예요. 〈활동 2〉 너의 마음, 나의 마음 ◎ '외국에서 온 새 친구' 읽기 후 배움 • 모둠 공감 게임 　1. 감정 카드를 모둠 자리에 펼쳐 놓기 　2. 순서대로 돌아가며 상황에 어울리는 인물의 감정카드 뽑아 설명하기 　3. 친구의 설명에 동의하면 "공감"이라고 인정해주기 ♣ 아침에 엄마와 헤어지면서 울고 있는 게이브를 본 조니의 마음 ♣ 외국에서 이사 와서 처음 조니네 반에 전학 온 게이브의 마음 ♣ 다른 아이들과 친구가 된 게이브를 본 조니의 마음 ♣ 식당에서 음식을 주문하는 것을 친구들이 도와주었을 때 게이브의 마음 ♣ 게이브가 축구공 묘기를 가르쳐 주었을 때 조니의 마음	※ 주인공의 이름을 우리 반 친구 이름으로 바꾸어 좀 더 친근감을 가지고 이야기에 집중할 수 있도록 한다. □ 감정카드 ※ 인물의 마음에 공감하며 자신의 생각을 자신 있게 이야기할 수 있도록 지도한다.

제4장 다문화 시민교육의 방법

전개	〈활동 3〉 내 마음을 받아줘
	◎ 응원의 말 해주기
	- 이 이야기는 게이브가 실제로 초등학교 1학년 때 겪은 일이예요. 지금 조니와 게이브는 어떻게 지내고 있을까요?
	  ☞ 친한 친구가 되어 사이좋게 놀고 있을 것 같아요.
	- 조니와 게이브가 친구가 될 수 있었던 이유는 무엇이라고 생각하나요?
	  ☞ 조니가 게이브에게 용기내서 말을 걸었어요.
	  ☞ 게이브가 조니에게 축구를 가르쳐 주었어요.
	  ☞ 조금 다른 점이 있어도 서로를 이해하려고 했어요.
	  ☞ 우리 반에도 게이브처럼 외국에서 전학 온 친구들이 있어요. 어느 나라에서 태어났든 우리 반에서 함께 공부하면 모두 친구예요. 우리 반 서클을 만들어 친구에게 서로의 마음을 전해 주어요.	

정리	◎ 활동 정리 - 외국에서 또는 다른 지역에서 전학 온 친구에게 해 주고 싶은 말이 있다면 무엇인지 말해 봅시다. - 교실 가운데 큰 원을 만들어 "모두 다 꽃이야"를 불러봅시다.	※ 친구와 손을 잡고 즐겁게 노래 부르며 우린 서로 다르지만 틀리지 않음을 인식하도록 돕는다.

평가항목	평가 기준			평가방법
	상	중	하	
이야기를 듣고 인물의 마음을 짐작하여 인물에게 하고 싶은 말을 할 수 있는가?	이야기를 듣고 인물의 마음을 짐작하여 인물에게 하고 싶은 말을 적극적으로 표현한다.	이야기를 듣고 인물의 마음을 짐작하여 인물에게 하고 싶은 말을 표현하는 데 어려움을 보인다.	이야기를 듣고 인물의 마음을 짐작하여 인물에게 하고 싶은 말을 표현하지 못한다.	발표 및 관찰평가

[통합 교과 - 바른 생활]

단 원	두근두근 세계여행	학년	2학년
교육과정 성취기준	[2바-07-02] 다른 나라의 문화를 존중하고 공감하는 태도를 기른다.	교육과정 핵심역량	의사소통역량/ 문화다양성 존중
학습주제	• 다른 나라 문화를 존중해요.		
학습목표	• 다른 나라의 문화를 존중하는 태도를 지닌다.		
학습 주안점	• 본 수업에서는 사진과 그림으로 세계의 다양한 문화를 살펴본 후 역할극을 통해 다른 문화를 더 직접적으로 경험해 볼 수 있게 구성되었다. 이러한 과정을 통해 학습자는 다른 문화를 더 깊이 체험하면서 학습자 자신도 체험해 볼 수 있는 문화임을 공감하게 한다. 이 과정에서 경험하는 문화에 대해 부정적 생각을 갖지 않게 문화 사례 선정 및 역할극 활동에 주의를 기울여야 한다.		

다문화 시민성	다양성			관계성			보편성		
	인정	관용	수용	공감	소통	협력	반차별	반편견	세계 시민성
	○			○			○		

학습단계	교수·학습 활동	※ 유의점 □ 학습자료
도입	◎ 외국인들이 좋아하는 한국문화 - 외국인들이 한국에 와서 놀라는 한국 문화에는 어떤 것들이 있을까? 　☞ 안전한 치안 　☞ 배달음식 　☞ 밑반찬 　☞ 대중교통 　☞ 인터넷 속도 　☞ 편의점 - 여러분들은 다른 나라를 갔을 때 어떤 점이 우리나라에서의 생활과 달랐나요? 그때 어떤 생각이 들었나요? ◎ 학습 문제 확인하기 | 학습 문제	다른 나라 문화를 존중해 봅시다. | |---|---| ◎ 학습활동 안내 〈활동1〉 그림과 사진으로 알아보는 다른 나라 문화 〈활동2〉 역할극으로 알아보는 다른 나라 문화	□ 프레젠테이션 ※ 우리에게는 당연한 것들이 다른 나라와는 다르다는 것을 자연스럽게 느낄 수 있도록 한다.

전개	〈활동 1〉 그림과 사진으로 알아보는 다른 나라 문화 ◎ 그림과 사진을 통해 다른 나라의 문화 알아보기 – 살펴본 다른 나라 문화들 중에서 가장 관심을 두게 된 문화는 무엇인가요? 왜 그렇게 생각하나요? 〈활동 2〉 역할극으로 알아보는 다른 나라 문화 ◎ 다른 나라 문화를 표현하는 역할극 – 〈활동 1〉에서 알아본 나라 중 하나 선택하기 – 모둠별로 역할극 준비하기 – 역할극 발표하기	□ 프레젠테이션 ※ 단계별로 적절한 힌트를 제공하여 아이들 스스로 답을 유추할 수 있도록 한다. ※ 여기서 문화는 전통문화에 제한하지 말고 주로 현대인들의 생활습관, 언어사용 등의 생활문화를 대상으로 하면 좋다.
정리	◎ 활동 정리 – 다른 나라 문화를 경험해 보면서 어떤 생각을 하였나요? – 우리나라 문화와 어떤 점이 비슷했나요? 어떤 점은 달랐나요? – 나라마다 문화가 다른 이유는 무엇이라고 생각하나요? – 다른 나라의 문화에 대해 우리는 어떤 태도를 보여야 할까요?	

평가항목	평가 기준			평가방법
	상	중	하	
다른 나라의 문화를 존중하는 태도를 보이는가?	다른 나라의 문화를 역할극으로 잘 표현하며 존중하는 마음을 적극적으로 표현한다.	다른 나라의 문화를 역할극으로 잘 표현하지만, 존중하는 마음을 표현하는데 소극적이다.	다른 나라의 문화를 역할극으로 잘 표현하지 못하며 존중하는 마음을 표현하지 못한다.	발표 및 관찰평가

[통합 교과 - 즐거운 생활]

단 원	두근두근 세계여행	학년	2학년
교육과정 성취기준	[2즐07-03] 다른 나라의 노래, 춤, 놀이를 즐기고 그 느낌을 다양하게 표현한다.	교육과정 핵심역량	협업역량/ 문화다양성 존중
학습주제	• 세계 여러 나라의 노래와 춤 표현하기		
학습목표	• 세계 여러 나라의 노래와 춤을 즐기며 존중하려는 태도를 지닌다.		
학습 주안점	• 본 수업은 학생들이 앞에서 학습한 세계 여러 나라의 노래와 춤을 바탕으로 그동안 배운 것을 연습하여 발표를 해 보는 시간으로 진행된다. 학습한 내용 중에서 각자 발표할 내용을 선택하여 모둠별로 여러 나라의 노래와 춤을 친구들 앞에서 공연해 볼 수 있는 기회를 갖도록 하여 학생들이 즐거운 마음으로 발표에 참여하며 올바른 감상 태도를 배울 수 있게 하면 좋다.		

다문화 시민성	다양성			관계성			보편성		
	인정	관용	수용	공감	소통	협력	반차별	반편견	세계 시민성
			○		○			○	

학습단계	교수·학습 활동	※ 유의점 □ 학습자료
도입	◎ 자료❶을 보고 나라 이름 알아맞히기 - 미국의 전통춤입니다. - 마오이족의 하카 춤으로 보아 뉴질랜드입니다. - 발레는 러시아의 춤입니다. ◎ 학습 문제 확인하기 | 학습 문제	세계 여러 나라의 노래와 춤 표현하기 활동을 해 봅시다. | ◎ 학습활동 안내 〈활동1〉 세계 여러 나라의 노래와 춤 표현하기	□ ❶ 세계 여러 나라의 춤 사진 카드
전개	〈활동 1〉 세계 여러 나라의 노래와 춤 표현하기 • 발표와 관람 태도 알아보기 - 연습한 것을 즐거운 마음으로 표현하기 - 조용하게 관람하기, 박수치기 - 발표순서 정하기 • 여러 나라의 노래와 춤 표현하기 - 모둠별 발표할 내용을 간단히 소개하기 - 민요(네덜란드), 무용(덴마크), 동요(프랑스), 포크댄스(미국), 노래(러시아) 등	□ ❷ 순서 카드 ※ 노래와 춤을 번갈아 가며 발표하되 먼저하고 싶은 모둠과 나중에 하고 싶은 모둠을 고려하여 발표 순서를 정한다. □ ❸ 의상 소품

| 정리 | ◎ 활동 정리
– 세계 여러 나라의 춤과 노래를 표현하고 느낀 점을 말해 봅시다.
– 다른 문화를 대하는 태도는 어떠해야 한다고 생각하는지 말해 봅시다. | |

평가항목	평가 기준			평가방법
	상	중	하	
세계 여러 나라의 노래와 춤을 즐기며 존중하려는 마음을 표현하는가?	세계 여러 나라의 노래와 춤을 즐기며 적극적으로 표현하려고 한다.	세계 여러 나라의 노래와 춤을 표현하면서도 타 문화 존중의 태도를 보이는 데 어려움을 보인다.	세계 여러 나라의 노래와 춤을 즐기거나 존중하는 마음을 표현하지 않는다.	발표 및 관찰평가

[통합 교과 – 슬기로운 생활]

단 원	이런 집 저런 집	학년	2학년
교육과정 성취기준	[2슬03-03] 주변에서 볼 수 있는 여러 형태의 가족을 살펴본다.	교육과정 핵심역량	공동체 역량/ 다양성 존중
학습주제	• 주변에서 볼 수 있는 여러 형태의 가족 살펴보기		
학습목표	• 주변에서 볼 수 있는 여러 형태의 가족을 소개할 수 있다.		
학습 주안점	• 본 수업에서는 나의 가족과 다른 가족의 형태를 이해하고 편견 없이 받아들이는 태도를 기르는 데 중점을 둔다. 또한, 다문화 및 한부모가정 등 사회적 배려가 필요한 가정에 대해 편견 없이 다른 가족의 형태를 받아들이고 이해와 배려하는 마음을 기른다. 이를 위해서 학습자 주변에서 찾아볼 수 있는 가족의 형태를 주요 사례로 활용해 볼 수 있다. 다만, 다문화 가족 형태에 대해서는 구별 짓기가 이뤄지지 않도록 유의한다.		

다문화 시민성	다양성			관계성			보편성		
	인정	관용	수용	공감	소통	협력	반차별	반편견	세계 시민성
		○			○		○		

학습단계	교수·학습 활동	※ 유의점 □ 학습자료
도입	◎ 가족 송 '고마워요' 부르기 – 다 함께 노래를 불러봅시다. ◎ 가족사진을 멋지게 찍는 동물들이 있다고 합니다. – 함께 동물 가족들의 사진을 구경하며 어떤 가족들이 나오는지 알아볼까요? – 어떤 동물 가족들이 나왔나요? ☞ 사자, 고릴라, 뱀, 독수리, 코끼리, 미어캣, 캥거루, 악어, 기린이군요. – 각 동물들마다 가족의 수나 가족을 구성하는 동물이 다르네요. 그런데 꼬마 판다는 가족이 없어서 혼자 사진을 찍게 되었어요. 여러분이 판다라면 어떤 생각이 들 것 같나요? ☞ 가족처럼 지낼 수 있는 사람이 있었으면 좋겠어요. ◎ 학습 문제 확인하기 | 학습 문제	다양한 가족의 형태를 알아봅시다. | ◎ 학습활동 안내 〈활동1〉 우리주변의 다양한 가족의 형태 살펴보기 〈활동2〉 가족의 형태 만들기	□ 동화책 '숲 속 사진관' 그림책 PPT ※ 그림책을 읽고 이야기를 나누는 과정을 통해 다양한 가족의 형태가 있다는 것을 생각해보게 한다.
전개	〈활동 1〉 우리주변의 다양한 가족 형태 살펴보기 ◎ 교과서 사진을 보며 짝과 함께 다양한 형태의 가족에 대해 생각 나누기를 해 보세요. – 엄마, 아빠, 나, 동생이 사는 4인 가족이 있습니다. – 할아버지, 할머니, 엄마, 아빠, 나, 동생이 사는 6인 가족(확대가족)이 있습니다. – 할머니와 사는 가족(조손 가족)이 있습니다. – 부모님 중 한 분과 사는 가족(한부모 가족)이 있습니다. – 부모님 중 한 분이 외국인인 가족(다문화 가족)이 있습니다.	※ 학생들의 가족사진을 통해 다양한 가족의 모습을 확인하고 이해한다. (우리 주변에 다양한 가족의 형태가 있음을 알고 다양한 가족을 이해하고 존중하는 분위기를 조성한다.) □ 다양한 가족 구성원의 사진(카드)

제4장 다문화 시민교육의 방법

전개	– 부부끼리만 사는 가족이 있습니다. – 아이를 입양하는 가족(입양가족)이 있습니다. 〈활동2〉 가족 형태 만들기 ◎ 모둠 친구들과 함께 새로운 가족을 만들어 봅시다.		□ 가족 만들기 학습지
	1. 모둠별로 미션 봉투를 하나 뽑는다. 2. 미션 카드에 제시된 내용에 맞게 여러 가지 인물 카드를 활용하여 가족의 형태를 만든다. 예를 들어 5명의 다문화가족을 만든다면 할아버지, 외국인아빠, 엄마, 딸 2명으로 구성할 수 있다. 3. 가족의 수, 구성원, 가족의 특징이나 장점 등에 대해 간단하게 설명하는 글을 쓴다. 4. 각 모둠이 만든 가족에 대해 발표하고 어떤 가족의 형태인지 알아맞힌다.		※ 스스로 다양한 가족의 형태를 구성하여 꾸밈으로써 다양한 가족의 형태를 이해한다.
	◎ 가족 카드에 맞게 가족의 형태를 만들었는지 확인하고 모둠에서 만든 가족을 소개해 봅시다.		
정리	◎ 활동 정리 – 우리 주변에서 살펴볼 수 있었던 다양한 가족 구성을 말해 봅시다. – 꼬마 판다는 숲 속 친구들의 배려로 행복한 가족 사진을 찍을 수 있었어요. 여러분이나 주변의 다른 가족들도 행복해지기 위해서는 어떻게 해야 할까요?		

평가항목	평가 기준			평가방법
	상	중	하	
우리 주변의 다양한 가족 구성을 소개할 수 있다.	다양한 가족 구성의 형태를 자세히 설명할 수 있으며 다양한 가족 만들기에 창의적으로 참여하고 발표할 수 있다.	다양한 가족 구성의 형태가 있음을 알고 다양한 가족 만들기에 참여할 수 있다.	다양한 가족의 형태에 대한 이해가 부족하고 다양한 가족 만들기에 소극적이다.	관찰 및 발표 평가

다. 3학년

[도덕]

단 원	생명을 존중하는 우리					학년		3학년	
교육과정 성취기준	[4도04–01] 생명의 소중함을 이해하고 인간 생명과 환경문제에 관심을 가지며 인간 생명과 자연을 보호하려는 태도를 가진다.					교육과정 핵심역량		자기관리역량/ 생명존중	
학습주제	• 생명존중의 마음 실천하기								
학습목표	• 생명을 존중하는 마음을 생활 속에서 실천할 수 있다.								
학습 주안점	• 본 수업에서는 생명의 소리를 들으며 생명이 살아있음을 느낀 뒤, 정성을 다해 생명을 보호하는 마음을 기르고 사람, 동물 그리고 이들을 둘러싼 자연까지도 우리와 하나이며 소중하다는 생각을 심으며 관련 역량과 기능을 기르도록 한다.								
다문화 시민성	다양성			관계성			보편성		
	인정	관용	수용	공감	소통	협력	반차별	반편견	세계 시민성
	○					○	○		
학습단계	교수·학습 활동						※ 유의점 □ 학습자료		
도입	◎ '지구상의 생명의 모습' 사진 같이 보기 – 우리 주변에서 생명이 있는 존재를 생각해보고 발표하기 ◎ 시의 뒷부분 같이 읽어보기 – 〈살아있어〉라는 시의 뒷부분 같이 읽어보기 ◎ 학습 문제 확인하기 | 학습 문제	생명 존중의 마음 실천하기 | ◎ 학습활동 안내 〈활동1〉 '생명사랑 쪽지쓰기' 계획하기 〈활동2〉 '생명사랑 쪽지쓰기' 〈활동3〉 느낌 나누기						□ PPT □ 도서 〈살아있어〉 학습주제 관련도서로 활용 가능		

전개	〈활동 1〉 '생명사랑 쪽지쓰기' 계획하기 ◎ 친구의 심장소리 들어보기 　- 어떤 소리인지 생각해보기 　- 친구의 심장소리를 들었을 때 어떤 느낌이 들었는지 이야기하기 ◎ 심장소리 외에 생명을 나타낼 수 있는 다른 소리 이야기해보기 　- 새들이 지저귀는 소리, 염소가 우는 소리, 나비가 날아다니는 소리, 붕어가 헤엄치는 소리 등을 표현해도 된다. ◎ 친구, 동물, 식물 등 모두 소중한 생명임을 알고 개운죽 화분도 소중하게 여기도록 다짐하기 〈활동 2〉 '생명사랑 쪽지쓰기' 활동하기 ◎ 개운죽 화분 만들기 　- 개운죽 화분을 꾸미고 만들기 ◎ 개운죽 화분에 '너는 소중해'라는 마음을 담아 생명사랑 쪽지쓰기 〈활동 3〉 느낌나누기 ◎ '생명사랑 쪽지쓰기' 활동 후 느낀 점 이야기하기 　- 생명에게 소중히 여기는 마음을 표현한 후 느낀 점을 이야기하기 ◎ 생명이 들어있는 상자에 '너는 소중해' 이야기하기 　- 생명이 들어있는 상자를 옆으로 돌리며 '너는 소중해' 같은 생명을 소중히 여기는 말을 차례차례 이야기하기 　- 생명의 상자에 무엇이 들어있는지 공개하기(단체 학급사진) 　- 주변 정리하기	□ 청진기 □ PPT자료 □ 개운죽화분, 색연필, 색사인펜
정리	◎ 활동정리 　- 오늘 배운 '생명사랑'의 마음을 어떻게 실천하고 싶은지 말해보자. 　- 일상생활에서 오늘 경험한 마음을 실천해 봅시다.	

평가항목	평가 기준			평가방법
	상	중	하	
생명을 존중하는 마음을 기르고 생활 속에서 실천할 의지를 보이는가?	생명을 존중하는 마음을 기르고 생활 속에서 실천할 적극적 의지를 보이는가?	생명을 존중하는 마음을 기르고 생활 속에서 실천할 의지를 보이는 데 소극적이다.	생명을 존중에 관심을 두지 않는다.	발표 및 관찰평가

[체육]

단 원	경쟁의 기초			학년	3학년	
교육과정 성취기준	[4체03-03] 게임 방법에 대한 이해를 바탕으로 게임을 유리하게 전개할 수 있는 전략을 탐색한다.			교육과정 핵심역량	공동체역량/협력	
학습주제	•규칙을 지키며 게임에 참여하기					
학습목표	•규칙을 지키며 게임에 참여할 수 있다.					
학습 주안점	•본 수업에서는 규칙 준수, 게임하기, 우호적 관계 형성 이라는 세 가지 학습요소가 결합되어 있다. 이 세 가지 요소는 다른 사람들과 우호적으로 사회적 관계를 형성하면서 생활하는데 필요한 것들이며, 궁극적으로 시민성 함양에 중점을 둔다.					
다문화 시민성	다양성			관계성		보편성		
	인정	관용	수용	공감	소통	협력	반차별	반편견	세계시민성
			○	○	○				○
학습단계	교수·학습 활동					※ 유의점 □ 학습자료
도입	◎ 준비운동 – 심장에서 먼 쪽부터 부위별로 스트레칭을 한다. – 가벼운 달리기를 한다. ◎ 건강 확인 – 몸이 불편한 학생을 파악하여 상황에 따라 심판의 역할을 하도록 한다.					※ 학년 수준에 적절한 준비운동을 진행하여 수업시간에 일어날 수 있는 부상을 미리 방지

제4장 다문화 시민교육의 방법

도입	◎ 동기유발 – 친구들과 술래잡기를 했을 때 규칙을 잘 지키지 않는 친구 때문에 기분이 상한 적이 있습니다. – 얼음 땡, 도둑과 경찰 게임을 친구들과 즐겁게 했습니다. ◎ 학습 문제 확인하기 | 학습 문제	규칙을 지키며 게임에 참여하기 | ◎ 학습활동 안내 〈활동1〉술래잡기 게임에 필요한 규칙과 방법 알아보기 〈활동2〉'꼬리잡기'술래잡기 게임하기	
전개	〈활동 1〉술래잡기 게임에 필요한 규칙과 방법 알아보기 ◎ 게임의 규칙 – 정해진 게임장 안에서 술래에게 잡히지 않도록 달아난다. – 술래를 피해 목표 지점에 도착해야 한다. – 일정한 시간 동안 상대편에게 잡힌 인원이 적어야 이긴다. ◎ 게임의 방법 – 술래를 피해 빠르게 방향을 바꾸며 달린다. – 술래에게 등을 보이지 않고 술래를 살피며 달아난다. – 속임 동작을 이용하여 술래를 속이면, 술래를 쉽게 피할 수 있다. 술래가 없는 안전한 위치로 이동한다. 〈활동 2〉꼬리잡기, 술래잡기 게임하기 ◎ 게임 규칙과 작전 이해하기 – 인원 편성, 게임 방법, 득점, 승리 요건, 주의 사항 등을 안내한다. ◎ 전략 인지 및 의사 결정 – 다른 사람을 피하여 빠르게 이동하도록 한다. 다른 사람에게 등을 보이지 않으면서 다른 사람이 없는 쪽으로 이동한다. ◎ 게임 실행하기 – 술래잡기 게임의 규칙과 방법을 이해하고, 규칙을 지키며 게임을 한다.	'꼬리잡기' 술래잡기 게임 방법 안내 ＊게임 방법＊ 조끼를 허리 뒤쪽에 집어넣어 꼬리를 만듭니다. 내 꼬리를 지키면서 다른 친구의 꼬리를 빼앗습니다. 꼬리를 빼앗기면 자기의 조끼를 들고 원 밖으로 나가서 앉습니다. ④ 정해진 시간 동안 꼬리를 빼앗기지 않고 살아남은 친구가 이깁니다. ＊게임을 잘하려면＊ ① 술래에게 등을 보이지 않아야 꼬리를 지킬 수 있어요. ② 다른 친구들을 피하여 빠르게 이동해야 합니다. ③ 다른 친구들이 없는 안전한 곳으로 이동합니다.

| 정리 | ◎ 정리운동
  – 발목, 무릎, 허리, 팔 등의 뭉친 근육을 풀어 준다.
  – 숨 고르기를 통해 심박수를 줄인다.
◎ 활동정리
  – 모든 친구들이 게임을 함께 즐기기 위해 필요한 것은 무엇이라고 생각하나요?
  – 질서를 정하고 질서를 지키며 게임을 했을 때 좋은 점은 무엇이었나요? | |

평가항목	평가 기준			평가방법
	상	중	하	
규칙을 지키며 게임에 참여할 수 있는가?	규칙을 지키며 게임에 적극적으로 참여한다.	규칙을 지키며 게임에 참여하는 데 소극적이다.	규칙을 지키려고 하지 않고 게임에 참여한다.	관찰평가

[사회]

단 원	교통과 통신 수단의 변화	학년	3학년
교육과정 성취기준	[4사01-05] 옛날과 오늘날의 교통수단에 관한 자료를 바탕으로 하여 교통수단의 발달에 따른 생활 모습의 변화를 설명한다.	교육과정 핵심역량	문제해결역량/ 환경보호
학습주제	• 교통수단 발달에 따른 문제점 살펴보기		
학습목표	• 교통수단 발달에 따른 문제점을 알고 지속가능한 미래 만들기에 관심을 갖는다.		
학습 주안점	• 교실아이들의 경험을 이야기로 만들어 흥미를 이끌어낸다. • 교통수단의 발달로 달라진 미래의 생활모습에 초점을 두게 한다. • 미래생활을 자세히 생각할 수 있는 질문으로 아이들의 사고를 확장시킨다.		

다문화 시민성	다양성			관계성			보편성		
	인정	관용	수용	공감	소통	협력	반차별	반편견	세계 시민성
			○			○			○

제4장 다문화 시민교육의 방법

학습단계	교수·학습 활동	※ 유의점 □ 학습자료
도입	◎ 교통수단의 발달로 오늘날의 생활모습은 어떻게 달라졌나요? ☞ 옛날보다 더 빠르게 이동할 수 있습니다. ☞ 무거운 짐을 편리하게 옮길 수 있습니다. ◎ 어떤 내용의 이야기입니까? ☞ 지구가 아픈 것 같아 슬픕니다. ◎ 학습 문제 확인하기 | 학습 문제	교통수단 발달에 따른 문제점 살펴보기 | ◎ 학습활동 안내 〈활동1〉 오늘 날 교통수단의 문제점 알아보기 〈활동2〉 미래의 교통수단 토의하기 〈활동3〉 미래 신문 완성하기	□ 불편한 교통수단 이야기 (PPT4장)
전개	활동 1〉 오늘 날의 교통수단의 문제점 알아보기 - 오늘날의 교통수단을 이용하면서 불편한 점이 있었습니까? ☞ 차가 막히어 답답했습니다. - 그림을 보고 오늘날의 교통수단이 개선해야할 점을 찾아봅시다. ☞ 환경오염을 일으키지 않는 교통수단이 발명되어야 합니다. ☞ 안전하게 운행할 수 있는 교통수단이 필요합니다. ☞ 몸이 불편한 사람들도 탈 수 있는 교통수단이 있어야 합니다.	※ 교통수단의 발달로 달라진 미래의 생활모습에 초점을 두게 한다.

전개	〈활동 2〉 미래의 교통수단 토의하기 ◎ 브레인스토밍 토의하기 1. 여러 장의 포스트잇에 자신이 생각하는 미래의 교통수단을 가능한 많이 표현한다. 2. 모둠판에 포스트잇을 붙이며 자신의 아이디어를 돌아가며 말한다. 3. 다른 모둠원의 아이디어와 자신의 아이디어를 결합하여 새로운 아이디어에 대해 토의한다. – 미래의 교통수단에 대해 토의한 것을 발표해 봅시다. ☞ 태양에너지를 이용하는 자동차가 있습니다. ☞ 몸이 불편해도 자동차를 탈 수 있도록 한 자율주행자동차가 있습니다. ☞ 부산에서 서울까지 10분 만에 갈 수 있는 번개열차도 생길 것입니다.	☐ 미래신문학습지 | 오늘날 교통수단을 이용하며 불편했던 점 | | |---|---| | 미래의 교통수단 모습 | | | 미래 교통수단의 좋은 점 | |
	〈활동 3〉 미래 신문 완성하기 – 교통수단의 발달로 미래의 생활모습이 어떻게 달라질까요? ☞ 환경오염이 줄어들 것입니다. ☞ 부산에서 서울까지 매우 빠르게 갈 것입니다. ☞ 지금보다 안전하게 다닐 수 있습니다. – 미래신문의 빈칸을 완성해 봅시다. – 미래신문 완성하기 – 미래신문의 빈칸을 발표해봅시다. ☞ 서울과 부산을 오가는 열차로 15분 만에 서울에 도착하였다. ☞ 다리가 불편하지만 운전을 할 수 있다. ☞ 전기를 이용하여 더 이상 환경오염을 일으키지 않는 자동차이다.	※ 앞서 토의한 문제점과 해결책이 연결될 수 있도록 신문의 빈칸을 완성한다.
정리	◎ 활동정리 – 오늘날 교통수단에는 어떤 문제들이 있었나요? – 오늘날 교통수단의 문제점을 해결하기 위해 어떤 노력이 이뤄져야 할까요?	

평가항목	평가 기준			평가방법
	상	중	하	
교통수단의 문제점을 알고 문제해결을 위한 방법 찾기에 관심을 보이는가?	교통수단의 문제점을 알고 문제해결을 위한 방법 찾기에 적극적인 관심을 보인다.	교통수단의 문제점을 알고 문제해결을 위한 방법 찾기에는 소극적이다.	교통수단의 문제점 파악 및 문제해결을 위한 방법 찾기에 관심이 없다.	발표 및 관찰평가

제4장 다문화 시민교육의 방법

[과학]

단 원	지구의 모습				학년	3학년	
교육과정 성취기준	[4과16-01] 지구와 관련된 자료를 조사하여 모양과 표면의 모습을 설명할 수 있다.				교육과정 핵심역량	지식정보처리역량/ 문화다양성 존중	
학습주제	• 지구 표면의 모습에 따른 사람들의 생활 모습을 알아보기						
학습목표	• 사람들이 살아가는 다양한 생활 모습을 알고 다양한 문화를 존중하는 태도를 갖는다.						
학습 주안점	• 실제 사진 자료를 활용하여 현실감을 느낄 수 있도록 한다. • 지구의 모습과 사람들의 생활 모습을 연결 지어 문화다양성을 느끼도록 한다. • 사람들의 생활 모습이 다양함을 시각적으로 인지할 수 있도록 한다.						
다문화 시민성	다양성			관계성		보편성	
	인정	관용	수용	공감	소통	협력	반차별	반편견	세계 시민성
		○			○				○

학습단계	교수·학습 활동	※ 유의점 □ 학습자료

도입	◎ 다음의 동영상들을 보고 차이점을 말해보도록 합시다.
	  - 왜 이렇게 서로 다른 모습을 하고 있다고 생각합니까?
	    ☞ 사막에는 모래가 많고 사람들이 망토 같은 옷을 입고 있습니다.
	    ☞ 알래스카에는 눈이 쌓여 있고 사람들이 두꺼운 옷을 입고 있습니다.
	    ☞ 자연 환경이 다르기 때문입니다.
	
	◎ 학습 문제 확인하기
	
	| 학습 문제
		지구 표면의 모습에 따른 사람들의 생활 모습 알아보기 |
		|---|---|
		
		◎ 학습활동 안내
		〈활동1〉 지구의 표면 살펴보기
		〈활동2〉 사람들의 생활모습 살펴보기
		〈활동3〉 세계지도 꾸미기
			□ 동영상 자료
			
			※ 극명하게 대비되는 두 사진을 이용하여 차이를 자연스럽게 인식하도록 한다.

전개	〈활동 1〉 지구의 표면 알아보기 ◎ 지구 표면의 모습을 보여주겠습니다. 화면을 보며 지구의 표면에서 볼 수 있는 것을 모두 적어봅시다. - 어떤 것들을 볼 수 있습니까? ☞ 산이 있습니다. ☞ 바다가 있습니다. ☞ 사막이 있습니다.	□ 동영상 자료, 학습지 ※ 영상 자료를 활용하여 학생들이 스스로 찾아볼 수 있도록 한다.
	〈활동 2〉 사람들의 모습 알아보기 - 사막의 사람들은 어떤 옷을 입고 있습니까? ☞ 망토 같은 옷을 입고 있습니다. - 왜 그런 옷을 입는 것 같습니까? ☞ 햇빛으로부터 몸을 보호하기 위해서입니다. - 알래스카 사람들은 어떤 옷을 입고 있습니까? ☞ 두꺼운 옷을 입고 있습니다. - 왜 그런 옷을 입는 것 같습니까? ☞ 추위로부터 몸을 보호하기 위해서입니다. - 네팔 사람들의 집 주변은 어떤 모습입니까? ☞ 산입니다. 계단 모양으로 되어 있습니다. - 왜 땅이 계단 모양으로 되어 있겠습니까? ☞ 산을 평지처럼 만들기 위해서입니다. - 바자우 족 사람들의 집 주변은 어떤 모습입니까? ☞ 바다입니다. 집이 물 위에 있습니다.	□ PPT ※ 여러 자연환경에서 살아가는 사람들의 모습을 보여주어 모두 다른 방식으로 살아가고 있음을 인식할 수 있도록 한다.
	〈활동 3〉 세계 지도 만들기 ◎ 우리가 살펴본 것을 가지고 사람들의 모습이 드러나 있는 세계 지도를 직접 만들어보도록 합시다. ◎ 모둠별로 지구의 표면에서 볼 수 있는 것을 한 가지 고르고 그곳에서 사람들이 어떤 모습으로 어떻게 살아가고 있을지 간단하게 그림으로 표현하여 봅시다. ◎ 표현한 그림들을 앞에 있는 지도에 붙여봅시다. - 지도 중 적절한 곳에 그림을 붙인다.	□ 세계지도 전지 ※ 그림을 세계지도에 붙여봄으로써 세계에 다양한 모습의 사람들이 있음을 시각적으로 인식할 수 있도록 한다.
정리	◎ 활동정리 - 우리가 만든 세계지도를 살펴보며 오늘 배운 내용을 정리해보도록 합시다. - 지구의 표면에서 볼 수 있는 것에는 무엇이 있습니까? - 사람들의 생활 모습은 어떠합니까? ☞ 자연 환경에 따라서 차이가 있습니다. - 사람들의 생활모습은 자연환경에 따라 다양하게 발달합니다. 우리와 다른 생활모습에 대해 어떻게 대해야 할까요?	

평가항목	평가 기준			평가방법
	상	중	하	
사람들이 살아가는 다양한 생활 모습을 알고 존중하는 태도를 보이는가?	사람들이 살아가는 다양한 생활 모습을 알고 다른 생활모습을 존중하는 태도를 보인다.	사람들이 살아가는 다양한 생활 모습을 알지만 존중하는 태도에서는 소극적인 면을 보인다.	사람들이 살아가는 다양한 생활 모습에 관심이 없다.	관찰평가

라. 4학년

[도덕]

단 원	함께 꿈꾸는 무지개 세상				학년	4학년		
교육과정 성취기준	[4도03-02] 다문화 사회에서 다양성을 수용해야 하는 이유를 탐구하고 올바른 의사 결정 과정을 통해 다른 사람과 문화를 공정하게 대하는 태도를 지닌다.				교육과정 핵심역량	지식정보처리역량/ 자아성찰		
학습주제	• 내가 가진 편견과 차별 찾아보기							
학습목표	• 우리가 가진 편견과 차별을 알아보고 편견과 차별하지 않는 행동을 실천하려는 마음을 갖는다.							
학습 주안점	• 본 수업에서는 영화를 활용하여 차별과 편견의 사례와 문제점을 찾으면서 동시에 학습자 자신의 행동을 성찰해 볼 수 있게 하는 데 중점을 둔다. 학습자 수준에 맞게 적합한 동화, 영화, 기타 자료를 활용할 수 있다.							
다문화 시민성	다양성			관계성			보편성		
	인정	관용	수용	공감	소통	협력	반차별	반편견	세계 시민성
	○						○	○	○
학습단계	교수·학습 활동						※ 유의점 □ 학습자료		

도입	◎ 영화 '주토피아'에 대한 설명하기
	• 주토피아는 어떤 공간일까요?
	  - 많은 동물들이 살아가고 있는 공간입니다.
	  - 다양한 동물들이 서로 있습니다.
	• 우리가 살고 있는 현실과는 어떤 점이 닮았을까요?
	  - 다양한 민족이 살고 있는 것과 같습니다.
	
	◎ 학습 문제 확인하기
	
	| 학습 문제
		내가 가진 편견과 차별 알아보기 |
		
		◎ 학습활동 안내
		〈활동1〉 영상을 보고 물음에 답하여 봅시다.
		〈활동2〉 편견, 차별과 관련된 사례 4가지 알아보기
		〈활동3〉 내가 가진 편견과 차별 알아보기
			□ 영화 '주토피아' 동영상
			
			※ 영상에 대해 학생들이 어떤 생각과 느낌을 갖고 있는지 파악한다.

전개	〈활동 1〉 영상을 보고 물음에 답하여 봅시다.
	  - 영상에 나오는 경찰들의 모습은 어떤가요?
	  - 토끼 경찰의 모습은 다른 경찰의 모습과 무엇이 다른가요?
	  - 여자 토끼가 경찰을 하기에 적합할까요?
	  - 경찰은 꼭 남자이고 덩치가 커야 할까요?
	  - 여우가 토끼에게 무엇이라고 말했나요?
	  - 토끼의 마음은 어땠을까요??
	
	〈활동 2〉 편견, 차별과 관련된 사례 4가지 알아보기
	• '여우라는 이유로 차별'당하는 영상을 보고 물음에 답하기
	  - 여우라는 이유로 괴롭힘을 당한 여우의 느낌은 어땠을까요??
	• '흑인'이라는 이유로 차별을 당하는 영상을 보고 물음에 답하여 봅시다.
	  - 피부가 검은색이라고 놀리는 유치원생들에게 뭐라고 말해줘야 할까요?
	• '뚱뚱한 사람과 관련된 편견'을 보고 물음에 답하여 봅시다.
	  - 똥배라는 말을 들은 양은 어떤 느낌을 받았을까요??
	• '다른 사람과 관련된 편견'을 보고 물음에 답하여 봅시다.
	  - 토끼는 뭐 때문에 여우를 무서워했을까요?
	
	〈활동 3〉 내가 가진 편견과 차별 알아보기
	  - 자신이 갖고 있는 편견과 차별 찾기
	  - 내가 갖고 있는 편견, 차별 발표해 봅시다.
		□ 영화 '주토피아' 동영상
		
		□ 4가지 사례를 통해 '역상황→편견깨기→탈출하기'를 적용한다.
		
		※ 영화와 실생활과 관련된 부분을 연결시킬 수 있도록 한다.

제4장 다문화 시민교육의 방법

정리	◎ 활동정리 – 내가 가지고 있는 편견과 차별의 행동은 왜 문제가 될까요? – 오늘 배운 편견과 차별 깨기를 실제 생활에서 실천해 봅시다.	

평가항목	평가 기준			평가방법
	상	중	하	
우리가 가진 편견과 차별을 알고 편견과 차별하지 않는 행동을 실천하려는 마음을 보이는가?	우리가 가진 편견과 차별을 알아보고 편견과 차별하지 않는 행동을 실천하려는 마음을 보인다.	우리가 가진 편견과 차별을 알지만 편견과 차별하지 않는 행동을 실천하는데 소극적인 태도를 보인다.	우리가 가진 편견과 차별을 알지만, 실천에는 관심이 없다.	발표 및 관찰평가

단 원	함께 꿈꾸는 무지개 세상	학년	4학년
교육과정 성취기준	[4도03–02] 다문화 사회에서 다양성을 수용해야 하는 이유를 탐구하고 올바른 의사 결정 과정을 통해 다른 사람과 문화를 공정하게 대하는 태도를 지닌다.	교육과정 핵심역량	공동체역량 /인권존중
학습주제	• 인권의 소중함을 알고 존중하는 방법 찾기		
학습목표	• 인권의 소중함을 알고 인권 존중을 실천할 수 있는 방법을 찾아 제시할 수 있다.		
학습 주안점	• 본 수업에서는 인권의 소중함을 알고 이를 지켜줄 수 있는 방법을 탐색하고 실천할 수 있게 하는데 중점을 둔다. 인권은 사람들의 생활에서 누려져야 하는 것이기 때문에 동화책, 미디어 매체 등의 자료를 활용했을 때 깊은 공감을 불러일으킬 수 있고 공감에 기반해서 실천적 행위를 이끌어 낼 수 있다는 것을 참고하여 진행하면 좋다.		

다문화 시민성	다양성			관계성			보편성		
	인정	관용	수용	공감	소통	협력	반차별	반편견	세계 시민성
	○						○		○

학습단계	교수·학습 활동	※ 유의점 □ 학습자료
도입	◎ 자신의 경험과 관련짓기 – 동화 캐릭터 마을에서 보낸 편지 읽기 '누가 대장이 되면 좋을까?' – 동화 캐릭터 마을에서는 어떤 일이 있었나요?(동화 캐릭터들이 '누가 마을의 대장이 될 것인가?'에 대해 의견이 분분해 시끄러웠음.) – 대장 후보로는 누가 나왔나요? – 파파스머프 / 도로시 / 피터팬은 어떤 차별을 받았나요? 왜 대장이 되는 것을 반대했나요? – 다르다는 이유로 차별을 받아야 할까요? – 여러분은 일상생활에서 어떤 차별을 경험했나요? – 차별 받았을 때 마음은 어떠했나요? ◎ 학습 문제 확인하기 | 학습 문제	인권의 소중함을 알고 존중하는 방법 찾기 | ◎ 학습활동 안내 〈활동1〉 인권 존중이 왜 필요한지 알아보기 〈활동2〉 인권 존중의 방법 알아보기	□ '누가 대장이 되면 좋을까?' 동화 캐릭터 마을에서 온 편지. (PPT사진자료) ※ '깃털없는 기러기 보르카' 또는 '사라, 버스를 타다'를 동기유발 책으로 활용해도 좋음.
전개	〈활동 1〉 인권 존중이 왜 필요한지 알아보기 ◎ 우리 사회에 존재하는 다양성에는 무엇이 있는지 알고 있나요?(인종, 성별, 성, 외모, 국적, 문화 등) ◎ 나와 다른 사람의 권리를 존중한다는 것은 무슨 의미를 담고 있는지 알고 있나요? 〈활동 2〉 인권 존중의 방법 알아보기 ◎ 인권 및 인권침해사례에 관련된 자료 읽어보며 새롭게 알게 된 내용 찾기 ◎ 나와 다른 사람의 권리를 존중할 수 있는 방법은 무엇인가? ◎ 일상생활에서 내가 실천해 볼 수 있는 방법은 무엇인가?	□ 인권관련자료 (스토리자료)
정리	◎ 활동정리 – 일상생활에서 실천할 수 있는 방법 말해 보자. – 오늘 배운 인권실천 방법을 실제 생활에서 실천해 봅시다.	

평가항목	평가 기준			평가방법
	상	중	하	
모두가 소중함을 알고 나와 다른 사람의 권리를 존중하는 방법을 말할 수 있는가?	모두가 소중함을 알고 나와 다른 사람의 권리를 존중하는 방법을 적극적으로 표현한다.	모두가 소중함을 알지만 나와 다른 사람의 권리를 존중하는 방법을 제시하는 데 어려움을 보인다.	모두가 소중함을 알지만 나와 다른 사람의 권리를 존중하는 방법을 찾아 실천하는 데 관심이 없다.	발표 및 관찰평가

[사회]

단 원	사회 변화와 문화의 다양성				학년	4학년		
교육과정 성취기준	[4사04-06] 우리 사회에 다양한 문화가 확산되면서 생기는 문제(편견, 차별 등) 및 해결방안을 탐구하고, 다른 문화를 존중하는 태도를 기른다.				교육과정 핵심역량	지식정보처리역량/ 협력		
학습주제	• 우리사회의 다양한 문화 소개하기							
학습목표	• 우리 사회에 있는 다양한 문화를 이해하고 존중하는 태도를 지닌다.							
학습 주안점	• 본 수업에서는 지역사회 단위에 내재한 다양한 문화를 파악하면서 문화다양성 존중의 필요성을 느끼게 하는 데 중점을 둔다. 특히, 다양한 국적의 주민들이 많이 거주하는 지역에서는 해당 거주민의 문화에 주목하여 진행해도 좋다. 일상생활에서 여러 가지 사례를 파악하여 문화로 여길 수 있는 것들을 찾아보게 하고 다양한 문화의 모습을 확인한다.							
다문화 시민성	다양성			관계성			보편성	
	인정	관용	수용	공감	소통	협력	반차별	반편견	세계 시민성
	○			○					○

학습단계	교수·학습 활동	※ 유의점 □ 학습자료
도입	◎ 생각열기 • 러시아어 노래 듣기 – 어떤 내용의 노래인지 추측해보기 – 러시아 친구들이 어떤 활동을 할 때 부르는 노래인지 알아보기 – 노래를 듣고 느낌 나누며 학습할 내용 알아보기	※ 정확한 노래 내용을 아는 것 보다 다른 문화권 노래가 있음을 인지한다.

도입	◎ 학습 문제 확인하기 | 학습 문제	우리 사회의 다양한 문화 소개하기 | ◎ 학습활동 안내 〈활동1〉 문화란 무엇인지 알아보기 〈활동2〉 우리고장 문화 소개하기	

전개	〈활동 1〉 문화란 무엇인지 알아보기
	◎ 내가 좋아하는 것은?
	  - 일상생활에서 자주 즐기는 활동이나 좋아하는 음식 등에 관한 내용을 줄줄이 발표를 통해 이야기하기
	  - 발표한 내용을 바탕으로 문화의 뜻 알기
	
	◎ 다양한 문화의 모습 알아보기
	  - 옷차림, 음식, 사는 집 등
	
	〈활동 2〉 우리사회의 다양한 문화 소개하기(선택 활동)
	◎ 우리사회의 다양한 문화 소개하기
	  - 사전 조사 활동을 통해 내가 알고 우리 사회의 문화 자료 수집하기
		☐ ppt
		
		☐ 학습지
		※ 모둠 원 모두가 활동에 참여하도록 하고 러시아어 사용도 가능하게 한다.

	- 사람들의 놀이 문화, 음식, 사는 집 등 문화로 볼 수 있는 다양한 것들에 관한 소개 자료 만들기(러시아어 사용 가능)
	- 서로 관심사가 비슷한 아이들끼리 모둠을 구성하도록 하고 각자 맡은 역할 정하여 자료 만들기-
	새로 만들어진 모둠별로 Jigsaw형태로 각자 한 부분을 정하여 만든 다음 합쳐서 하나의 자료 만들기
	
	◎ 광고지나 소개 자료 만들기
	  - 관심사가 비슷한 모둠 구성하여 활동 참여하기
	  - 광고지나 소개 자료 등 만들고 싶은 자료 선택하기
	  - 하나의 광고지나 소개 자료를 만들기 위한 역할 정하기
	  - 사전 조사 활동을 통하여 준비한 자료 선별하기
	  - 자신이 해야 할 부분에 맞게 완성하기
	  - 모둠별로 하나로 완성된 자료 제출하기
		※ 러시아 친구들만으로 모둠이 만들어지는 일이 없게 한다.
		※ 각자 만든 부분을 학급 전체에 소개하도록 한다.

전개	◎ 자료 전시 및 발표하기 - 모둠별로 선택한 이유 말하기 - 자신이 맡은 부분에 대한 설명 및 만든 소감 이야기하기 - 알게 된 점 이야기하기 - 다양한 문화에 대해 존중하는 마음 가지기	
정리	◎ 활동정리 - 우리 사회에 다양한 문화가 발달하게 된 배경은 무엇인지 말해 보자. - 우리고장 사람들이 평화롭게 살기 위해서는 서로의 문화를 어떻게 대해야 할지 말해 봅시다. - 오늘 배운 다양한 문화를 존중하고 경험해 보도록 합시다.	

평가항목	평가 기준			평가방법
	상	중	하	
우리 사회의 문화 다양성을 이해하고 존중하는 태도를 보이는가?	우리 사회의 문화 다양성을 파악하고 존중하는 태도를 보인다.	우리 사회의 문화 다양성을 이해하고 존중하는 데 소극적이다.	우리 사회의 문화 다양성을 이해하고 존중하는 데 관심이 없다.	발표 및 관찰평가

마. 5학년

[국어]

단 원	2. 작품을 감상해요	학년	5
교육과정 성취기준	[6국05-02] 작품 속 세계와 현실 세계를 비교하며 작품을 감상한다.	교육과정 핵심역량	의사소통 역량
학습주제	문학작품에 나타난 비슷하면서도 다른 문화 찾아보기		
학습목표	세 나라의 동화를 비교하며 문화의 다양성과 특수성, 그리고 보편성을 이해하고 인정할 수 있다.		
학습 주안점	이 수업에서는 '콩쥐팥쥐', '신데렐라' 등 어린이들에게 매우 친숙한 동화에 나타나는 유사한 이야기 구조를 고려하면서 그 속에 나타난 문화의 차이를 살펴보며 문화의 보편성과 다양성, 그리고 특수성을 파악하도록 지도한다. 따라서 이야기 구조가 유사한 여러 나라의 동화를 통해서 세계 여러 나라에 있는 비슷한 이야기들이 있다는 점에서 다른 나라라고 해서 생각을 비롯한 모든 것이 다를 것이라는 인식을 바꾸고 동화 속에 나타나는 특징적인 문화나 존재들을 통해 그 나라의 고유성과 특수성을 인정하고, 존중하는 마음을 기르도록 지도한다.		

다문화 시민성	다양성			관계성			보편성		
	인정	관용	수용	공감	소통	협력	반차별	반편견	세계 시민성
			○		○			○	

학습단계	교수·학습 활동	※ 유의점 □ 학습자료

도입	◎ 동기 유발하기
	• 힌트를 듣고 동화 제목 맞히기
	  – 신데렐라나 콩쥐팥쥐 중 하나의 동화를 제시한다.
	  – 제시어, 노래, 그림 장면 등을 힌트로 보고 동화 제목을 맞혀본다.
	
	◎ 학습목표 확인하기
	
	◎ 학습활동 안내
	〈활동1〉 비슷하면서도 다른 점을 찾아라!
	〈활동2〉 만일 북극 또는 아프리카 이야기였다면?	

전개	◎ 〈활동1〉 비슷하면서도 다른 점을 찾아라!
	• 〈콩쥐팥쥐〉, 〈신데렐라〉, 〈요술 물고기 가시〉 내용 파악하기
	  – 세 동화의 공통점이 무엇인지 살펴본다.
	  – '새어머니가 등장한다', '신발을 잃어버린다', '구박을 받는다' 등
	  – 세 동화를 비교하면서 내용을 꼼꼼하게 살펴본다.
	• 세 나라의 동화 '콩쥐팥쥐(한국)', '신데렐라(유럽)', '요술 물고기 가시(중국)' 속에 나오는 비슷하면서도 다른 점에 대해 토의하기
	  – 새어머니가 시킨 일은 무엇이었나요?
	  – 누가 도와주었나요?
	  – 어떤 의상(옷, 신발)을 입었나요?
	  – 또 무엇이 다를까요?
	• '왜 다르게 표현되었을까?'에 대해 생각–짝 나누기
	  – 나라마다 문화가 다르기 때문이다.
	  – 우리나라는 농사일을 중시했다.
	  – 중국은 물과 음식을 귀하게 여겼다.
	  – 유럽에서는 일찍이 유리가 발명되었다.
		※ 세 동화 모두 새어머니를 부정적인 인물로 설정하고 있는데 학생들이 모든 새어머니를 부정적인 존재로 받아들이지 않도록 유의하여 지도한다.
		
		※ 동화에 등장하는 새어머니와 과제, 조력자, 잔치 의상 차이를 단순 지식 정보로 받아들이지 않고 왜 그런 차이가 나타나게 되었는지 문화적 배경을 이해하도록 한다.
		
		※ 콩쥐팥쥐'에 등장하는 과제인 벼 찧기와 조력자로 등장하는 참새는 농경문화의 특징을 드러내고 있다.

전개	◎ 〈활동2〉 만일 북극 또는 아프리카 이야기였다면?
	• 북극 근처 추운 곳에서의 이야기 만들어 보기
	• 아프리카의 더운 곳에서의 이야기 만들어 보기
	  – 동화가 기후에 따라 어떻게 달라졌을지 상상하여 이야기 만들기
	  – 만약 북극이나 아프리카 이야기였다면 위의 4가지 질문에 대한 답이 어떻게 달라졌을지 상상하여 기록한다.
	  – 상상한 내용을 바탕으로 이야기를 만든다.
	• 친구들이 만든 이야기 돌려 읽고 피드백 하기
	  – 물레방아 읽기 활동으로 돌아가며 읽고, 느낀 점, 잘된 점을 한 줄 댓글로 기록한다.
		※ '요술물고기 가시'의 주인공 예흐시엔은 장작 패기, 물 긷기 등 음식과 관련된 일을 하게 되는데 이는 중국에 가뭄과 홍수가 빈번하여 중국인들이 물을 귀하게 여긴다는 점, 중국인들이 음식을 중요시 한다는 점과 관련이 있다.
		※ 콩쥐의 조력자로 선녀가 등장하는 것과 달리 신데렐라에는 요정이 등장하여 도와준다. 옛날부터 우리나라에서는 선녀 이야기가 많았으며 유럽에서는 요정에 대한 인식이 있었음을 알게 해주는 것으로 전통문화와 관련이 있다. 또한, 예흐시엔의 조력자로 물고기가 등장하는데 중국에서 물고기는 부귀, 풍요로움 등을 상징하는 것이다. 이 또한 중국의 전통문화를 알 수 있게 해주는 소재이다.

정리	◎ 학습 내용 정리
	• 배움 활동 정리하기
	  – 세 동화가 비슷하면서도 다르게 표현된 이유는 무엇인지 생각해보기
	• 배움, 삶으로 확장하기
	  – 비슷한 이야기가 있다면 러시아, 우즈베키스탄 친구가 소개하기
	  – 삶 속에서 비슷하면서도 서로 다른 문화를 찾아보면서 우리에게 필요한 자세가 무엇인지 생각해 보기
	  – 우리에게 필요한 자세는?
	◎ 차시 예고
		※ 상상한 이야기이지만, 각 나라의 문화적, 기후적 특성이 드러나게 쓸 수 있도록 유도한다. 다양한 가능성을 수용하고 비난하지 않는다.

	평가 기준			평가방법
	상	중	하	
평가	비슷한 이야기 구조를 갖는 동화의 내용 비교를 통해 문화의 다양성과 특수성을 명확하게 이해한다.	비슷한 이야기 구조를 갖는 동화의 내용 비교를 통해 문화의 다양성과 특수성을 이해하려고 노력한다.	비슷한 이야기 구조를 갖는 동화의 내용 비교를 통해 문화의 다양성과 특수성을 이해하기 위해 노력할 필요가 있다.	관찰평가

[도덕]

단 원	5. 갈등을 해결하는 지혜	학년	5
교육과정 성취기준	[6도02-02] 다양한 갈등을 평화적으로 해결하는 것의 중요성과 방법을 알고, 평화적으로 갈등을 해결하려는 의지를 기른다.	교육과정 핵심역량	의사소통 역량 자기 관리 역량
학습주제	공감하며 대화하는 방법 체험 활동하기		
학습목표	공감하며 대화하는 방법을 익히고 갈등을 평화롭게 해결하려는 마음을 기를 수 있다.		
학습 주안점	이 수업에서는 갈등을 해결하기 위한 기본 방법으로 대화를 통한 해결이 중요함을 이해하도록 하는 것이다. 구체적인 갈등 상황 사례에서 대화로 갈등을 해결하는 활동을 체험해보며 갈등을 해결하기 위해 대화가 중요함을 깨달을 수 있도록 지도하고자 한다.		

다문화 시민성	다양성			관계성			보편성		
	인정	관용	수용	공감	소통	협력	반차별	반편견	세계 시민성
		○			○			○	

학습단계	교수·학습 활동	※ 유의점 □ 학습자료

도입	◎ 동기 유발하기
	• 〈대화의 방법〉 동영상 보며 내용 파악하기
	  T. 동영상을 통해 갈등을 해결하는 모습을 살펴봅시다.
	  S. 어떤 갈등이 있나요? 엄마와 아들이 갈등하고 있습니다.
	• 갈등을 해결하기 위한 방법 생각하기
	  T. 갈등이 어떻게 해결되었나요?
	  S. 눈을 맞추어 대화했습니다./ 어떤 생각을 하는지 털어놓았습니다.
	  S. 따뜻한 몸짓으로 이야기했습니다./ 서로의 마음을 맞추었습니다.
	
	◎ 학습목표 확인하기
	
	◎ 학습활동 안내
	〈활동1〉 내 마음을 맞혀봐!
	〈활동2〉 고민을 해결해 드립니다!
		□ 도덕 학습 동영상
		〈대화의 방법〉
		
		※ 자신의 생각을 부담없이 이야기할 수 있도록 자유로운 분위기를 유도한다.

전개	◎ 〈활동1〉 내 마음을 맞혀봐!
	• 짝과 함께 서로의 마음 확인하기
	  T. 짝과 함께 서로가 진짜 경험한 것과 가짜 경험한 것을 말하게 하고 어떤 것이 진짜인지 맞혀봅시다.
	• 짝의 진짜 마음에 공감하기
	  T. 진짜인지를 확인하는 과정에서 상대방의 감정을 어떻게 파악하였는지 이야기하고, 상대방의 마음을 읽고 공감하는 방법의 중요성을 이야기해봅시다.
	
	◎ 〈활동2〉 고민을 해결해 드립니다!
	• 공감하여 갈등 해결한 사례 나누기
	  T. 책이나 TV 프로그램에서, 또는 자신의 일상 등에서 경험한 갈등 사례를 생각해봅시다.
	  T. 갈등 사례에서 구체적으로 공감하면서 대화하는 방법에 대하여 서로 이야기해봅시다.
	  (예 : 내 주장만 하지 않고 상대방이 왜 그런 말을 했을지 생각하고 상대의 의견에 대하여 질문하면서 대화했다 등)
	  T. 모둠별로 공감하며 대화한 가장 좋은 사례를 결정하고 이를 발표해봅시다.
		※ 짝이 이야기하는 내용도 주의하면서, 그 내용의 진실 여부를 파악하기 위해 짝의 감정에 초점을 두어 듣게 한다.
		
		□ 학습지
		1. 내가 아는 갈등 사례를 적어봅시다.
		2. 갈등 사례에 대화와 소통이 필요한 까닭을 써 봅시다.
		3. 갈등 사례와 그것을 대화와 소통으로 해결하는 과정을 기록해봅시다.

전개	• 공감과 대화를 통해 갈등을 해결하려는 마음 다지기 T. 갈등 해결의 시작은 상대를 이해하는 것임을 알고 공감과 대화를 실천하려는 마음을 다져 봅시다. T. 활동을 하면서 느낀 점은 무엇인가요? S. 공감과 대화를 통하여 상대방을 이해하다 보면 갈등을 쉽게 해결할 수 있다는 것을 알게 되었습니다.	※ 모둠 활동을 하면서 갈등 해결을 위한 구체적인 대화 내용이나 방법 등을 살펴보도록 한다. 필요한 경우에 'I-메시지' 등의 방법을 안내한다.
정리	◎ 학습 내용 정리 • 배운 내용 글로 표현하기 T. 보기에 있는 단어를 활용하여 갈등을 평화롭게 해결하는 방법을 적어 봅시다. S. 다른 사람의 말을 경청하며 대화를 하면 갈등을 쉽게 해결할 수 있습니다. S. 다른 사람의 감정을 존중하고 배려하며 공감한다면 갈등을 쉽게 해결할 수 있습니다. T. 공감, 경청, 대화로 갈등을 평화롭게 해결했는지 스스로 되돌아보고 반성해봅시다. ◎ 차시 예고	※ 갈등 해결 방법으로 대화와 소통이 중요함을 내면화하도록 한다.

	평가 기준			평가방법
평가	상	중	하	
	공감하고 대화하는 방법을 익히고, 생활 속에서 갈등을 평화롭게 해결할 수 있다.	공감하고 대화하는 방법을 익히고, 생활 속에서 갈등을 평화롭게 해결하고자 노력한다.	공감하고 대화하는 방법을 익히고, 생활 속에서 갈등을 평화롭게 해결하는 것을 어려워한다.	자기평가 관찰평가

[미술]

단 원	3. 이미지로 소통하는 세상	학년	5
교육과정 성취기준	[6미01-03] 이미지가 나타내는 의미를 찾을 수 있다.	교육과정 핵심역량	창의적 사고 역량 심미적 감성 역량
학습주제	다양성 존중을 시각 이미지로 표현하기		
학습목표	다양성 존중이 필요함을 이해하고 이를 위한 홍보자료를 시각 이미지로 표현할 수 있다.		
학습 주안점	이 수업에서는 다양성 존중의 중요성을 시각 이미지로 재현하는 활동을 통해 다양성 존중의 개념을 구체적인 표현으로 드러냄으로써 학생들이 그 의미를 더 명확하게 이해하도록 지도한다. 이를 위해 시각 디자인의 특징을 살려 최대한 단순화시켜 표현하도록 지도하나 다양성 존중의 의미를 효과적으로 표현하는 것에 중점을 두도록 한다.		

다문화 시민성	다양성			관계성			보편성		
	인정	관용	수용	공감	소통	협력	반차별	반편견	세계 시민성
			○	○	○				○

학습단계	교수·학습 활동	※ 유의점 □ 학습자료

도입	◎ 동기 유발하기
	• '모두 살색입니다.' 공익광고 포스터 보여주기
	  T. 이 포스터에서 알리고자 하는 내용은 무엇인가요?
	  S. 모든 사람의 살색은 모두 다릅니다.
	  S. 살색은 흰색일 수도 있고 검정색일 수도 있습니다.
	• 〈모든 사람 2부 - 차별의 발견〉 동영상 보기
	  T. 영상 속 어린이들이 어떤 변화를 만들어냈나요?
	  T. 어린이들이 들고 있는 그림들은 무엇을 표현하였나요?
	◎ 학습목표 확인하기
	◎ 학습활동 안내
	〈활동1〉 다양성 존중 관련 포스터 알아보기
	〈활동2〉 시각 이미지 표현 방법 알아보기
	〈활동3〉 시각 이미지로 '다양성 존중' 표현하기
		□ 공익광고 포스터 〈모두 살색입니다〉, 한국방송광고진흥공사
		
		□ 동영상 〈모든 사람 2부 - 차별의 발견〉, EBS - 지식채널e

전개	◎ 〈활동1〉 다양성 존중 관련 포스터 알아보기
	• 다양한 포스터 살펴보기
	  T. 다양한 포스터를 보며 알리고자 하는 내용이 무엇인지 생각해봅시다.
	  - 여성 차별 포스터 제시
	  - 아동 인권 포스터 제시
	  - 장애인 차별 포스터 제시
	  - 인종 차별 포스터 제시
	• 다양한 포스터를 보며 표현된 내용을 생각해보기
	  S. 여성을 차별하면 안 된다는 내용을 표현한 것 같습니다.
	  S. 장애인을 차별하면 안 된다는 내용을 표현한 것 같습니다.
	  S. 피부색이 달라도 모두 같은 사람이므로 인종차별을 하면 안 된다는 것을 표현한 것 같습니다.
	  S. 다름을 인정하자는 것을 표현한 것 같습니다.
	
	◎ 〈활동2〉 시각 이미지 표현 방법 알아보기
	• 시각 이미지로 알리고 싶은 내용을 구상해보기
	  - 표현하고 싶은 주제를 생각해본다.
	  - 내용에 어울리는 이미지와 문구를 생각해본다.
	  - 이미지를 단순화 하고 어울리는 색을 생각해본다.
	  - 내용에 어울리는 이미지와 문구를 구상한다.
	  - 최대한 단순하게 주제를 표현할 수 있도록 구상하고 어울리는 색을 결정한다.
	
	◎ 〈활동3〉 시각 이미지로 '다양성 존중' 표현하기
	• 다양성 존중에 대한 시각 이미지 구상하기
	  - 〈활동2〉에서 배운 것을 바탕으로 다양성 존중에 대한 시각 이미지를 구체적으로 구상한다.
	• 다양성 존중을 시각 이미지로 표현하기
	  - 구상한 내용으로 밑그림을 그려본다.
	  - 색의 어울림을 생각하며 채색한다.
	  - 구상한 내용을 생각하며 밑그림을 그린다.
	  - 강조해야 하는 부분과 색의 어울림을 생각하며 채색한다.
		□ 다양성 존중과 관련한 포스터
		
		※ 주제를 효과적으로 표현한 부분을 발견할 수 있도록 한다.
		
		□ 도화지, 채색 도구
		
		※ 시각 디자인의 특징을 살려 최대한 단순화시켜 표현하도록 지도하되 다양성 존중의 의미를 효과적으로 표현하는 것에 중점을 두도록 한다.

정리	◎ 학습 내용 정리 • 서로의 작품을 감상하며 이야기를 나누어 본다. ◎ 차시 예고	

[사회]

단 원	2. 우리나라의 경제 발전	학년	6
교육과정 성취기준	[6사06-06] 다양한 경제 교류 사례를 통해 우리나라 경제가 다른 나라와 상호 의존 및 경쟁 관계에 있음을 파악한다.	교육과정 핵심역량	공동체 역량
학습주제	공정무역 상품		
학습목표	세계 시민의 관점에서 상생을 위한 공정무역의 의미와 그 필요성을 알 수 있다.		
학습 주안점	이 수업에서는 게임을 통해 학생들이 불공정의 문제를 깨달을 수 있도록 지도한다. 특히 공정무역 제품 실물을 사용하여 학생들이 공정무역에 대한 막연한 상상보다는 우리 주변에 실재감을 느낄 수 있도록 지도한다.		

다문화 시민성	다양성			관계성			보편성		
	인정	관용	수용	공감	소통	협력	반차별	반편견	세계 시민성
	○				○				○

학습단계	교수·학습 활동	※ 유의점 □ 학습자료
도입	◎ 동기 유발하기 • 두 종류의 초콜릿 보여주기 　T. 두 초콜릿 사이에는 어떤 차이점들이 있습니까? 　T. 비싼 초콜릿은 비싼 이유가 무엇일 것 같습니까? 　T. 여러분은 어떤 초콜릿을 먹겠습니까? 그리고 그 이유는 무엇입니까? ◎ 학습목표 확인하기 ◎ 학습활동 안내 〈활동1〉 무역의 실태 알아보기 〈활동2〉 공정무역의 의미와 필요성 알아보기 〈활동3〉 공정무역 지지하기	□ 공정무역 초콜릿과 일반 초콜릿을 준비 ※ 실물을 사용하여 학생들의 흥미를 높인다.
전개	◎ 〈활동1〉 무역의 실태 알아보기 • 바나나 판매 과정에서 역할자들 적정 이윤 남기기 　T. 지금부터 바나나 게임을 해보도록 하겠습니다. 바나나를 키우고 마트에서 판매하기까지의 과정 중 한 역할을 맡아 각각의 역할을 하는 사람들이 바나나 최종 가격 중 얼마만큼을 가져가야 할지 생각하여 말해봅시다.	□ 수업 활동지 ※ 모둠별로 활동하여 의견을 정리하고 모둠별로 책정한 금액을 비교해본다.

전개	농부/ 농장 주인/ 선박 업자/ 수입 업자/ 마트 주인 (이 과정에서 학생들은 다양한 거래 관련자들이 가져가야 할 이윤을 상대적으로 평가하여 금액을 제시하게 한다. 다만 전체 총액은 4400원으로 한다.) • 실제 무역의 실태 알아보기 T. 여러분의 게임과 달리 실제는 이렇습니다. 농부는 100원을 받아갑니다. 농부가 받는 돈을 보면 어떤 생각이 듭니까? T. 왜 농부가 받는 돈이 이렇게 적게 됐을 것 같습니까? ◎ 〈활동2〉 공정무역의 의미와 필요성 알아보기 • 공정무역 알아보기 T. 그렇다면 농부에게 조금 더 많은 돈이 가게 하려면 어떻게 해야 하겠습니까? S. 판매하기까지의 과정을 줄입니다. S. 농장 주인이 농부에게 돈을 더 주도록 합니다. T. 여러분이 말한 것들을 실행하는 것을 공정무역이라고 합니다. 동영상으로 살펴보도록 합시다. T. 공정무역의 특징에 대해 이야기해 봅시다. S. 농부에게 정당한 대가를 지불합니다. S. 중간 단계를 줄입니다. S. 상품의 최종 가격이 너무 높아지지 않도록 노력합니다. S. 생산에 참여하는 아이들이 있는지 확인하여 이들을 보호하려 노력하기도 합니다. ◎ 〈활동3〉 공정무역 지지하기 • 공정무역 지지하는 글 작성하기 T. 공정무역이 필요한 이유에 대하여 다시 한 번 정리해봅시다. T. 공정무역이 필요한 이유에 대해 생각하며 사람들에게 공정무역에 대해 알릴 수 있도록 공정무역을 지지하는 글을 써봅시다. T. 공정무역을 지지하는 글을 쓰고 발표해봅니다.	※ 게임 정리 과정에서 자연스럽게 불공정을 인식하도록 한다. ※ 공정무역의 개념을 간단히 설명한다.(공정무역 : 개발도상국 생산자의 경제적 자립과 지속 가능한 발전을 위해 생산자에게 보다 유리한 무역조건을 제공하는 무역의 형태) □ 동영상 〈착한 초콜릿〉, EBS – 지식채널e ※ 불공정을 해소하기 위한 방안들을 생각해보도록 하고 이를 바탕으로 공정무역을 소개한다. ※ 공정무역에 대한 글을 쓰며 필요성을 다시금 느끼도록 한다.
정리	◎ 학습 내용 정리 – 공정무역과 관련하여 배운 점에 대하여 이야기해 본다. ◎ 차시 예고	

평가	평가 기준			평가방법
	상	중	하	
	공정무역의 의미와 필요성에 대해서 정확하게 표현한다.	공정무역의 의미와 필요성에 대해서 표현하려고 노력한다.	공정무역의 의미와 필요성에 대해서 표현하기 위해서 노력이 필요하다.	관찰평가

바. 6학년

[도덕 1]

단 원	2. 통일 한국의 미래와 지구촌의 평화				학년		6	
교육과정 성취기준	[6사08-03] 지구촌의 평화와 발전을 위협하는 다양한 갈등 사례를 조사하고 그 해결 방안을 탐색한다.				교육과정 핵심역량		의사소통 역량 창의적 사고 역량	
학습주제	지구촌 갈등 평화롭게 해결하기							
학습목표	미래 세대를 위해 지구촌 갈등을 평화롭게 해결하는 방법을 토의할 수 있다.							
학습 주안점	이 수업에서는 지구촌 갈등이 다양하게 나타나는 이유와 잘 해결되지 않는 까닭을 여러 방향에서 생각해보고 평화를 지키며 지구촌이 함께 발전을 이루기 위해 어떻게 해야 할지 미래세대인 학생들 스스로 고민하여 해결 방안을 모색해보도록 지도한다.							
다문화 시민성	다양성			관계성			보편성	
	인정	관용	수용	공감	소통	협력	반차별	반편견	세계시민성
	○					○			○
학습단계	교수·학습 활동					※ 유의점 □ 학습자료		

도입	◎ 동기 유발하기
	• 코로나19 문제 관련 국가 협력 사례 보기
	  - 사진은 어떤 활동을 하고 있는 모습인가요?
	  - 국가 간 협력 및 상호연대성의 중요성 이해하기
	  - 평화와 발전을 위해 노력하는 지구촌의 모습과 모두가 행복한 지구촌 상상하기
	
	◎ 학습목표 확인하기
	◎ 학습활동 안내
	〈활동1〉 지구촌에서의 갈등과 평화의 의미 생각해 보기
	〈활동2〉 지구촌 평화 유지 방법 토의하기
	〈활동3〉 지구촌 평화로 오행시 짓기
		□ 코로나19 국제 협력 관련 신문 기사, 사진 자료
		
		※ 코로나19와 관련한 국제 사회의 협력과 갈등에 대하여 이야기하면서 지구촌이 서로 연계되어 있음을 알아가도록 한다.

전개	◎ 〈활동1〉 지구촌에서의 갈등과 평화의 의미 생각해 보기
	• 갈등과 평화에 대하여 연상되는 단어 5개씩 생각하기
	  - 자신이 평소 생각하는 지구촌에서의 갈등과 평화 하면 떠오르는 단어, 상황, 사건 등을 포스트잇에 써서 공유한다.
	  - 학생들이 제시한 갈등과 평화에 대한 생각들을 함께 살펴본다.
	• 모둠별로 갈등과 평화에 대한 마인드 맵 만들기
	  - 각자 생각하는 단어를 연결하여 마인드 맵을 모둠별로 만들어본다.
	  - 마인드 맵을 보고 평화의 필요성에 대한 소감을 나눈다.
	
	◎ 〈활동2〉 지구촌 평화 유지 방법 토의하기
	• 지구촌 갈등 해결이 어려운 원인 찾기
	  - 지구촌 갈등 문제는 왜 쉽게 해결되지 않을까요?
	  - 지구촌에서 평화가 계속 유지되기 어려운 까닭을 친구들과 이야기 나눈다. 교사가 추가로 설명하여 개별 국가들이 자기 나라의 이익을 추구하면서 나라 간 갈등 해결이 쉽지 않으며, 이로 인해 해당 나라의 국민들 간에도 갈등이 심해지는 점을 정리한다.
	• 지구촌 평화를 유지하는 방법 생각하기
	  - 빈 종이에 떠오르는 의견을 자유롭게 적고 그 의견에 대한 생각을 다음 번호 친구가 적는다.(생각 이어쓰기)
	  - 지구촌 갈등이 쉽게 해결되지 않는 까닭과 연관지어 생각해 본다.
		□ 수업 활동지
		
		※ 갈등을 연상하는 단어로 특정 집단이나 인물과 관련한 사건 등을 생각하지 않도록 지도한다.

제4장 다문화 시민교육의 방법   **195**

전개	– 친구가 생각한 방법의 좋은 점이나 문제점을 찾아본다. – 모둠의 해결책을 정리한다. ◎ 〈활동3〉 '지구촌 평화'로 오행시 짓기 • '지구촌 평화'로 평화를 염원하는 오행시 짓기 – 〈활동2〉 토의 내용을 바탕으로 지구촌 평화를 염원하는 오행시를 각자 짓도록 한다. • '지구촌 평화' 오행시 발표하기	
정리	◎ 학습 내용 정리 • 〈Heartbeat, a song for Syria〉 감상하기 – 내전 중인 시리아, 전쟁터의 한복판에서 어린이들이 부르는 노래 듣기 – 가사에 담긴 의미 생각해보기 – 행복한 지구촌을 위해 노력하겠다는 마음 갖기 – 지구촌 갈등 해결이 어려운 까닭과 그 해결 방법을 생각해보며 무엇보다 지속적인 관심을 갖는 것이 중요하다는 것을 이해하기 ◎ 차시 예고	☐ 동영상 〈Heartbeat, a song for Syria〉, UNICEF ※ 모둠의 해결책을 정리하며 지구촌 평화를 지켜야 할 까닭을 내면화하고, 스스로 지키고자 하는 의지를 다질 수 있도록 한다.

	평가 기준			평가방법
	상	중	하	
평가	지구촌 평화의 필요성이해를 바탕으로 평화 유지 방법에 대하여 자신의 의견을 명확하게 제시한다.	지구촌 평화의 필요성이해를 바탕으로 평화 유지 방법에 대하여 자신의 의견을 제시하려고 노력한다.	지구촌 평화의 필요성이해를 바탕으로 평화 유지 방법에 대하여 자신의 의견을 제시하려는 노력이 필요하다.	관찰평가 오행시 평가

[도덕 2]

단 원	4. 공정한 생활	학년	6
교육과정 성취기준	[6도03-02] 공정함의 의미와 공정한 사회의 필요성을 이해하고, 일상생활에서 공정하게 생활하려는 실천 의지를 기른다.	교육과정 핵심역량	공동체 역량 의사소통 역량
학습주제	공정함을 생활 속에서 실천하기		
학습목표	공정함의 의미를 편견 및 차별 등과 연관하여 이해하고, 이를 생활 속에서 실천할 수 있다.		
학습 주안점	이 수업에서는 편견 및 차별에 담겨 있는 문제점을 공정함이라는 개념으로 바라보게 하여 학생들이 일상에서 편견과 차별을 반대하고 공정함을 추구하는 삶을 살 수 있도록 학습하는 것에 초점을 둔다. 이 과정에서는 일상적 사례를 바탕으로 공정의 의미를 이해할 수 있도록 관련 사례를 찾아서 제시한다.		

다문화 시민성	다양성			관계성			보편성		
	인정	관용	수용	공감	소통	협력	반차별	반편견	세계 시민성
	○						○	○	

학습단계	교수·학습 활동	※ 유의점 □ 학습자료
도입	◎ 동기 유발하기 • 불평등에 관한 원숭이 실험 동영상을 시청하기 　T. 불평등에 관한 원숭이 실험 동영상 시청하고 느낀 점을 발표해 봅시다. 　S. 똑같은 대우를 받지 못하면 현재 상황에 만족하지 못합니다. 　S. 공정하지 못한 상황으로 인하여 한 원숭이가 차별받는다고 느끼고 있습니다. 　T. 원숭이처럼 우리도 차별 등으로 화가 나는 상황이 있을 것입니다. 오늘은 이러한 상황에 어떻게 해야 할 지에 대하여 같이 생각해봅시다. ◎ 학습목표 확인하기 ◎ 학습활동 안내 　〈활동1〉 공정한 생활에 필요한 원리 알기 　〈활동2〉 차별과 편견의 상황에서 해결 방안 찾아보기 　〈활동3〉 공정함을 실천하는 역할 놀이하기	□ 불평등에 관한 원숭이 　실험 동영상

제4장 다문화 시민교육의 방법

전개	◎ 〈활동1〉 공정한 생활에 필요한 원리 알기 • 공정한 생활에 필요한 다섯 가지 원리 알기 　T. 공정한 생활에 필요한 원리에는 어떤 것들이 있나요? 　S. 다른 사람 존중하기, 상대방의 입장에서 생각하기, 모든 사람이 자신의 정당한 몫을 받기, 판단하기 전에 열린 자세로 모든 이야기를 경청하기, 사회적 약자나 부당한 대우를 받는 사람을 보호하기 등이 있습니다. 　T. 이러한 다섯 가지 원리를 구체적으로 실천하기 위해서 어떻게 행동해야 하는지 토의해 봅시다. 　T. 이런 다섯 가지 원리를 실천하기 위해서 우리가 가져서는 안 되는 태도에 대하여 생각해봅시다. 　- 이 때 편견과 고정관념, 차별 등이 문제가 됨을 정리한다. ◎ 〈활동2〉 차별과 편견의 상황에서 해결 방안 찾아보기 • 역할놀이 카드 살펴보기 　T. 주어진 카드에는 공정한 생활을 위해 필요한 다섯 가지 원리가 적용될 수 있는 차별과 편견의 상황들이 나와 있습니다. 어떤 원리를 적용하면 좋을지 토의를 통해 결정하여 봅시다. • 카드 속의 상황을 보고 공정함을 적용한 역할놀이 대본 만들기 　T. 토의를 통해 결정된 차별과 편견의 상황과 공정함을 위해 필요한 원리를 이용하여 역할 놀이 대본을 만들어봅시다. ◎ 〈활동3〉 공정함을 실천하는 역할 놀이하기 • 역할놀이 재현하기 　T. 차별과 편견의 상황을 먼저 제시하고, 이를 공정하게 해결하는 역할 놀이를 시작해 봅시다. 　T. 역할 놀이를 하는 친구들은 공정함을 어떻게 실천하는지에 중점을 두고 역할 놀이를 하도록 합니다. • 역할놀이에 대하여 토의하기 　T. 역할 놀이를 보는 친구들은 나라면 어떻게 말하고 행동하였을지 생각하면서 더 나은 생각을 제시해 봅시다.	※ 〈활동1〉을 정리하면서 편견과 고정관념, 차별 등이 문제가 됨을 강조한다. □ 학습지, 역할 놀이 카드 ※ 역할놀이를 잘하는 것을 강조하는 것이 아니라 공정함 가치를 잘 적용하여 역할 놀이를 하도록 안내한다.

정리	◎ 학습 내용 정리 　T. 역할 놀이를 해 본 소감과 역할 놀이를 하는 친구들의 모습을 보면서 궁금했던 점이나 느낀 점을 말해봅시다. 　S. 생활 속에서 공정함이 꼭 필요하다고 느꼈고, 차별과 편견을 없애기 위해 나 먼저 노력해야겠다고 생각했습니다. ◎ 차시 예고	

2. 제주 지역화 교과서 매개 다문화 시민교육

2015개정 사회과 교육과정을 반영한 제주 지역 초등학교 3학년 사회과 지역화 교과서인 『살기 좋은 우리 고장 제주시』와 『살기 좋은 우리 고장 서귀포시』를 매개로 다문화 시민교육 수업 방향을 제시하고자 한다.

가. 삼성 신화

1) 다문화 시민성 분석

『살기 좋은 우리 고장 제주시』 1학기 2단원 우리가 알아보는 고장 이야기 ①우리 고장의 옛이야기 27쪽에는 다음 [그림 1]과 같이 삼성신화에 대해 나와 있다. 교과서의 한 쪽 지면에 고·양·부씨의 세 시조가 살 곳을 정하기 위해 활을 쏘는 삽화가 크게 나와 있고 삼성신화에 대한 글과 삼사석 사진이 제시되어 있다. 삼성신화는 제주의 고·양·부씨 시조 신화이면서 동시에 탐라 개국 신화이기도 하기에 세 성을 가진 사람뿐만 아니라 제주에 살고 있거나 제주와 신화에 관심이 있는 다른 지역의 사람들이 눈여겨 볼만한 소재이다. 하지만 기술된 내용이 삼성 신화를 통해 지역 정체성을 간단히 보여주는 데 그칠 뿐, 다문화 시민성과 관련하여 세 성씨가 보여준 외부인에 대한 개방적 수용 자세, 그리고 내부 갈등을 평화롭게 대처하는 공존의 지혜를 부각시키지 못한 아쉬움을 남긴다.

[그림 1] 『살기 좋은 우리 고장 제주시』 27쪽

2) 수업 방향

다문화 시민성의 요소를 아래와 같이 강조하는 것이 삼성신화 안에 깃든 지역 정체성 형성을 뛰어넘어 오늘날 제주 지역사회가 당면한 제2공항 건설 등의 갈등을 해소하고 제주 사회의 미래비전을 합의하는 데도 시사점을 준다.

"고·양·부씨의 세 시조가 바다를 건너 온 벽랑국 세 공주를 맞아 혼인한 것은 다른 지역에서 온 사람들을 마음을 열고 받아들인 것을 뜻한다. 또, 생활의 터전을 정할 때 활을 쏘아서 정하고 그 전이나 이후에도 서로 전쟁을 하거나 지배를 하지 않았다는 것은 이해집단 간 갈등을 평화적으로 해결했음을 보여준다."

나. 제주 해녀의 노동

1) 다문화 시민성 분석

『살기 좋은 우리 고장 제주시』 1학기 2단원 우리가 알아보는 고장 이야기 ①우리 고장의 옛이야기 31~35쪽과 『살기 좋은 우리 고장 서귀포시』 1학기 2단원 우리가 알아보는 고장 이야기 ①우리 고장의 옛이야기 31, 36쪽에는 다음 [그림 2]와 [그림 3], [그림 4]와 같이 해녀를 기술하고 있다.

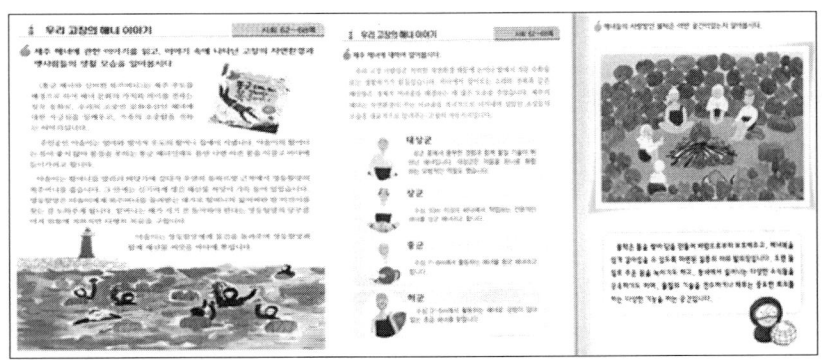

[그림 2] 『살기 좋은 우리 고장 제주시』 31~33쪽

두 교과서에는 총 7쪽에 걸쳐 해녀를 주제로 한 창작동화 또는 옛 이야기를 시작으로 해녀의 위계, 옷과 도구, 불턱을 언급하며 해녀에 대해 서술하고 있다. 그러나 해녀의 삶의 태도에 관한 것은 "자연환경이 주는 어려움을 적극적으로 이겨내며 살았던 조상들의 모습"이라거나 "끈질긴 생명력과 강인한 개척정신으로 제주 경제의 주역을 담당했고 전국 최대 규

모의 항일운동을 거행"했다는 소개가 전부이다. 제주 해녀의 인내심, 개척 정신과 정의감의 가치를 잘 드러냈지만, 본래 해녀의 노동에 담겨있는 지속가능한 공동체 의식, 자연과의 공존의식 등은 소홀히 취급하였다.

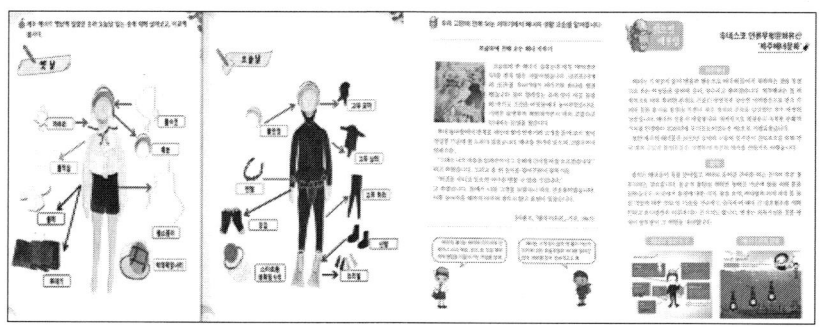

[그림 3] 『살기 좋은 우리 고장 제주시』 34~35쪽
[그림 4] 『살기 좋은 우리 고장 서귀포시』 31, 36쪽

2) 수업 방향

다문화 시민성으로서 제주 해녀의 노동에 담긴 지속가능한 생활양식의 가치를 다음 설명을 참고하여 지도할 수 있다.

"해녀의 삶에는 갖은 어려움을 버티어 온 선조들의 강한 인내심이 녹아 있다. 해녀는 물질의 전 과정에서 개인의 이익을 넘어서서 공동체의식을 보여준다. 불턱에서 해녀복을 갈아 입을 때 서로 도와주기, 초보와 고령의 해녀에게 수확물을 나눠주고, 물질이 쉬운 바다 배정하기 등 사회적 약자를 배려하고 나누는 정신을 보여 준다. 또, 금어기를 정하고, 무산소 물질을 통해 해산물 채취를 제한함으로써 지역자원의 활용을 절제하고 자연 및 다음 세대와 상생하는 모습을 드러내었다."

해녀 노동이 지닌 인내심, 공동체의식, 자연환경과의 공존의 자세는 오늘날 어린 학생들에게 육체노동의 가치를 공동체적 관점에서 가르치고 환경보존의 지혜를 전수하는 데 도움이 될 것이다.

다. 제주의 민요

1) 다문화 시민성 분석

『살기 좋은 우리 고장 제주시』 1학기 2단원 우리가 알아보는 고장 이야기 ①우리 고장의 옛이야기 39쪽에는 다음 그림과 같이 민요에 대해 나와 있다.

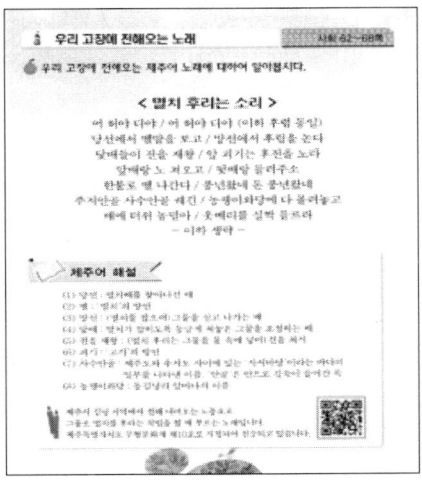

[그림 5] 『살기 좋은 우리 고장 제주시』 39쪽

교과서에는 '멸치 후리는 소리'의 가사와 제주어 낱말 해설을 수록하고 "제주시 김녕 지역에서 전해 오는 노동요로 그물로 멸치를 후리는 작업을 할 때 부르는 노래"이자 "제주특별자치도 무형문화재 제10호로 지정되어 전승되고 있다"고 소개하고 있다. 제주의 여러 민요 중 '멸치 후리는 소리'를 사회과 지역화 교과서 내용으로 선정한 이유가 섬이라는 제주의 특성을 반영했기 때문이라 추측한다. 하지만, '멸치 후리는 소리'를 전래된 제주어 노래로 소개할 뿐, 제주 전통 어업인들의 민요에 녹아있는 다문화 시민성을 부각시키지 못한 점이 있다.

2) 수업 방향

'멸치 후리는 소리'대신 해녀들이 배를 타고 물질을 하러 갈 때 짝을 나누어 메기고 받아 부르던 민요인 '해녀 노 젓는 소리'를 다음과 같이 선정하여, 제주어 해설, 민요에 내재된 다문화 시민성을 드러낼 필요가 있다.

> 이여도 사나/ 이여도 사나/ 이여도 사나 잇
> 이물에랑 이사공아/ 고물에는 고사공아
> 물 때 점점 늦어나 진다
> 이여도 사나 잇
> 요네 상착 부러나지면/ 할룩산에 곧은 목이 없을소냐
> 이여도 사나 이여도 사나
> …
> 흔착 손에 테왁을 심엉/ 흔착 손에 빗창을 심엉
> 흔질 두질 들어가니/ 전복을 딸까 구쟁길 딸까
> 이여도 사나 이여도 사나(디지털제주시문화대전 홈페이지, 2020).

"'해녀 노 젓는 소리'에는 노동의 어려움이나 일상생활에서의 바람뿐만 아니라 해녀들이 노를 젓는 노동의 과정에서 함께 힘을 내자는 협동과 성

실의 생활 태도가 녹아있다. 이어도는 옛사람들에게 낙원이자 이상향인 곳으로서 '이여도 사나'라는 가사의 반복은 현실의 힘듦을 딛고 대안경제에 대한 희망을 나타낸다."

해녀들의 토착 민요를 통해 제주지역 학생들은 신자유주의적 경쟁구조 속에서 협동의 가치를 발견하고 사회적 약자들 간의 연대정신을 습득하며 미래사회의 공동체적 비전을 꿈꾸는 데 도움을 받을 수 있을 것이다.

라. 제주의 속담

1) 다문화 시민성 분석

『살기 좋은 우리 고장 제주시』 1학기 2단원 우리가 알아보는 고장 이야기 ①우리 고장의 옛이야기 37~38쪽과 『살기 좋은 우리 고장 서귀포시』 1학기 2단원 우리가 알아보는 고장 이야기 ①우리 고장의 옛이야기 30쪽에는 다음 그림과 같이 속담에 대해 나와 있다.

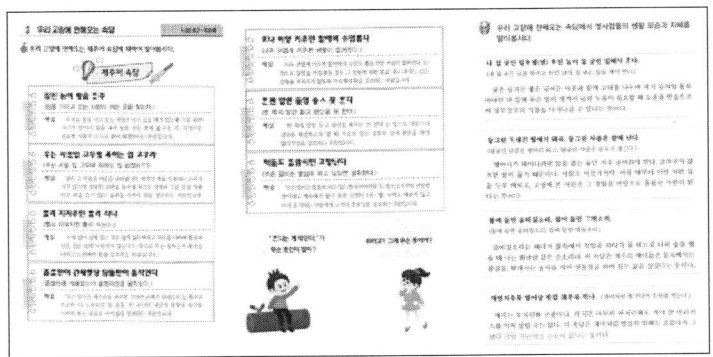

[그림 6] 『살기 좋은 우리 고장 제주시』 37~38쪽
[그림 7] 『살기 좋은 우리 고장 서귀포시』 30쪽

두 교과서에는 총 3쪽에 걸쳐 속담을 제주어로 나타내고 괄호 안에 표준어로 옮겨 적은 다음, 하단에 속담의 뜻과 해설을 서술하는 동일한 형식을 취하고 있다. 『살기 좋은 우리 고장 제주시』의 속담 4개는 각각 자주, 훈육, 공정, 언어습관의 가치를 갖고 있고 3개는 노력의 중요성을 품고 있다. 『살기 좋은 우리 고장 서귀포시』의 속담 4개는 각각 상부상조, 경험, 근면, 절약의 덕목을 담고 있다. 속담이라는 제재를 통해 예로부터 내려오는 삶의 지혜를 드러냈다는 것이 고무적이나 노력이라는 한 가지 덕목이 세 개의 속담에 중첩되면서 공생이나 더디지만 과시하지 않아도 충만한 삶 등의 가치를 부각시킬 수 있는 기회를 놓친 아쉬움이 있다.

2) 수업 방향

제주어 속담을 다룰 때 사회적 경제, 공유경제, 슬로우 푸드 등 오늘날 제주사회 현실에서 다양하게 논의되고 있는 다문화 시민성을 고려하는 것도 필요하다. 노력에 대한 속담을 줄이고 다음 두 가지 사례처럼 공유와 공생, 더디지만 과시하지 않아도 충만한 삶을 드러내는 속담을 추가하여 제시할 필요가 있다.

"낭은 돌 의(으)지, 돌은 낭 의(으)지(나무는 돌 의지, 돌은 나무 의지): 나무와 돌이 각자 존재하는 데 방해가 되는 것처럼 보일 수도 있으나 실제로는 서로를 보호하여 나무가 잘 자라도록 받쳐 주거나 돌이 굴러 떨어지지 않도록 지지해주는 역할을 한다는 뜻이다. 다른 존재와의 공존과 공생, 어울림을 강조하는 속담이다.

뜬 쉐 울 넘나(느린 소 울타리 넘는다.): 동작이 느린 소는 무뎌서 울타리도 넘지 못하고 굼뜰 것이라고만 여길 수 있으나, 오히려 큰 장애물에 부딪쳤을 때 서두르기보다 더디지만 자신의 힘과 처지에 맞게 묵묵히 걸어

가는 충만한 삶이 보다 현명한 길임을 드러내는 속담이다."

마. 제주의 전통적 의식주 생활

1) 다문화 시민성 분석

『살기 좋은 우리 고장 제주시』 2학기 1단원 환경에 따라 다른 삶의 모습 ②환경에 따른 의식주 생활모습 72~75쪽과 '살기 좋은 우리 고장 서귀포시' 2학기 1단원 환경에 따라 다른 삶의 모습 ②환경에 따른 의식주 생활모습 70~73쪽에는 다음 그림과 같이 제주의 전통적인 의식주에 대해 나와 있다.

두 교과서에는 총 8쪽에 걸쳐 갈옷의 개념과 만드는 과정, 음식들의 재료와 쓰임과 만드는 법, 초가집 내·외부 구조와 주변 공간에 대한 사진과 글이 실렸고, 옛 우리 고장 사람들의 의식주에 대해 설명하고 있다. 많은 지면을 할애했음에도 불구하고, 옛 사람들의 의식주 생활에 서려있는 다문화 시민성에 대한 서술이 전반적으로 부족하다.

갈옷에 대해 『살기 좋은 우리 고장 서귀포시』에서는 "통풍이 잘 되어 시원하고 땀이 차지 않아 우리 고장의 조상들이 일을 할 때 많이 입었다"고 서술했지만, 『살기 좋은 우리 고장 제주시』에서는 지식과 정보만 전달할 뿐 갈옷에 내재된 사람들의 의식에 대한 어떤 언급도 없다.

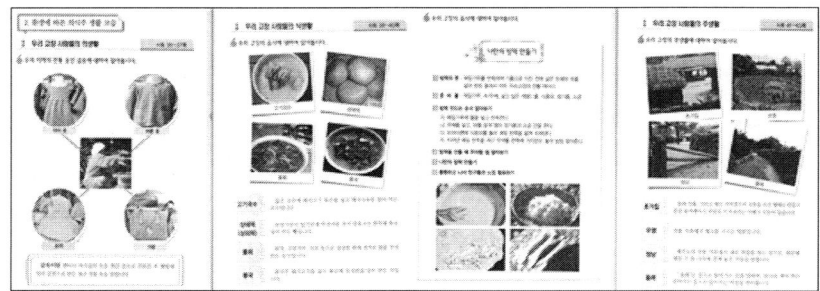

[그림 8] 『살기 좋은 우리 고장 제주시』 72~75쪽

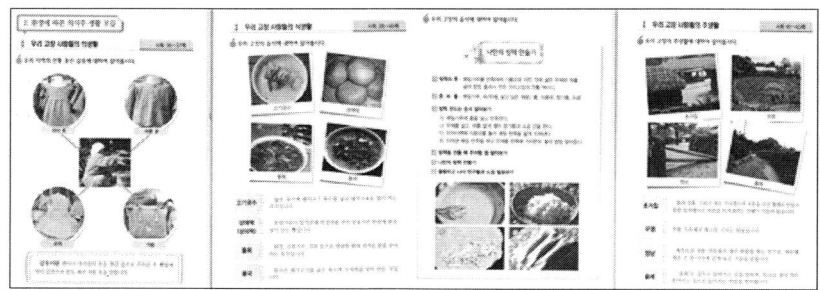

[그림 9] 『살기 좋은 우리 고장 서귀포시』 70~73쪽

음식의 경우, 『살기 좋은 우리 고장 서귀포시』에는 "우리 고장은 사면이 바다로 둘러싸여 있어서 어류와 해산물을 이용한 음식이 많았고 척박한 땅에서 생산된 잡곡류로 만든 음식이 많았다"는 글과 "우리 고장 사람들이 즐겨먹는 음식을 좀 더 살펴보고 자연환경과 관련지어 이야기해 봅시다."라는 안내가 있어서 학생들이 음식 종류만이 아니라 음식과 자연환경과의 관계에 대해 생각해 보고 의견을 나누도록 하였다. 반면에 『살기 좋은 우리 고장 제주시』에는 '나만의 빙떡 만들기'를 통해 학생들이 직접 체험해 보도록 하였으나, 고기국수, 상애떡, 물회, 몸국에 대한 언급은 사진을 보여주고 만드는 방법을 한 문장으로 간단히 소개할 뿐 사람들의 삶에

대한 태도가 음식을 통해 드러남을 언급하지 않았다.

주거 및 생활공간에 대해서 『살기 좋은 우리 고장 제주시』에는 초가집, 우영, 정낭, 올레의 각 사진과 설명이 드러나 있다. 초가집은 "돌과 진흙, 그리고 새로 지어졌으며 지붕을 곡선 형태로 만들고 꽁꽁 동여매어서 바람을 이겨내려는 지혜가 깃들어 있습니다."올레는 "집으로 들어가는 길을 말하며, 돌담을 쌓아 만든 울타리는 집으로 들이치는 바람을 막아줍니다"라고 설명하고 있다. 『살기 좋은 우리 고장 서귀포시』에는 "자연환경에 따라 다르게 나타나는 우리 지역의 주생활 모습을 알아봅시다."라는 안내글과 "우리 고장의 초가집은 바람을 막기 위해 돌담과 새를 이용하여 짓습니다."라는 문장이 있다. 올레, 굴묵, 정지, 풍채, 우영, 장항굽이 무엇인지에 대한 설명 중, 풍채에 대해서는 "처마를 아래쪽으로 내달아 평소에는 그늘을 만들고, 비바람이 불면 끝을 조금 내려 비가 들이치는 것을 막았습니다."라고 밝히고 있다. 초가집의 재료와 형태, 돌담과 풍채의 기능이 비바람을 막고 그늘을 만드는 등의 서술이 있으나, 그러한 건축방식에 깃든 사람들의 다문화 시민성에 대한 언급은 없다.

2) 수업 방향

갈옷에 대해서는 다음과 같은 추가 서술로 학생들에게 제주의 물과 바다를 오염시키지 않는 생활태도, 제주 전통의복의 미학적, 실용적 가치를 전수할 수 있을 것이다.

"갈옷은 자연을 훼손하지 않는 천연염색으로 만들어진다. 천연염색으로 갈옷은 쉽게 더러움을 타지 않고 질긴 실용성을 지닌다. 또한, 많은 사람들은 갈옷을 함께 만드는 과정에서 유대와 협동의 가치를 보여준다."

음식에 관한 서술도 옛 음식들을 소개하는 것에 그치지 않고, 음식 낭

비와 생태계의 훼손이 심각한 오늘의 현실 속에서 선조들은 오랫동안 자연과의 관계 안에서 자연자원을 충분히 활용하면서도 자연자원을 훼손하지 않는 지혜를 발휘했음을 학생들이 이해하도록 도와야 한다.

"제주의 선조들은 토지의 특성 상 좀처럼 재배하기 힘든 쌀이나 쇠고기 등을 다른 지방에서 비싼 가격에 사다가 먹지 않고, 제주 지역 환경에서 비교적 쉽게 구할 수 있는 메밀, 모자반, 자리돔, 돼지고기 등을 이용하여 적절한 요리법과 저장법으로 건강하고 검소한 삶을 누려온 것이다."

주거 및 생활공간에 관한 부분도 우리 고장의 옛 집 구조를 소개하는 것에 머무르는 것이 아니라, 우리 고장만의 주거 공간에 배여 있는 친환경적 건축의 지혜를 기술하여 학생들이 미래사회의 주거환경을 생각할 수 있는 기회를 제공해야 한다.

"초가집에는 바람이라는 자연에 대한 적응, 새(茅), 나무, 흙, 돌 등 지역 자원을 건축 재료로 이용한 환경과의 조화, 건축 과정에서 마을 사람들과 힘을 합한 협동과 공동체 의식, 안거리와 밖거리라는 세대별 공간 구분에 따른 자립과 공존 정신 등 제주 사람들이 중요하게 여겼던 지속가능한 생활양식의 가치가 스며있다."

바. 제주 토착민

1) 다문화 시민성 분석

『살기 좋은 우리 고장 제주시』1학기 2단원 우리가 알아보는 고장 이야기 ①우리 고장의 옛이야기 20~23쪽에는 다음 그림과 같이 김만덕에 대해 나와 있다. 교과서에는 총 4쪽에 걸쳐 '만덕로' 도로명에 관한 학생의 일기를 시작으로 김만덕의 제주도 구휼 일화, 김만덕의 초상화와 묘비,

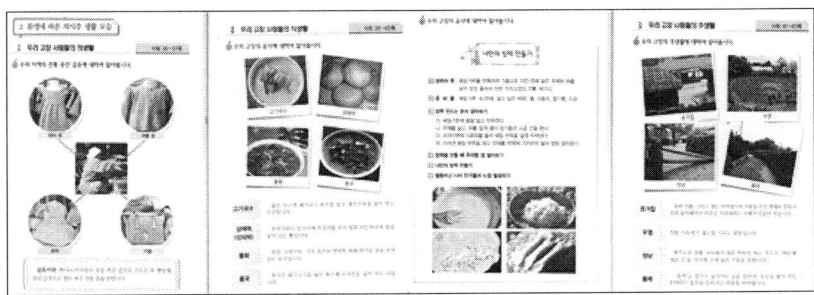

[그림 10] 『살기 좋은 우리 고장 제주시』 20~23쪽

제, 객주, 기념관, 나눔 콘서트 사진이 수록되어 있다. 그러나 "우리 고장 인물 김만덕의 나눔과 배려의 정신을 알아봅시다."라는 안내글에 합당한 김만덕의 나눔과 배려에 대한 언급은 일화를 통해 조선시대 부자인 김만덕이 곡식을 기부하여 제주 백성들의 목숨을 많이 구했다는 소개가 전부로서 다문화 시민성 관련 내용이 얕고 미흡하다.

2) 수업 방향

비교적 중요성이 덜한 "만덕로" 일기를 삭제하고 김만덕 관련 일화 속 삽화를 줄이는 대신 다음과 같이 검소와 나눔, 배려라는 다문화 시민성에 중점을 두어 김만덕에 대해 서술할 수 있다.

"김만덕은 막대한 부를 쌓았지만 '풍년에는 흉년을 생각해 절약하고, 편안하게 사는 사람은 고생하는 사람을 생각해 하늘의 은덕에 감사하며 검소하게 살아야한다.'는 생활철학을 늘 실천하며 이웃의 어려움을 외면하지 않았다(김만덕기념관 홈페이지, 2020). 김만덕은 단지 한 번의 커다란 기부를 한 것만이 아니라 제주의 조냥정신(절약정신)과 수눌음(서로 돕는 풍속)을 바탕으로 평소 검소와 나눔, 배려를 실천하는 삶을 살았다."

그리고 "내가 당시의 김만덕이라면 어떻게 하였을까?"라는 물음을 제시하고 자신의 생각을 글로 정리해 보도록 하면 학생들의 무관심이 만연한 사회현실 속에서 나눔과 배려의 정신에 대해 더욱 생각하고 체감할 수 있을 것이다. 또한 "나눔과 배려를 실천하는 방법으로서 자원봉사와 같은 인적 나눔, 현금이나 물품 기부와 같은 물적 나눔, 헌혈과 장기기증과 같은 생명 나눔 등이 있다."고 덧붙임으로써 학생들이 토착민의 나눔과 배려, 검소 등 다문화 시민성의 가치를 현재 자신의 실제적 삶과 연결 지을 수 있다.

참고문헌

국가평생교육진흥원(2020), 2020 교육(누리)과정 연계 다문화 교육 수업 도움자료 - 다문화감수성 제고를 위한 세계시민교육 교수학습 자료(초등 1~4학년).
국가평생교육진흥원(2020), 2020 교육(누리)과정 연계 다문화 교육 수업 도움자료 - 다문화감수성 제고를 위한 세계시민교육 교수학습 자료(초등 5~6학년).
교육부(2022), 초등학교 1학년 통합교과 지도서.
교육부(2022), 초등학교 2학년 국어 지도서.
교육부(2022), 초등학교 2학년 통합교과 지도서.
교육부(2022), 초등학교 3학년 과학 지도서.
교육부(2022), 초등학교 3학년 도덕 지도서.
교육부(2022), 초등학교 3학년 사회 지도서.
교육부(2022), 초등학교 3학년 체육 지도서.
교육부(2022), 초등학교 4학년 도덕 지도서.
교육부(2022), 초등학교 4학년 사회 지도서.
교육부(2022), 초등학교 5학년 국어 지도서.
교육부(2022), 초등학교 5학년 도덕 지도서.
교육부(2022), 초등학교 5학년 미술 지도서.
교육부(2022), 초등학교 5학년 사회 지도서.
교육부(2022), 초등학교 6학년 도덕 지도서.
문현식·김민호(2020), 초등학교 지역화 교과서에 선정된 토착지식의 재해석 - 제주 지역 초등학교 3학년 사회과 지역화 교과서를 중심으로, 초등교육연구, 33(2), 143-172.
서귀포시교육지원청(2018a), 살기 좋은 우리 고장 서귀포시, 서귀포시교육지원청.
서귀포시교육지원청(2018b), 2018학년도 장학자료 개발 계획-살기 좋은 우리 고장 서귀포시, 서귀포시교육지원청.
제주시교육지원청(2018a), 살기 좋은 우리 고장 제주시, 제주시교육지원청.
제주시교육지원청(2018b), 2018학년도 장학자료 개발 계획-살기 좋은 우리 고장 제주시, 제주시교육지원청.
김만덕기념관(2020),
    http://www.mandukmuseum.or.kr/index.php/contents/manduk/mind에서 2020.2.27.인출
디지털제주시문화대전(2020),
    http://jeju.grandculture.net/Contents?local=jeju&dataType=01&contents_id=GC00702596에서 2020.2.27.인출.

제5장

제주 시민단체
다문화 시민성교육

황석규

1. 제주 지역사회 기반 다문화 시민성교육
2. 제주 거주 외국인 변화 추이
3. 제주 노동시장 외국인근로자 필요성
4. 제주 시민단체 다문화 시민성교육 변화 모색
5. 결론 및 제언

제5장

제주 시민단체 다문화 시민성교육

황석규

1. 제주지역 시민단체 다문화 시민성교육 현황

제주 사회는 2000년 이래 외국인의 수가 계속해서 증가하고 있다. 특히 제주에 거주해야 하는 국제결혼이민자[1]와 그 자녀들에 대한 사회 및 생활 적응 문제가 제기되기 시작했고, 이에 제주 시민단체는 그들의 사회 및 생활 적응을 돕기 위한 다문화 시민성 교육프로그램을 도입하게 되었다. 하지만 20년 동안 진행된 제주 사회의 외국인 거주 상황의 변화에도 불구하고 다문화 시민성교육 대상은 현재까지도 국제결혼이민자와 그 자녀에 국한되어 실천되고 있다.

세계적으로 다문화 시민성교육이란 개념은 보편적이고 단일하게만 설명되지 않고, 이해하기가 어렵고, 오해를 불러올 개연성이 높다. 다문화

---

[1] 국제결혼이민자는 국제결혼이주여성에 한정하지 않고, 다양한 국가의 양성 국제결혼이민자를 포함한다.

시민성교육은 시민들이 "21세기에 생존을 위해 필요한 지식, 태도, 기능을 획득할 수 있도록 돕는"(Banks, 2009; 74) 실천행위로 정의된다. 다문화 시민성교육은 국제결혼이민자와 그 자녀가 대상임과 동시에 지역주민 모두에 해당하는 교육행위이다. 따라서 다문화 시민성교육은 외국 이주민과 그 가정구성원을 대상으로 하는 교육뿐만 아니라, 지역주민이 함께 배우고, 참여하고, 성찰하는 교육이다.

현재 제주 다문화 시민성교육은 공공기관, 시민단체 그리고 학교 교육에서 진행되고 있으나, 공공기관(읍면동 주민센터)은 국제결혼이민자(특히 국제결혼이주여성)를 대상으로 하며, 시민단체는 다문화 가정과 외국인 근로자를 대상으로 하고, 학교는 다문화 가정의 자녀와 전교생이 주요 대상이다. 공공부문은 국제결혼이민자에 한정된 사회생활 적응 교육, 시민단체는 책임성이 약하고 일회성의 다문화 시민성교육, 학교는 첫째, 다문화 가정 자녀 교육지원과 학업성취도 향상을 위한 다문화 교육 그리고 둘째, 전교생에 대한 다문화 친화 학교 조성 및 다문화 이해 교육을 담당하고 있다. 결국, 현재까지 제주 다문화 시민성교육은 국제결혼이민자의 사회적응 및 다문화 가정 자녀 교육지원을 중심으로 운영하며, 학교에서 전교생을 대상으로 하는 다문화 시민성교육이 운영되는 실정이다.

제주 사회의 다문화 현상은 계속해서 외국 이주민 인구와 제도에 급속한 변화를 진행시키고 있다. 가까운 미래 제주 사회에는 전문직 외국인 근로자의 수가 증가할 추세를 보인다. 비전문직 외국인 근로자는 계약된 일정 기간의 근로를 마치면 본국으로 귀국해야 하며, 가족을 동반할 수 없는 상황이었다. 하지만 앞으로 전문직 외국인 근로자는 근로 기간 연장이 수월하고 영주를 보장받으며 가족을 동반하여 제주 사회에 거주하게 된다. 제주 사회에 거주하는 외국인 근로자의 환경조건이 변화하면서 제주에서의 다문화 시민성교육 또한 변화가 요구된다.

지금까지 제주 다문화 시민성교육은 국제결혼이민자와 자녀를 대상으로 진행되었다면, 앞으로 외국인 근로자와 가족 구성원에 대한 그리고 더불어 상생하며 거주해야 하는 제주시민 대상의 교육이 진행되어야 한다. 이는 제주 사회 시민단체에 의해 진행되고 있는 다문화 시민성교육의 중심축을 변화시켜야 함을 의미한다. 제주지역의 특성을 고려하고, 장기적이며, 책임성 강하며, 세계 시민으로 성장할 수 있는 다문화 시민성 교육 프로그램 개발과 운영이 필요하다.

본고는 제주 시민단체에 의해서 진행하는 다문화 시민성 교육을 중심으로 하고 있기에, 공공기관과 학교의 다문화 시민성교육을 제외하고, 첫째, 제주 시민단체의 다문화 시민성교육 진행 현황을 살펴보고, 둘째, 제주 사회의 외국인 거주 현상의 변화 추이 특히 외국인 근로자의 변화 추이를 파악해보고, 셋째, 다문화 시민성교육의 정립과 교육프로그램 개발을 위한 제언을 제시하고자 한다.

제주 시민단체에서 진행되는 다문화 시민성교육은 외국 이주민과 그 자녀(특히 국제결혼이민자와 그 자녀) 그리고 외국인 근로자를 대상으로 운영되고 있다. 제주 다문화 시민성 교육프로그램을 진행하고 있는 시민단체는 크게 3종류로 구분된다.

첫째, 국제결혼이민자와 그 자녀를 대상으로 제주 사회생활 및 학교 적응 교육프로그램을 운영하는 전문적 시민단체 [표 1]이며, 둘째, 사회복지기관에서 운영하며 국제결혼이민자와 그 자녀를 대상으로 첫째의 시민단체와 유사한 다문화 시민성교육을 복지적 차원에서 담당하는 시민단체 [표 2]이다. 그리고 셋째는 외국인 근로자를 대상으로 건강, 의식주, 편견, 차별 및 직장 내 피해를 방지하고 예방하고자 다문화 시민성교육을 담당하는 시민단체 [표 3]이다.

가. 전문적 시민단체

전문적 다문화 시민성교육을 운영하는 시민단체의 특징은 첫째, 다문화 관련 사업 이외의 다른 사업을 수행하지 않는다. 둘째, 국제결혼이민자의 가족 구성원을 대상으로 사회생활 적응, 가족의 안정 그리고 자녀의 학교생활 적응을 목적으로 교육을 진행한다. 셋째, 다문화 시민성교육을 위한 재정적 도움은 공공기관의 위탁사업, 협력 기관과 민간 후원으로 운영된다. 넷째, 전문적 시민단체는 서귀포시 지역보다는 제주시 지역에 집중되어있다.

따라서 전문적 시민단체는 공공기관을 대신하여 국제결혼이민자와 그 자녀의 사회 및 학교생활 적응 그리고 사회통합 및 안정된 정착을 위해, 지역주민과 일반가정 자녀를 대상으로 하는 다문화 이해 제고를 위해 그리고 국제결혼이민자를 대상으로 인권, 이혼, 폭행, 취업, 창업 그리고 역량강화사업을 중심으로 다문화 교육프로그램을 진행하고 있다.

제주지역 다문화 시민성교육을 담당하는 전문적 시민단체는 2015년 전까지 제주시 4개 단체(제주시가족센터, 제주글로벌센터, 국제가정문화원, 제주외국인쉼터)와 서귀포시 1개 단체(서귀포시가족센터)가 존재했지만, 그 후 점차 전문적 분야를 고려한 시민단체들의 수가 증가하는 추세를 보인다. 특히 제주이주여성상담소, 제주다문화 교육·복지연구원 등이 이에 속하며, 국제결혼이주여성의 가정 및 사회생활에 대한 상담을 이행하거나, 국제결혼가정의 자녀를 대상으로 교육 및 복지 증진에 목표를 두고 운영되고 있다. [표 1]은 제주 사회에서 활동하고 있는 전문적 다문화 시민단체들과

단체들이 진행하는 교육프로그램의 내용을 보여주고 있다.

[표 1] 전문적 시민단체의 다문화 시민성교육 프로그램

시	단체명	주요 프로그램 내용
제주시	제주시가족센터	▶ 가족: 이중언어가족환경조성프로그램 ▶ 인권: 다문화이해교육, 다문화가족관련법과 제도, 이주민과 인권 ▶ 사회통합: 취업기초소양교육 및 취업연계, 다문화가족 나눔봉사단 소양교육 및 활동, 다문화가족 자조모임, 한국사회적응 ▶ 상담: 다문화가족 부부·부모·자녀관계 개선 및 가족갈등 등 관련 상담, 다문화가족의 내부 스트레스 완화 및 가족의 건강성 증진 ▶ 별도 지원 사업: 다문화가족 방문교육사업, 다문화가족 자녀 언어발달지원사업, 국제결혼이민자 통·번역사업, 다문화가족 사례관리사업, 교류소통공간 '다가온' 사업, 거점센터 사업 – 찾아가는 읍면아동발달지원사업
	제주글로벌센터	▶ 한국어 교육: 기초, 초급, 중급, 한국어능력시험준비 ▶ 취·창업교육: 워아티스트교육, 제주문화관광통역해설사교육, POP자격취득교육, 캘라그라피자격취득교육, 포크아트자격취득교육, 미싱기술교육, 옷수선사교육, 리본공예교육, 천연화장품비누만들기교육, 요양보호사자격취득교육, 자동차운전면허취득교육, 홈패션기술교육, 비즈공예교육, 정보화교육 ▶ 문화예술교육: 부부합창단교육, 이주여성중창단교육, 난타교육, 록밴드교육, 사진예술교육 ▶ 다문화가족 자녀 교육: 다문화가족 자녀에 대한 학습지원, 이중언어교육지원, 중도입국자녀 교육지원, 문화예술교육지원 ▶ 다문화인식개선교육: 어린이집 초중고등찾아가는 다문화인식개선 교육, 다문화사회이해교육지원 ▶ 가족상담 법률상담지원: 가족관계상담, 전화상담, 법률지원상담, 집단상담
	국제가정문화원	▶ 사회통합: 조기적응프로그램, 국제결혼이민자정착단계별패키지, 한국어교육, 다문화 인식개선 ▶ 문화예술교육: 하나로국제예술단, 바이올린, 올바른손씻기, 소비자교육, 컴퓨터교실, 문화역사탐방, 이야기로 떠나는 세계여행 ▶ 체험교육: 직업체험(아로마 조향사, 조주사, 소믈리에, 생활원예, 인형만들기), 생활안전 체험 학습 ▶ 인권 및 봉사: 다문화양성평등교육·세미나, 아름다운 동행(다사모 봉사단)
	제주이주여성상담소	▶ 이주여성 상담, 가족 상담 ▶ 치료프로그램 운영 ▶ 사례관리·통번역서비스 ▶ 기타 사업: 한국어 교육, 중도입국자녀학교생활지원, 주거환경개선, 한가위한마당행사, '제주이주의 꿈'

시	단체명	주요 프로그램 내용
제주시	제주다문화 교육·복지 연구원	▶ 다문화가족 자녀 교육: 이중언어, 영어, 수학, 과학 ▶ 다문화가족 자녀 장학금 지원 ▶ 다문화정착지원사업: 제주역사바로알기, 관광안내사교육 ▶ 다문화역량강화사업: 한국어시험준비, 컴퓨터시험반운영 ▶ 다문화 평생교육: 영상미디어교육, 드론교육
	제주외국인 쉼터	▶ 국제결혼이민자가족을 위한 아버지학교 ▶ 다문화가족과 함께하는 식문화체험 및 예절교육
서귀포시	서귀포시가 족센터	▶ 다문화가족관계향상지원 ▶ 다문화가족자녀성장지원 ▶ 다문화가족초기정착지원 ▶ 다문화가족역량강화사업 ▶ 국제결혼이민자취업지원 ▶ 다문화가족자녀-사회포용안전망 사업 ▶ 국제결혼이민자정착단계별 지원패키지·국제결혼이민자 다이음사업 ▶ 통번역사업·다문화 사례관리 ▶ 사회통합프로그램 교육

자료: 각 시민단체 내부자료(홈페이지 포함)에 의해 작성.

나. 복지적 시민단체

복지적 차원에서 다문화 시민성교육을 운영하는 시민단체의 특징은 첫째, 다문화를 중점 사업이 아닌 사회복지를 주 대상으로 사업을 수행하고 부수적으로 다문화 사업을 진행한다. 둘째, 국제결혼이민자의 사회생활 적응과 사회통합을 목적으로 교육을 진행한다. 셋째, 다문화 시민성교육을 위한 재정적 도움은 공공기관의 위탁사업, 협력 기관과 민간 후원으로 운영된다. 넷째, 복지적 시민단체는 대체로 도시지역보다는 농촌 지역을 중심으로 배치되어 운영되면서 제주시 3개 단체 그리고 서귀포시 2개 단체로 존재하고 있다.

[표 2]에서 알 수 있듯이 제주시 동부지역에 위치한 동제주종합사회복지관은 구좌읍이주여성가족지원센터를 부설로 운영하면서 국제결혼이주

여성의 사회생활 적응과 자녀의 교육지원에 관한 프로그램을 운영하고 있다. 구좌읍이주여성가족지원센터는 동제주사회복지관의 부설기관이기에 복지적 시민단체로 구별되고 있지만, 구좌읍이주여성가족지원센터는 독립적 시설에서 전문적 다문화 시민성교육을 운영하고 있어서 복지적 시민단체보다는 전문적 시민단체로 구별될 수도 있다.

그 외의 복지적 시민단체는 종합사회복지관에서 다문화 시민성교육을 진행한다. 제주시 중심부에 위치한 은성종합사회복지관은 국제결혼이주여성의 사회생활 적응 프로그램을 운영하고 있다. 그리고 제주시 서부지역에 위치한 서부종합사회복지관은 다문화 가정을 중심으로 프로그램을 운영하며, 국제결혼이주여성과 그 자녀를 대상으로 교육을 진행하고 있다. 제주시권과 비교해서 서귀포시 중앙부에 위치한 서귀포종합사회복지관은 다문화 가정을 위한 다문화 시민성교육 프로그램을 운영하고 있다. 그리고 서귀포시 농촌지역에 위치한 동부종합사회복지관은 국제결혼이주여성을 대상으로 사회통합 교육프로그램을 운영하고 있다.

결국, 사회복지 차원에서 다문화 교육프로그램을 운영하는 시민단체는 국제결혼이주여성과 그 자녀를 중점적으로 사회 정착 및 학교 적응을 위한 교육프로그램을 운영하고 있다. 그러나 다문화 교육프로그램을 운영하기 위한 경제적 어려움이 존재하며, 위탁사업 및 공모사업을 통해 재정을 확보하는 실정으로 일회성과 책임성에 대한 문제가 제기되고 있다.

[표 2] 복지적 시민단체의 다문화 시민성교육 프로그램

시	단체명	주요 프로그램 내용
제주시	동제주종합사회복지관 부설 구좌읍 이주여성가족 지원센터	▶ 사례관리기능사업: 사례관리 및 상담 ▶ 서비스제공기능사업: 가족 관계 증진 프로그램, 함께하는 행복 나눔 방, 사랑의 열매 지원 사업 돌봄 아동 교육복지 프로그램 '별별 꿈을 찾는 아이들', 다문화 인식개선 사업, 취업 지원 교육과정, 문화 여가 프로그램, 한국어 교육, 김장 나누기, 지역 공동체 일자리 및 공공근로사업, 후원 물품 지원 ▶ 지역조직화기능사업: 국제결혼이민자봉사단, 가족 다양성 인식 개선 홍보, 다문화가족 송년 행사, 지역사회연계사업
	은성종합사회복지관	▶ 다문화특화사업: 천연제품 및 캘리그라피 작품 만들기 체험, 해외 친정에 편지쓰기 및 선물 보내기, 김장김치 체험
	서부종합사회복지관	▶ 다문화가족 지원 사업: 지역사회 자원연계를 통한 지역주민과의 화합 및 소통의 계기 제공과 다문화가족에 대한 이해를 도모함 ▶ 다문화 인식 개선 사업 ▶ 다문화–비다문화가족 관계 증진 프로그램 ▶ 서부지역 다문화가족과 함께하는 어울림 한마당 축제
서귀포시	서귀포종합사회복지관	▶ 이민 통합 사업: 사회통합프로그램, 이민자 네트워크 ▶ 아동동아리프로그램 ▶ 아동권리증진사업
	동부종합사회복지관	▶ 다문화가족지원사업: 사회통합프로그램

자료: 각 사회복지단체 내부자료에 의해 작성.

다. 외국인 근로자 대상 시민단체

앞선 다문화 시민성 교육을 담당하는 전문적 그리고 복지적 시민단체는 국제결혼이민자와 그 자녀를 대상으로 다문화 시민성교육을 운영하였다면, 외국인 근로자 대상 시민단체는 다음의 특징을 지니고 있다. 첫째, 외국인 근로자를 주 대상으로 사업을 수행한다. 둘째, 외국인 근로자가 노동 장소에서 발생하는 인권 및 피해 예방과 해결을 위한 상담, 사례관리 그리고 예방 교육을 진행한다. 그리고 셋째, 난민 지원 사업에도 주목하고

있다.

[표 3] 외국인 근로자 대상 시민단체의 다문화 시민성교육 프로그램

시	단체명	주요 프로그램 내용
제주시	제주외국인노동자 지원센터	▶ 통역상담 ▶ 외국인노동자 한국어 교육 및 사회 적응 프로그램 ▶ 외국인노동자 고충 상담활동 및 정보제공 ▶ 법률자문 ▶ 맞춤형 복지서비스: 4대보험, 상여금, 퇴직금 ▶ 외국인노동자 쉼터, 의료 상담 및 진료 서비스 연계 ▶ 제주 난민 지원 사업

자료: 시민단체 인터뷰에 의해 작성.

지금까지 제주에서 다문화 시민성교육 프로그램을 진행하고 있는 전문적, 복지적, 외국인 근로자 대상 시민단체에 대해 알아보았다. 대체로 시민단체들은 국제결혼이민자를 대상으로 제주 사회생활 적응을 위해 정착지원, 역량 강화 지원 그리고 자녀 교육 지원을 위한 프로그램을 내용으로 운영하고 있다. 다문화 시민성교육의 목적을 달성하기 위해선 제주도민을 위한 다문화 인식 제고를 위한 교육프로그램이 운영되어야 하지만, 현재는 부족한 상태로 존재하고 있다.

특히 미래 제주 다문화 변화 추세는 국제결혼이민자보다는 외국인 근로자를 중심으로 진행될 개연성이 높아지고 있다. 제주 노동시장의 변화와 함께 외국인 근로자에 대한 제도적 변화가 매해 진일보하고 있다. 지금까지 제주 노동시장에 외국인 근로자는 고용허가제를 중심으로 비전문직 외국인 근로자를 채용하고 있다. 하지만 노동시장의 변화는 점차 전문직 또는 성실 외국인 근로자의 고용으로 변화하고 있다. 비전문직 외국인 근로자는 일정 기간 정해진 노동 장소에서 근무하고 본국으로 귀환하지만,

전문직 또는 성실 외국인 근로자는 장기간 제주 사회에 정착하게 되며, 가족을 동반하여 거주하게 된다. 현재 비전문직 외국인 근로자를 채용하고 있는 고용주들은 일정 기간 노동을 한 후 귀환하는 외국인 근로자들에게 한국어와 제주문화를 이해시키는 교육이 필요하지 않았지만, 앞으로는 변화가 진행되어야 한다. 따라서 미래 제주 노동시장에서의 외국인 근로자 변화 추세가 파악되어야 한다.

2. 제주 거주 외국인 변화 추이

제주지역 외국인의 거주 및 생활 형태가 변화하기 시작한다면, 제주 시민단체가 운영하는 다문화 시민성교육 역시 변화를 모색하여야 한다. 국제결혼이민자와 그 자녀에 대한 사회생활 적응 및 교육지원 활동이 지금까지 교육의 중심이었다면, 이와 함께 외국인 근로자를 대상으로 하는 다문화 시민성 교육이 확대하여야 하며, 또한 제주도민을 대상으로 하는 다문화 시민성교육 역시 필요하고, 이를 담당할 시민단체가 필요하다.

첫째, 제주에 거주하는 외국인의 수가 지속해서 확대되고 있다. 국제결혼이민자와 그 자녀의 수도 증가하지만, 외국인 근로자의 수가 더욱 증가하고 있다. 제주지역 노동시장은 현재 외국인 근로자가 부재한다면 존속 자체가 어려운 상태에 직면하였다.

둘째, 외국인 근로자에 대한 제도적 변화가 매해 진행되고 있다. 비전문직 외국인 근로자 고용에서 전문직 외국인 근로자 고용 확대로의 전환이 가능해졌다. 제주 1차 및 3차산업의 노동시장에서 전문직 혹은 성실 외국인 근로자의 필요성이 증대하고 있다.

셋째, 계속 변화하는 계절근로자 제도 및 돌봄(가사도우미와 간병인) 외국인 근로자의 제도 변화가 심상치 않다.

현재 진행 중인 제주 외국인 거주 변화 추이를 파악하기 위해 전체 외국인의 수 그리고 국제결혼이민자와 더불어 외국인 근로자 증가 추이를 파악해야 한다. 특히 제주 장기 거주자로서 국제결혼이민자의 확대되는 현황 그리고 제주 노동시장에서의 장기 거주 외국인 근로자 변화 추이에 주목하고자 한다.

가. 제주 거주 외국인 현황

[그림 1]에서 알 수 있듯이 2006년 제주특별자치도로 승격된 이후 제주 유입 외국인의 수는 지속해서 증가했다. 하지만 코로나19가 발발한 다음 해인 2020년부터 제주 유입 외국인의 수는 주춤하는 현상을 보인다. 특히 2013년부터 2018년까지는 매해 2천~3천 명 이상의 외국인이 유입되면서, 급기야 2019년에는 제주 거주 외국인의 수는 역사상 가장 많은 수의 25,668명을 기록하고 있다. 2006년에 비해 약 10배 이상의 증가이다.

하지만 2020년 코로나19로 인해 외국과의 교류가 침체기에 접어들면서 외국인 근로자와 국제결혼이민자의 증가 속도가 멈추고 전체 외국인의 수가 감소하고 있다. 코로나19 이후 다시 외국인의 수는 증가하면서 2023년에는 2019년과 유사한 수치로 증가세 전환이 진행되고 있다.

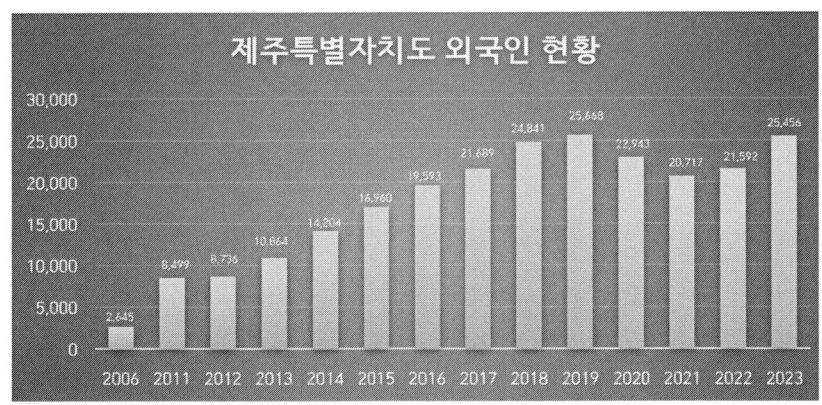

[그림 1] 제주특별자치도 외국인 현황

출처: 제주특별자치도, "제주특별자치도 통계연보", 2007-2024.

[그림 2]에서 알 수 있듯이 2023년 제주특별자치도 외국인의 수는 25,456명(100%)으로 제주시에 16,442명(64.6%)과 서귀포시 9,014명(35.4%)이 거주하고 있다. 성별 구성비를 보면 남성은 전체의 59.3%(15,093명)이며, 여성은 40.7%(10,363명)로 남성이 높은 수를 점유하고 있다.

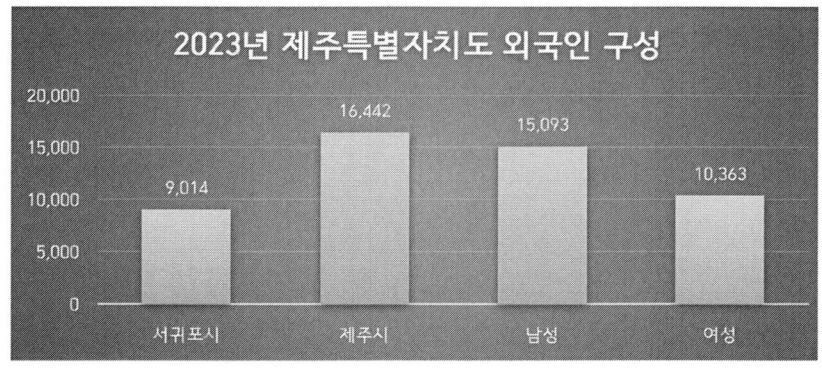

[그림 2] 2023년 제주특별자치도 거주 외국인 구성 현황

출처: 제주특별자치도, "제주특별자치도 통계연보", 2024.

나. 합법적 거주 외국인 현황

제주에서 합법적 거주할 수 있는 한국 비자가 지닌 각각의 내용을 세심하게 분석할 필요가 있다. 여기서 우선 법무부 출입국·외국인정책본부가 빅데이터·통계 항목으로 제시하고 있는 2022년 12월 31일자 등록외국인 지역별·세부체류자별 현황에서 제주지역의 장기체류 부분을 [표 4]에서 살펴볼 수 있다.

[표 4] 2022년도 등록외국인 지역별 · 세부체류자별 현황

항목	2022년							
	소계			제주시			서귀포시		
	계	남자	여자	계	남자	여자	계	남자	여자
총 계	21,592	12,713	8,879	14,205	8,063	6,142	7,387	4,650	2,737
문화예술(D-1)	4	4	–	2	2	–	2	2	–
유학(D-2)	1,237	705	532	1,209	690	519	28	15	13
기술연수(D-3)	7	7	–	6	6	–	1	1	–
일반연수(D-4)	588	351	237	546	341	205	42	10	32
종교(D-6)	39	14	25	34	11	23	5	3	2
주재(D-7)	9	9	–	8	8	–	1	1	–
기업투자(D-8)	71	54	17	35	25	10	36	29	7
무역경영(D-9)	2	2	–	2	2	–	–	–	–
구직(D-10)	268	122	146	248	113	135	20	9	11
교수(E-1)	5	3	2	5	3	2	–	–	–
회화(E-2)	272	107	165	181	64	117	91	43	48
연구(E-3)	36	27	9	33	25	8	3	2	1
예술흥행(E-6)	187	123	64	101	68	33	86	55	31
특정활동(E-7)	2,023	812	1,211	1,428	555	873	595	257	338
비전문취업(E-9)	3,903	3,816	87	2,229	2,167	62	1,674	1,649	25
선원취업(E-10)	2,493	2,493	–	1,402	1,402	–	1,091	1,091	–

방문동거(F-1)	1,290	476	814	925	349	576	365	127	238
거주(F-2)	1,162	550	612	773	364	409	389	186	203
동반(F-3)	536	240	296	189	69	120	347	171	176
영주(F-5)	3,372	1,491	1,881	2,411	1,075	1,336	961	416	545
결혼이민(F-6)	2,374	424	1,950	1,659	293	1,366	715	131	584
기타(G-1)	412	245	167	345	199	146	67	46	21
관광취업(H-1)	11	6	5	8	5	3	3	1	2
방문취업(H-2)	328	183	145	228	122	106	100	61	39
기타	963	449	514	198	105	93	765	344	421

출처: 행정안전부(2023), "행정안전 통계연보"

[표 4]에서 알 수 있듯이 한국 비자 세부체류자별로 파악하면, 2022년 제주 거주 전체 외국인 수는 21,592명이며, 이 중 1,000명 이상의 체류자격 세부 종류를 따져보면, 가장 많은 수는 비전문취업(3,903명; 18.1%), 영주(3,372명; 15.6%), 선원취업(2,493명; 11.5%), 결혼이민(2,374명; 11%), 특정활동(2,023명; 9.7%), 방문동거(1,290명; 6%), 유학(1,237명; 5.7%), 거주(1,162명; 5.4%)의 순으로 나타나고 있다.

한국 비자 세부체류별로 외국인 거주 이유를 간단히 파악하기란 어려움이 있지만, 제주지역에 거주하는 외국인의 체류자격은 크게 취업, 결혼 그리고 교육과 관련되어 있고, 한국 비자 종류는 D, E, F 비자에 집중되어 있다. 제주 다문화 시민성교육에 대한 시민단체의 역할에 대한 주제를 설명하기 위해서는 특히 취업과 결혼에 주목하여야 하며, 교육에 대해서는 교육기관에서의 주된 주제이기에 여기서는 제외하고자 한다.

다. 국제결혼이민자 현황

[그림 3]에서 알 수 있듯이 2009년부터 2014년까지 매해 약 130명 정도의 국제결혼이 진행됨을 알 수 있다. 그러나 2015년에 급속한 증가세를 보여주고, 2016년부터 코로나19 발발한 해인 2019년까지 매해 300명 정도의 국제결혼 증가를 나타내고 있다. 2009년 결혼이민자의 수가 1,444명에서 2019년 4,854명으로 3.4배 증가한다. 하지만 코로나19의 영향으로 2020년부터 증가 속도는 다소 주춤한 상태이지만 증가세는 계속되어 2022년 11월까지 5,397명을 기록하고 있다.

[그림 3]에서 주목해야 할 부분은 국제결혼이민자의 귀화이다. 2015년까지 국제결혼이민자의 귀화는 낮은 수치였지만, 점차 높은 수치로의 상승을 나타내고 있다. 2022년 결혼이민자의 수는 5,397명이며, 이 중 귀화자의 수는 2,486명으로 전체 46%이다.

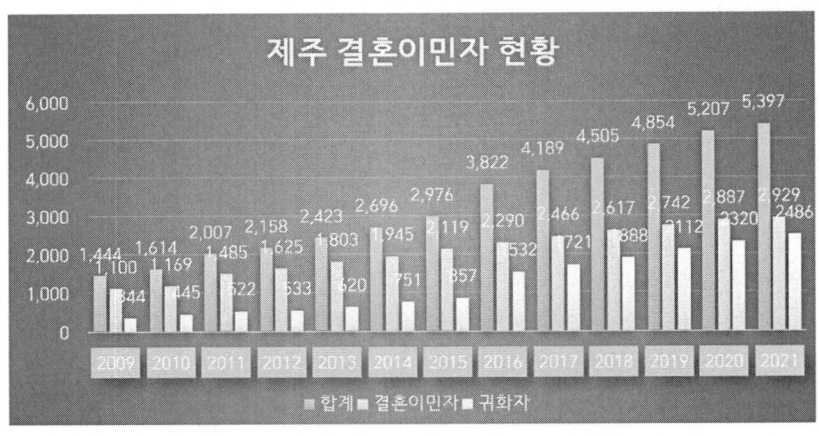

[그림 3] 2023년 제주특별자치도 결혼이민자 구성 현황

참고: 제주특별자치도 여성가족과, "제주지역 다문화가구 및 외국인 주민현황", 2022. 11.

라. 외국인 근로자 현황

[그림 4]에서 보듯이 제주지역 외국인 근로자는 2008년 1,710명에서 2014년 5,000명을 상회하고, 2018년 10,000명을 넘어서고, 급기야 2019년 가장 많은 외국인 근로자 수의 10,063명을 나타내며, 12년 동안 약 6배의 증가를 나타낸다. 하지만 코로나19의 여파로 2020년부터 국제적 단절과 외국인 근로자 송출국의 중단 조치 등이 작동하면서 제주지역의 외국인 근로자의 수도 점차 감소하는 모습을 보인다.

2020년 제주지역의 외국인 근로자의 수는 처음으로 감소하는 모습으로 9,149명 그리고 2021년에는 8,476명까지 하락하였지만, 2022년부터 9,031명으로 재차 상승하며, 점차 증가세를 회복하는 모습이다. 포스트 코로나 시대가 시작되면서 외국인 근로자의 수는 증가추세로 재차 전환되고, 2023년부터 약 2년 정도에 이르면 2019년의 수에 다다르고 있고, 지속해서 증가할 조짐으로 파악되고 있다.

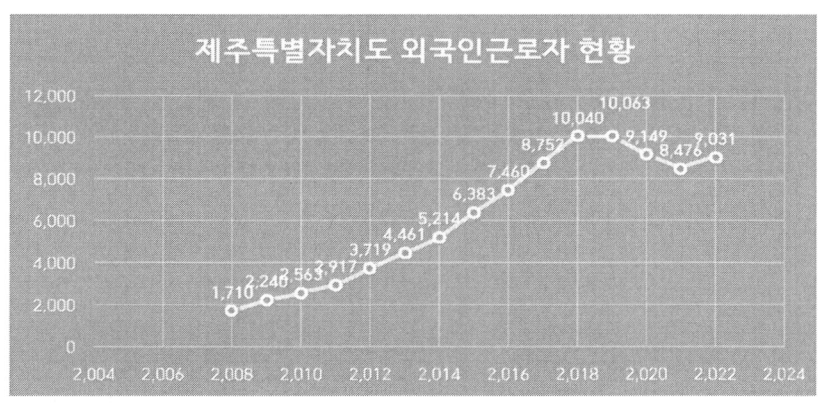

[그림 4] 제주특별자치도 외국인 근로자 현황(2008년~2022년)

출처: 행정안전부(2010-2023), "행정안전 통계연보"

3. 제주 노동시장 외국인근로자 필요성

한국은 1980년대부터 경제성장으로 인해 중소관광업과 건설업 등 단순 기능에 필요한 산업인력의 부족 현상이 발생한다. 1990년대에 들어오면서 한국은 노동 현장에 외국인 근로자를 투입해야 한다는 논의가 본격화되었다. 외국인 노동자를 연수생 신분으로 하는 '해외투자기업연수생제도'가 법무부 훈령으로 제정되면서 1991년 11월부터 외국인 연수생을 받아들이게 되었고, 제주도 역시 1차산업에 연수생 신분의 외국인 근로자를 채용하게 된다. 연수생 신분인 외국인 근로자는 저임금, 노동 착취, 인권 침해 및 폭력 등의 피해 사례들이 다량으로 발생하면서, 이를 해결하고자 연수생제도는 몇 차례의 법률개정이 이뤄지다가, 2004년 8월 17일 "고용허가제"로 제도가 변경하게 된다.

1991년 연수생제도 시작으로 제주특별자치도는 외국인 근로자를 합법적으로 고용하는 기회를 얻게 되었고, 2004년 고용허가제의 변화는 외국인 근로자 고용의 증가를 가져오면서 1차, 2차, 3차 모든 산업에 채용되었다. 현재 제주지역에서 합법적으로 취업 및 고용이 허락되는 주요 비자 종류는 E와 H 비자이다. 특히 고용허가제로 외국인 근로자를 고용할 수 있는 E-9와 H-2 비자가 여기에 포함되어있다.

제주지역 산업체 고용주는 내국인 근로자 고용이 어려운 상황에 직면하면, 외국인 근로자를 고용할 수 있게 되며, 합법적 절차를 이행하고 외국인 근로자를 고용하게 된다. 산업체 고용주가 가장 선호하는 합법적 절차는 고용허가제(E-9)이며, 정부로부터 고용허가서를 발급받아 외국인력을 고용할 수 있다. 2022년까지 5개 업종(제조업, 건설업, 어업, 서비스업 일부, 농축수산업)과 관련하여 고용허가제가 적용되었지만, 2023년부터 호텔·콘도업, 음식점업, 임업, 광업이 추가 선정되었고, 특히 제주지역은 관광업이 주된 산업이기에 고용허가제 확대 시범사업지역으로 지정되었다. 2022년 제주지역 E 비자에 의한 외국인 근로자 고용 현황은 다음 [표 5]와 같다.

[표 5] 제주지역 E 비자 외국인 근로자 고용 현황

E 비자	내용	외국인 수	E 비자	내용	외국인 수
E1-00	교수	5	E7-04	숙련기능인력	73
E2-01	일반회화강사	191	E8-02	농업장기	49
E2-02	학교보조교사	81	E9-01	관광업	911
E3-00	연구	35	E9-02	건설업	24
E6-01	예술연예	45	E9-03	농업(축산업 포함)	1,139
E6-02	호텔유흥	140	E9-04	어업	1,816
E6-03	운동	2	E9-05	서비스업	6
E7-01	전문인력	1,019	E9-95	과거추천연수	7
E7-02	준전문인력	1,597	E10-01	내항선원	18
E7-03	일반기능인력	43	E10-02	어선원	2,475
소계					9,676

출처: 법무부 출입국·외국인정책본부(2023), "등록외국인 지역별·세부체류자별 현황"

각 산업체 외국인 근로자 고용 상황은 E 비자의 종류에 따라 세분되는데, 교육과 관련하는 E1~E3 비자가 존재하고, 제주지역 특성상 현재 고용 활용되지 못하고 있는 2차산업 전문기술직업 중심의 E4~E5가 있고, 제주지역 2차산업에서 고용 활용되는 비전문인력의 E9이 존재한다.

제주지역 산업체는 특성상 1차산업과 3차산업에 주목되며, 이와 관련해서는 E6~E10에 집중되고 있다. 특히 주목되는 비자 종류는 1,000명에 근접하거나 그 이상 고용되고 있는 E7-01, E7-02, E9-01, E9-03,

E9-04, E10-02 등이다.

제주지역 산업체에 따라 비자 종류도 상이하게 나타나지만, 고용주가 외국인 근로자를 고용하는 동기 및 필요성 역시 약간의 차이점을 나타내고 있다.

가. 1차산업

1차산업에서 외국인 근로자를 고용하는 산업체는 농업, 축산업, 수산업으로 구분된다. 각 산업체에서 고용주들은 어떤 동기를 지니고 외국인 근로자를 고용하고 있는지를 여기서는 2019년 황석규 외가 연구한 "제주지역 농수축산업 외국인근로자 고용주 인식 기초조사"에 근거하여 설명하고자 한다.

1) 농업

제주지역 농업에서 외국인 근로자를 고용하는 업체 형태는 농업회사법인, 복합영농조합법인 그리고 개인 농장 및 농원 등이다. 고용 업체의 시설원예·특작물 및 작물 재배 품목으로는 감귤, 마늘, 양파, 브로콜리, 감자, 당근, 상추, 깻잎, 키위, 쪽파, 딸기 등이다. 그리고 제주지역으로 유입된 농업 부문 외국인 근로자의 출신 국가는 네팔, 베트남, 캄보디아, 태국, 중국 등이다. 농업 분야에서 합법적으로 고용할 수 있는 제도는 E-9(고용허가제)과 H-2(재외동포)이며, E-8(계절근로자)도 포함된다. 이와 함께 농업 부문 외국인 근로자 고용은 비합법적 고용(미등록 외국인)이 진행되고 있다.

농업 부문 고용주들은 외국인 근로자의 고용 동기로 일손 부족, 인력 보충, 인건비 절약 등에 두고 있다. 농업 부문 고용주의 고용 동기는 첫째, 일손 부족에 의한 외국인 근로자 채용이다. 이들 사업장은 이전에는 가족의 노동력을 주동력으로 활용하였다. 하지만 농촌의 출산력 저하와 함께 젊은 가족 구성원들은 농촌을 떠나 도시로 이전하는 이촌향도(離村向道) 현상이 일어났고, 이로 인해 자체 노동력 확보가 어렵게 되었다. 따라서 자체 노동력 확보의 어려움은 대안을 외부에서 찾게 되었고, 급기야 외국인 근로자를 채용하게 된다.

둘째, 농업 부문 고용주의 동기는 고령화와 효율적 인력 보충이다. 농업 개인 사업장들은 농번기에 이웃 노동력을 함께 하는 제주 특유의 옛 농업방식인 수놀음 방식을 운영하고 있었다. 하지만 농업 인력은 고령화로 급속히 진전되었고, 고령 노동 인력의 노동 효율성에 직면하게 된다. 이웃 간의 고령 노동력 상생보다 젊은 노동력 효율성 전환이 필요하게 되었다. 하지만 고령 노동의 숙련도는 현재도 유효하다. 따라서 고령 숙련과 젊은 노동 효율성을 연계하거나, 또는 젊은 노동력 효율성만을 이용하는 노동방식으로 변환되는 현실이다. 젊은 내국인 근로자의 고용 자체 어려움과 노동 고령화가 젊은 외국인 근로자의 효율적 인력 보충으로 전환되고 있다.

셋째, 농업 부문 고용주의 동기는 인건비 절약이다. 고용허가제의 외국인 근로자 고용은 대규모 농업 사업장에서는 주요하지만, 제주지역 협소한 농업 특성상 감귤과 월동채소 수확 등 농번기의 일정 기간 일손 부족 농가에 의한 노동력 확보가 주요하다. 파종 시기와 수확기에만 고용하면서 인건비를 절약하기 위하여 사업장 고용주는 합법적으로는 계절근로자[그림 5], 비합법적으로는 미등록 외국인[그림 6]을 고용하게 된다. 현실상 협소한 농업 고용주는 계절근로자보다 미등록 외국인 채용을 선호하고 있다. "10인 미만 사업체가 약 94%에 달할 정도로 제주는 영세한 고용주가 대부분이다. 정부나 지자체에서 비전문취업 혹은 계절근로 비자로 외국인들을 데려온다 해도 영세한 고용주들이 고정적인 인건비를 감당하기란 쉽지 않다. 더욱이 모든 이가 외국인을 고용할 수 있는 것도 아니다. 그렇다 보니 고용주들은 언제든 손이 필요할 때 쉽게 고용할 수 있는 미등록 외국인을 찾는다. 제주의 현실적인 노동력은 미등록 외국인으로부터 나온다"(한라일보, 2024년 3월 5일자).

결국, 농업 부문에서 고용주가 외국인 근로자를 고용하는 이유는 지역 내 젊은 노동력의 부재, 노동 인구의 고령화와 젊은 노동력 고용 및 생산성 향상 그리고 인건비 절약 등의 인식 변화로 나타나고 있다. 앞으로 농업 부문에서 고용허가제, 계절근로자 그리고 미등록 외국인 근로자에 대한 제도적 변화에 따라 제주 거주 외국인 현황은 새로운 모습으로 나타나게 될 것이다.

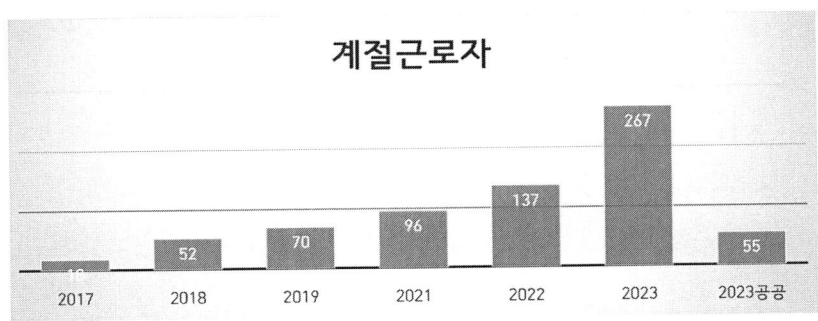

[그림 5] 제주특별자치도 계절근로자 현황(2017년~2023년)

출처: 법무부(2022.12.24.), 제주특별자치도(2017년, 2018년, 2019년), 제민일보(2021.03.14.), 한라일보(2023.07.13., 2023.10.31.)

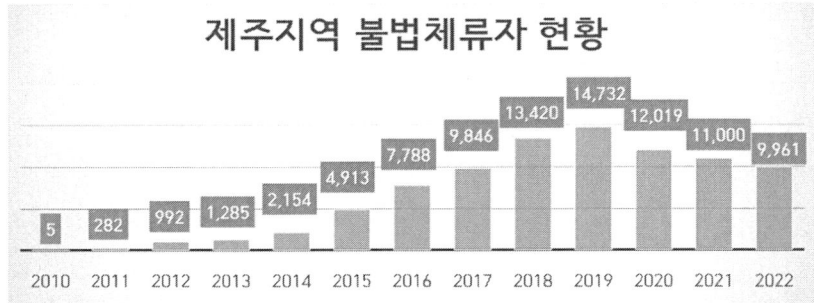

[그림 6] 제주지역 미등록 외국인 현황(2010년~2022년)

출처: 경향신문 2016.04.12.일자, 제주신문 2018.01.31.일자, 한라일보 2021.03.15.일자와 2022.10.25.일자, 뉴제주일보 2022.07.24.일자, 연합뉴스 2023.01.01.일자.

2) 수산업

제주지역 외국인 근로자는 3개 제도를 통해 수산업 부문에서 고용되고 있다. 수산업의 외국인 근로자는 고용허가제의 일반고용허가제(E-9)와 특례고용허가제(H-2) 그리고 외국인선원제도(E-10)에 의해 입도하게 되고, 특히 20t 미만의 어선, 20t 이상의 어선, 그리고 양식장에서 노동한다.

첫째, 제주지역 선박은 FRP(강화플라스틱선박)[2] 어선이 주를 이루고 있다. 톤별로 보면 10톤 미만이 82.6%를 점유하고 있고, 척당 평균 톤수는 15.94톤이다. 이는 어선이 소형이며, 연근해 어업을 중심으로 하고 있다. 소형 어선주가 외국인 근로자를 고용하는 이유는 내국인 선원 고령화 및 젊은 내국인 선원 기피 현상, 노동 안정성 그리고 인건비 절약이다. 고용주는 고용허가제(E-9)로 외국인 근로자를 고용하며, 외국인 선원 송출 국가는 3개국으로 인도네시아, 베트남 그리고 중국이다.

우선 20t 미만 선박 고용주는 내국인 선원의 고령화로 점차 내국인 선

---

2   2023년 제주시 관내에 등록된 어선 총 1,030척 중 FRP재질 어선은 970척으로 전체 등록어선의 95%를 차지하고 있다.

원을 구하기 힘들고 젊은 선원의 기피 현상으로 선원 확보가 필요하게 되었다. 그리고 고용주는 노동의 안정성 확보를 위해 외국인 근로자를 선호가게 되었다. 그 이유는 내국인 선원들의 신뢰도 저하, 이직 비율 상승에 근거한다. 또 다른 고용 이유는 인건비 절약이다. 내국인 선원은 계속 임금 인상 요구가 많은, 반면에 고용허가제의 최저임금 적용에 따른 인건비 지급으로 고용주의 경제적 안정에 다소 기여하고 있다. 20t 미만 선박 고용주들은 고용허가제로 외국인 근로자를 고용하면서, 고령화, 노동의 안정성, 그리고 인건비 절약으로 내국인보다 외국인 근로자 고용을 더욱 선호하게 되는 인식의 변화가 나타나고 있다. 하지만 선박 자체도 노쇠화로 인해 재난 피해 예방을 위한 인프라의 개선 문제가 지속 제기되고 있다.

둘째, 20t 이상 선박 고용주들은 20t 미만 선박 고용주와 다른 이유로 외국인 어선원을 고용하고 있다. 20t 이상 선박의 외국인 근로자는 외국인선원제도(E-10)에 의해 고용되며, 각 수협에서 관장하고 있다. 우선 20t 이상 선박의 고용주는 20t 미만 선박과 유사한 이유로서 내국인 선원의 고령화 및 젊은 내국인 선원 기피 등으로 노동력 확보 차원에서 외국인 근로자를 고용한다. 다른 주요 이유로는 선불금과 노동 이탈이다. 20t 이상의 내국인 선원 고용에는 선불금 제도가 암묵적으로 시행되고 있다. 내국인 선원들을 고용하기 위해서는 고용주는 선불금을 내야 하고, 이로 인해 타 선박과의 갈등과 내국인 선원 이탈 문제가 빈번하여 항상 노심초사해야 한다. 그리고 고용주는 계속해서 임금 인상을 요구하는 내국인 선원에 대한 신뢰도가 저하되고, 가불금 없으며 그리고 노동의 안정성 등으로 외국인 어선원 고용을 선호하고 있다.

셋째, 양식어업의 고용주는 고용허가제(E-9)로 외국인 근로자를 고용한다. 우선 고용주가 외국인 근로자를 고용하는 이유는 내국인의 기피 현상이다. 내국인은 소장급 관리직이 아닌 양식 어장의 노동은 3D 직종이라 판단하여, 노동을 회피한다. 그리고 내국인은 관리직을 포함하여도 이직 비율이 높다. 따라서 고용주들은 양식 어장의 노동 안정성을 위해서 노동력 확보가 필요하여 외국인 근로자를 고용한다. 더 나아가서 외국인 근로자가 내국인 근로자보다 온순하게 말을 잘 듣고, 최저임금제에도 불구하고 인건비에 대한 불만이 적기 때문에 고용한다. 결국, 양식장 고용주들은 노동력 확보, 노동의 안정성 및 연속성 그리고 순종 및 인건비 절감의 차원에서 외국인 근로자를 고용하려는 인식을 지니고 있다.

3) 축산업

제주지역 축산 품목으로는 양돈이 가장 많으며, 한우, 육우, 흑우, 말(경주마 포함), 양계 등의 순이다. 제주지역으로 유입된 축산업 부문 외국인 근로자 출신 국가는 네팔, 베트남, 캄보디아, 태국, 미얀마, 동티모르, 예맨, 호주 등으로 확인되고 있다. 제주지역 280개소 사업장 중에 약 10개소 사업장을 제외한 모든 축산 사업장에 외국인 근로자를 고용하고 있어서 현재 축산농가에 외국인 근로자 없이는 운영되지 않는다.

축산업의 경우 고용주는 노동력 확보와 노동 안정성의 이유로 외국인 근로자를 고용하고 있다. 우선 축산업 고용주는 언어와 생활습관이 같은 내국인을 고용하고자 한다. 하지만 축산 사업장에 내국인이 근무하고자 하는 생각이 거의 없다. 따라서 고용주는 어쩔 수 없이 노동력 확보 차원에서 외국인 근로자를 고용할 수밖에 없다.

특히 축산업 고용주들이 외국인 근로자를 선호하는 인식은 노동력 확보의 차원만이 아니다. 외국인 근로자는 이직하는 비율이 낮다는 점이다. 출신 국가와 멀리 떨어져 있다는 상황이 이직 비율을 낮추게 함과 더불어 내국인의 경우 개인 사정 즉, 명절, 제사, 결혼, 친목회 등으로 결근을 반복하다가 사퇴 혹은 잠적 등의 이탈 문제 발생함에 따라 고용주는 외국인 근로자를 고용하길 선호한다. 즉, 고용주는 노동 안정성을 기대한다. 사업장을 원활하게 운영하기 위해서는 근로자가 계속해서 자신의 역할을 이행해야 한다. 외국인 근로자의 경우는 고용주 자택 혹은 현장 숙소에서 항상 근접해 있는 관계로 높은 노동의 안정성을 확보할 수 있다. 결국, 제주지역 축산업 고용주는 노동력 확보 및 노동 안정성을 고려하여 외국인 근로자를 선호한다.

[표 6] 1차산업 고용주 고용 동기 및 방법

업종	고용 동기	고용 방법
농업	• 지역 내 젊은 노동력 부재 • 노동 인구의 고령화와 젊은 외국인 근로자 노동 효율성 • 인건비 절약	• 고용허가제 • 계절근로자 • 미등록 외국인
축산업	• 노동력 확보 • 이직 비율 낮음 • 노동 안정성	• 고용허가제
수산업	• 양식업: 노동력 확보, 노동의 안정성 및 연속성, 순종 및 인건비 절감 • 20t 미만 선박: 노동력 확보, 노동 안정성, 이직 비율 경감, 인건비 절약 • 20t 이상 선박: 노동력 확보, 신뢰도, 선불금 및 노동 안정성	• 고용허가제 • 외국인선원제도

나. 2차산업

제주지역 2차산업에서 외국인 근로자를 고용하는 산업체는 제조업과 건설업이 대표적이다. 각 산업체에서 고용주들은 어떤 동기를 지니고 외국인 근로자를 고용하고 있는지를 여기서는 2020년 황석규 외의 연구 "제주지역 제조업 외국인근로자 고용주 인식 실태조사"에 근거하여 설명하고

자 한다.

제주특별자치도 제조업의 대표 사업은 천혜의 자연에서 생성된 농·축·수산 생산품의 가공을 통한 상품 생산 및 개발이다. 특히 고부가 유망상품의 발굴 및 제품 고급화를 통한 청정헬스푸드 혹은 화장품 등의 제조업에 주안점을 두고 가공기술 개발, 제품 상품성 개선, 제품 이미지 고급화, 제품 신뢰도 향상, 스마트기술 융복합 등의 시도가 이뤄지고 있다. 하지만 기존의 육체 및 기피 노동을 중심으로 하는 제조업체가 여전히 많다. 제조업에서 고용허가제를 이용하여 외국인 근로자를 고용하기 위해선, 고용 조건으로 상시근로자 300인 미만 또는 자본금 80억 원 이하이지만, 상시 기준에 충족하지 않더라도 지방 중소기업청에서 발급한 '중소기업확인서'를 제출하면 고용할 수 있다.

제주지역 제조업에서 고용주가 외국인 근로자를 고용하는 이유는 우선 내국인의 3D 직종 기피 현상이다. 따라서 고용주는 노동력 부재 해소를 위해 외국인 근로자를 채용하고 있다. 고용주들은 오히려 내국인 근로자를 채용하기 위하여 노력하는 시간과 정신의 피로감에서 벗어나 외국인 근로자 채용을 선호하고 만족하고 있다.

둘째, 제조업 고용주는 노동의 안정성을 위해 외국인 근로자를 고용하고 있다. 외국인 근로자는 사업장에서 숙식을 해결하면서 항시 대기 중이기 때문에 출퇴근에 대한 문제 없고, 고용주의 필요에 따라 노동 참여가 가능하여 효율성 및 생산성을 높이는 역할을 하고 있다. 또한, 정해진 계약 기간 명백하게 고용할 수가 있어서 고용주는 일정 기간 근로자 고용을 위한 구인노력을 하지 않아도 된다, 따라서 고용주들은 오히려 외국인 근로자의 제한된 수보다 더 많은 외국인 근로자를 고용할 수 있도록 제도 개선을 요구하고 있다,

셋째, 제조업 고용주는 내국인 근로자보다 외국인 근로자의 고용이 인건비에 대한 절약 효과를 기대한다. 경제적 불황으로 고용허가제의 최저임금제에 대한 고용주들의 불만 표출도 많았지만, 외국인 근로자가 힘든 노동을 수행하는 만큼 최저임금제가 적절하다는 고용주가 더욱 많아지는 추세이다.

넷째, 제조업 고용주는 경제적 효과뿐만 아니라 사업장 내 상명하복의 관계에도 의미를 부여하고 있다. 제조업은 기계 및 육체노동이 주를 이루기 때문에 사업장 안전을 위해 질서 유지가 필요하다. 즉, 고용주는 내국인 근로자보다 외국인 근로자들이 순종하는 편이어서 사업장 내 안전을 위한 상명하복의 체계가 내국인 고용보다 확고하다는 인식이다.

고용주는 노동력 부재 해결, 노동의 안정성, 인건비 절약, 사업장 내부 질서 확립을 위해 외국인 근로자를 고용하였지만, 사업장을 위해 경제적 합리성, 사업장 가동의 효율성 및 생산성에 문제가 발생하였다면 외국인 근로자 고용은 중단되었다. 하지만 제주지역 제조업 고용주들은 20년 동안 계속해서 외국인 근로자의 고용을 멈추지 않고 있다. 이는 고용주들이 외국인 근로자를 고용하고 기대에 부응하는 만족도를 충족하였기 때문이다. 더 나아가 고용주들은 외국인 근로자들에 대해 지속적 고용을 원하고 있고, 되도록 고용한 외국인 근로자를 연속적인 고용과 가능하다면 현재 외국인 근로자의 수보다 증원을 요구하고 있다.

또한, 제조업 고용주는 점차 사업장에 헌신하는 외국인 근로자에 대해 재입국 특례(성실) 외국인 근로자로 고용을 연속시키고자 한다. 앞으로 제주지역 제조업에 재입국 특례 외국인 근로자의 수는 증가할 것이다. 이런 현상이 계속되면 가까운 미래에 재입국 특례 외국인 근로자에 대해 정식 근로자로의 변화를 가져올 개연성도 견지된다. 따라서 외국인 근로자 근무 년수가 많아지고, 숙련된 전문 외국인 근로자들이 지속해서 필요하게 된다면 고용허가제의 외국인 근로자 고용은 점차 변화를 맞이하게 된다.

이런 흐름으로 나아가면 우선 가족동반불허제도에 대한 인권적 문제가 제기될 수 있다. 노동은 가족을 위한 경제적 활동이다. 가족과 떨어져 경제적 활동을 했던 제주의 일본 밀항 노동자들을 생각한다면 제주특별자치도는 새로운 상생의 방안을 모색할 필요가 있다. 또한, 제주지역은 노동의 강도가 높은 제조업보다는 제주 친환경 1차산업 원료를 가공하여 제품 생산하는 제조업이 증가하는 추세로 나가고 있다. 따라서 점차 남성 외국인 근로자 고용비율이 줄어들 수 있으며, 여성 외국인 근로자 고용비율이 상대적으로 증가할 수가 있고, 국제결혼이주여성 및 난민의 제조업 외국인 근로자로 고용될 비율이 높아질 수 있다.

하지만 이런 다양한 시도를 감행하는 제조업들은 연령대가 낮은 사업주라는 점, 사업주는 창업 혹은 사업장 개선을 통해 사업장을 운영한다는 점, 사업장에 고용한 근로자의 수가 적다는 점, 특히 사업주의 경영자금이 빈약하다는 점 등이 지적되면서 현재의 제주특별자치도 제조업은 영세하다는 특성이 지니고 있어 외국인 근로자 고용 확대는 한계를 보일 수가 있다.

[표 7] 2차산업 제조업 고용주 고용 동기 및 방법

업종	고용 동기	고용 방법
제조업	• 내국인 기피 현상 • 노동 안정성 • 인건비 절약 • 상명하복 질서 체계 유지	• 고용허가제 • 국제결혼이주여성 • 난민

다. 3차산업

제주지역 3차산업에서 외국인 근로자를 고용하는 산업체는 관광업이 대표적이다. 관광업에서 고용주들은 어떤 동기를 지니고 외국인 근로자를 고용하고 있는지를 여기서는 황석규 외가 연구한 2022년 "제주지역 관광업 외국인 근로자 고용주 인식 실태조사"에 근거하여 설명한다.

제주지역에서 1차산업과 함께 제주의 노동시장 핵심인 3차산업에서의 외국인 근로자의 필요성은 주목되어야 한다. 2022년까지 3차산업인 관광업에는 E-9(비전문취업)과 H-2(재외동포 방문취업)의 고용허가제로 인한 외국인 근로자의 채용이 불허된 상태이다. 따라서 관광업에서 외국인 근로자의 고용은 현재까지 합법적 혹은 비합법적 방법으로 진행되고 있다. 관광업에서 합법적 고용은 E-7 비자(전문취업 및 비전문취업)와 국제결혼이민자(F-2) 그리고 유학생(D-2)이 주를 이루고 있다. 하지만 2023년부터 방문취업(H-2)과 고용허가제(E-9)에 의한 외국인 근로자를 호텔 및 식당업에 고용할 수 있는 제도의 변화가 이뤄지고 있다. 그리고 비합법적으로 미등록 외국인(불법체류자)에 대한 고용이 진행되고 있다. 이처럼 제주지역 관광업에서의 외국인 근로자 고용은 다양한 방법으로 진행되고 있다.

1) E-7 비자

[표 5]에서 알 수 있듯이 제주지역에 거주하는 E 비자 외국인의 수는 9,676명이다. 이 중 관광업에서 채용될 수 있는 E-7 비자로 거주하는 외국인 근로자의 수는 2,732명으로 28.3%에 이른다.

제주지역 관광업에 가장 많은 수의 외국인 근로자를 고용하고 있는 체류 허가는 E-7 비자이며, '특정 활동' 비자라고도 명명된다. E-7 비자는 특정된 분야의 회사가 특정한 자격을 갖춘 외국인 근로자를 고용할 수 있도록 제안된 체류 허가제도이다. E-7 체류자격은 4가지로 구분되며, 법무부장관이 지정하는 직종에서만 채용된다.

E-7 체류자격의 4가지는 ① E-7-01 비자로서 '전문인력'을 위한 체류자격으로 '관리자 및 전문가'를 67개 직종에 관련하여 고용되며, 현재 제주지역에 전문인력 외국인 근로자로 1,019명이 고용된 상태이다. ② E-7-02 비자는 '준전문인력'을 위한 체류자격으로 회사의 '사무 및 서비스 종사자'로 9개 직종에 관련하여 고용되며, 제주지역에서는 현재 E-7 비자 중에도 가장 많은 1,597명의 외국인 근로자가 채용된 상태이다. 특히 관광식당업 중 중국 전문 음식점에서의 중국인 조리사로 채용된 사례가 대표적이다. ③ E-7-03 비자는 '일반기능인력'을 위한 체류자격으로 회사의 '기능원 및 관련 기능 종사자'로 7개 직종(동물사육사, 양식기술자, 할랄도축원, 악기제조 및 조율사, 조선용접공, 항공기정비원)에 관련하여 고용되며, 제주지역에서는 43명의 외국인 근로자가 채용된 상태이지만 관광업과는 직접 관련성이 없다. ④ E-7-04 비자는 '숙련기능인력'을 위한 체류자격으로서 점수제를 활용하여 2022년도 신설된 허가제도이다. 예를 들면 E-9 고용허가제(3개 직종 : 뿌리산업, 농축수산업, 관광업·건설업)로 제주지역에 유입되어 누적된 점수에 따라 체류 허가를 변경(E-9 ▶ E-7-04)할 수 있도록 하였고, 장기체류를 보장하며, 회사 내 숙련기능공으로 활동하도록 하는 제도이다. 2022년도에 신설된 제도여서 현재까지 관광업에는 적용되지 않은 상태이며, 1차산업에서부터 진행되고 있지만, 앞으로 관광업에서도 진행될 수 있다.

현재까지 제주지역 관광업에서 외국인 근로자 고용의 E-7 특정 활동 비자는 E-7-01과 E-7-02 비자이다. E-7-01과 E-7-02 비자를 취득한 외국인 근로자는 특정한 회사(법무부장관이 허락한 해당 업체)에서 특정된 자격(학력과 경력)을 지녀야 하며, 허락된 직종을 제외하고는 고용이 안 된다. E-7-01과 E-7-02 비자의 체류 기간은 최초 발급 시에는 1년, 연장 시에는 2~3년이다.

[그림 7] 한국 E-7-01(전문인력) 외국인 근로자 현황을 보면 한국은 전문인력으로 총 11,307명의 외국인 근로자를 고용하고 있다. 가장 많은 수는 서울특별시로 4,556명(40.1%)을 고용하고 있고, 다음은 경기도로서 2,376명(21.0%)을 고용하고 있고, 3번째로 많은 고용이 제주지역에서 1,019명(9.0%)으로 나타나고 있다. 한국 E-7-01(전문인력) 외국인 근로자 고용은 서울특별시, 경기도 그리고 제주특별자치도에서 70.1%로 한국 전체의 2/3를 차지하고 있다. 제주지역 관광업에서의 E-7-01(전문인력) 외국인 근로자 고용은 대표적으로 카지노와 관련되고 있다.

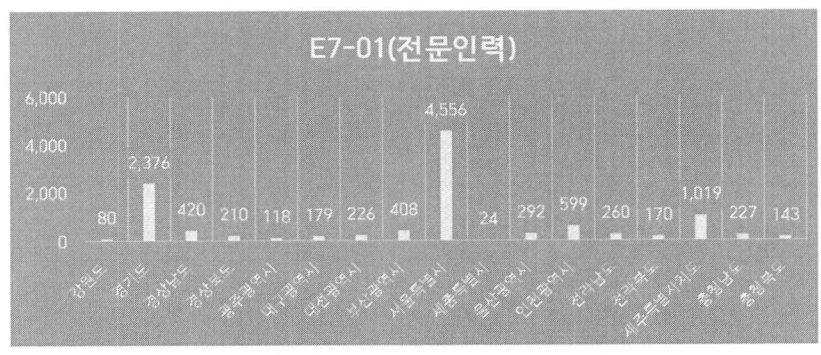

[그림 7] 한국 E-7-01(전문인력) 외국인 근로자 현황

출처: 법무부 출입국·외국인정책본부(2023), "통계연보"

제주지역 관광업에 E-7-02로 외국인 근로자가 고용하기 위해 허락된 직종은 사무종사자 5개 직종 중 면세점 또는 제주영어교육도시 내 판매 사무원, 호텔 접수 사무원이며, 그리고 서비스 종사자 4개 직종 중 관광통역 안내원, 카지노 딜러, 주방장 및 조리사가 속한다.

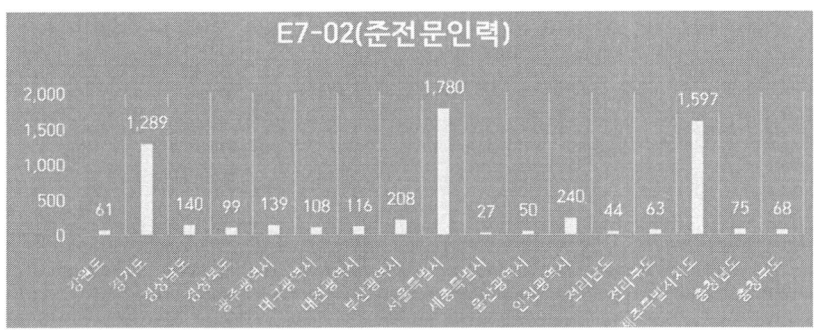

[그림 8] 한국 E-7-02(준전문인력) 외국인 근로자 현황

출처: 법무부 출입국·외국인정책본부(2023), "통계연보"

[그림 8] 한국 E-7-02(준전문인력) 외국인 근로자 현황을 보면 한국은 준전문인력으로 총 6,104명의 외국인 근로자를 고용하고 있다. 가장 많은 수는 서울특별시로 1,780명(29.2%)을 고용하고 있고, 다음은 제주지역에서 1,597명(26.2%)을 고용하고 있고, 3번째로 많은 고용이 경기도로서 1,289명(21.1%)으로 나타나고 있다. 한국의 인구비율로 파악하면 제주의 준전문인력 외국인 근로자 고용은 최대치를 나타내고 있고, 제주 관광 특수성을 드러내고 있다. 제주지역 관광업에서 E-7-02의 준전문인력 외국인 근로자 고용은 음식점, 카지노, 호텔 등에서 진행되고 있다.

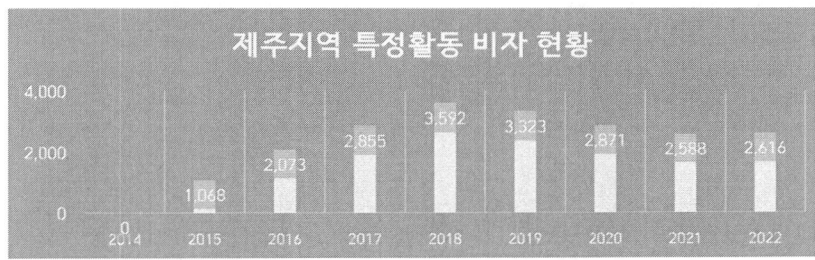

[그림 9] 제주 특정활동 비자 현황

출처: 법무부 출입국·외국인정책본부(2023), "통계연보 2015~2023년"

제주지역 특정 활동 비자로 외국인 근로자가 유입된 시기는 2015년부터 시작되었으며, 1,068명이었다. 2019년 코로나 시기까지 지속해서 증가하였으며, 2018년 3,592명으로 3배 이상의 급속한 증가세를 보였다. 코로나19로 해외와의 교류가 단절되면서 2019년(3,323명), 2020년(2,871명)과 2021년(2,588명)은 계속해서 감소하는 추세를 보였다. 하지만 2022년(2,616명) 재차 증가세로 전환하는 모습이다. 점차 코로나가 종식되고 제주지역 관광업이 활성화된다면 특정 활동 비자를 취득한 외국인 근로자의 수는 증가할 수밖에 없다.

특히 2023년부터 방문취업(H-2)과 고용허가제(E-9)에 의한 관광업 외국인 근로자 고용이 허락된다면 E 비자를 통한 고용이 급속히 증가할 수 있으며, 재입국 특례(성실) 외국인 근로자의 고용 수치도 높아질 개연성이 존재한다.

2) 기타 관광업 외국인 근로자

첫째는 D 비자이다. D-2 비자는 일반적으로 유학비자로 명명되며, 전문학사(전문대학) 이상의 고등 교육을 받기 위한 비자이다. D-2 비자는 1회에 체류 기간을 2년 부여받을 수 있으며, 제한적 연장이 가능하다. 단,

D-2 비자는 사이버대학, 평생교육원, 학점은행제, 야간대학교, 폴리텍대학교에서는 부여받을 수 없다. 따라서 제주지역에서 D-2 비자는 제주대학교, 국제대학교, 한라대학교 그리고 관광대학교로 4대 대학에서 부여받을 수가 있으며, 2022년 제주지역에 1,234명의 유학생이 거주하고 있다. 그리고 D-2 비자는 교육을 받으면서 지속적 거주를 원한다면 D-10(구직), E-1~E-7(취업/근로) 그리고 F-2-7(점수제 거주) 비자로 변경할 수 있다. D-2 비자 소지자는 학업에 지장을 주지 않는 선에서 학위별에 따라 차별적으로 주중 10시간~30시간을 근무할 수 있으며, 방학 기간에는 근무시간에 대해 제한을 두지 않고 채용될 수 있다. 단, 건설업에서는 유학비자로 채용될 수 없고, 관광업에서는 한정된 직종에서 채용될 수 있다. 제주지역 관광업에서 유학생은 특히 면세점, 음식업, 편의점 등에서 채용되고 있다.

D-7 비자는 외국기업이 국내에 주재원을 파견할 때 주어지는 장기체류허가로서 기간은 3년이며, 연장이 가능하고 제주지역에는 9명이 존재한다. 외국의 공공기관, 단체 또는 회사의 본사, 지사, 기타 사업소 등에서 1년 이상 근무한 자로서 대한민국에 있는 계열회사, 자회사, 지점 또는 사무소 등에 필수 전문인력 - 임원, 상급관리자, 전문가 - 체류 허가이다. 제주지역은 ㈜란딩그룹이 운영하는 외국계 기업 신화월드카지노가 이에 속하며, 주재원으로 거주하는 인원도 이에 해당한다.

둘째는 F 비자이다. F 비자는 6개로 구분되어 외국인에게 체류 자격을 부여하고 있다. 우선 F-1 비자는 방문 동거 자격으로서 친척방문, 가족 동거, 피부양, 가사정리, 유학생 부모 등의 목적으로 한 외국인은 체류허가를 받을 수 있다. 체류 기간은 2년이며, 원칙적으로 합법적 취업을 할 수가 없다. 하지만 인력난에 허덕이는 농어업 분야에는 거주지 관할청에 허락을 받아 계절근로자로 한시적 취업이 가능하다. 하지만 현재까지 제주지역 관광업에 대해서는 F-1 비자로 취업은 불가능하다.

F-2 비자의 목적은 법무부장관이 정하는 기준에 따라 일정 금액(5억 원 이상 단, 55세 이상의 은퇴 투자 이민은 3억 원 이상)을 투자한 외국인에게 경제활동이 자유로운 거주 자격을 부여한 후, 5년간 투자 유지 시 영주 자격인 F-5 비자로 변경하는 제도이다. 투자금을 예치하면 투자자 본인, 배우자 및 미혼 자녀는 경제활동이 자유롭다. 부동산 투자도 포함되어있어서 제주지역 5억 이상의 투자자(특히 중국)도 F-2 비자를 취득하고 있다. 그 외에도 F-2 비자는 국민의 배우자와 미성년 외국인 자녀, 영주(F-5) 체류자격을 가지고 있는 사람의 배우자 및 그의 미성년 자녀, 국민과 혼인 관계에서 출생한 사람, 난민, 영주 체류자격을 상실한 사람 중 국내 생활 관계의 권익 보호를 위해 국내 체류가 계속 필요한 사람, 나이, 학력, 소득 등이 법무부 장관 고시 기준에 해당하는 사람, 공무원으로 임용된 사람으로서 법무부장관이 인정하는 사람 등이 부여받을 수 있다. 제주지역 F-2 비자로 거주하는 외국인은 1,161명이다.

F-3 비자는 동반 비자로서 E-7 체류 자격자가 가족과 함께 체류할 수 있도록 하는 비자이다. 체류 기간은 E-7 체류 자격자의 기간과 동일하며, 취업 활동이 가능하지만, 단순노무직은 취업할 수가 없다. 제주지역의 동반 비자 거주 외국인은 535명으로 단순노무직을 취업할 수 없는 관계로 관광업에 종사하는 외국인 근로자의 수는 미비할 수밖에 없다.

F-5 비자는 영주권 비자로서 비자 종류도 27가지로 다양하다. 영주권 비자를 취득하면 취업 활동이 자유스럽고, 체류 기간도 제한이 없다. 제주지역 F-5 자격 체류자는 3,417명으로 나타나고 있다. 장기체류, 국민배우자, 영주 가족, 고액투자자, 재외동포, 화교, 방문취업 등의 영주권자들

은 취업 활동을 하고 있다.

F-6 비자는 결혼 동거 비자로서 3가지로 구분된다. 첫째 F-6-01 비자는 대한민국의 국민배우자로서 제주지역에는 2,268명이 거주하고 있다. 둘째 F-6-02 비자는 자녀 양육을 위해 허가된 비자로서 제주지역에는 61명이 거주하고 있다. 셋째 F-6-03 비자는 혼인이 단절된 외국인에게 부여하는 비자로서 제주지역에는 45명이 거주하고 있다. F-6 비자 취득자는 경제활동을 자유롭게 이행할 수 있으며, 제주지역 관광업에 종사하는 외국인 근로자가 존재한다. 특히 호텔, 리조트, 음식점 등에서 F-6 비자 취득자를 고용하고 있다.

셋째는 H 비자이다. 제주지역에 H-1-00(관광취업) 비자를 취득한 외국인의 수는 11명으로 관광업에 채용되어 있다. 하지만 H-1-00(관광취업) 비자는 단기 90일 이내 취업이 가능하고, 계속 채용되기 위해선 비자를 변경해야만 한다.

H-2 비자는 방문취업을 목적으로 하고 있으며, 외국 국적의 동포를 대상으로 일정 분야 취업이 가능하도록 하고 있다. 2022년 전까지는 H-2 비자로 관광업에 외국인이 취업할 수가 없었다. 하지만 2023년부터 H-2 비자로 관광업 중 호텔업과 콘도업계에 외국인이 취업할 수가 있도록 제도의 변화가 진행 중이다. "이정식 고용노동부 장관은 2022년 11월 15일 서울 중구 로얄호텔에서 '방문취업 동포 고용 애로 해소 호텔·콘도업계 간담회'를 열고 '방문취업 동포 고용 허용업종 네거티브 방식 전환을 통해 호텔·콘도업계가 다시 도약하는 데 도움이 되길 바란다.'며, '방문취업 동포 고용허용업종이 확대되는 만큼 근로자들의 안전과 근로조건 보호에도 힘써달라.'고 당부했다."(헤럴드경제, 2022.11.15. 일자).

3) 관광업 고용주 외국인 근로자 고용 동기

통념상 제주지역 관광업에서 외국인 근로자를 고용하는 이유는 내국인이 3D 직종을 기피 한다는 점뿐만 아니라 인건비 절감을 주요 원인으로 제시하고 있다. 이와 더불어 고용주는 노동력 부재 해소 그리고 고용 안정성을 위해 외국인 근로자를 계속해서 채용하고자 한다.

첫째, 내국인 근로자는 단순 노동의 관광업을 기피 할 뿐만 아니라 많은 시간 동안 관광객을 접대하려는 업종에 근무하려 하지 않는다. 따라서 내국인 근로자를 채용하기 위한 노력을 하면서 불필요한 시간 낭비와 정신의 피로감에서 벗어나 외국인 근로자를 선호하고 만족하는 고용주의 시각 변화가 전개되었다.

둘째, 내국인 근로자들은 여러 가정 및 사회적인 활동으로 인해 출퇴근이 불명확하다. 여기에 고용주들은 새로운 고용방식을 사용하여 고용 안정성을 추구하게 된다. 따라서 고용주는 다양한 내국인 고용의 문제와 더불어 출퇴근 시간을 엄수하는 외국인 근로자의 고용은 필수라는 인식이 확대되기 시작하였다. 앞으로 관광업에서도 고용허가제로 외국인 근로자를 채용하게 되면, 사업장에서 숙식을 해결하면서 항시 대기 중이기 때문에 출퇴근에 대한 문제 없이 고용주의 필요에 따라 노동 참여가 가능하여 효율성 및 생산성을 높이게 된다. 그리고 계약이 진행되는 시기 동안에는 안정하게 고용할 수가 있어서 고용주는 그동안 근로자 고용을 위한 구인 노력을 하지 않아도 된다.

셋째, 외국인 근로자 고용 초기에는 최저임금제에 대한 고용주들의 불만 표출도 많았지만, 내국인 근로자가 기피 하는 일을 수행하는 만큼 최저임금제가 적절하다는 고용주가 점차 증가하고 있다.

넷째, 고용주의 측면에서 보면, 내국인 근로자보다 외국인 근로자의 고용은 노동력 부재와 인건비 절약이라는 경제적 효과뿐만 아니라 사업장 내 상명하복의 관계에도 긍정적으로 작용하고 있다. 즉, 고용주는 내국인 근로자보다 외국인 근로자들이 순종하는 편이라는 인식도 자리하게 되었다.

다섯째, 제주지역 관광업에서 외국인 근로자를 본격적으로 고용하기 시작한 시점은 2010년부터이다. 하지만 고용허가제를 근거로 관광업에서 외국인 근로자를 고용할 수가 없었기 때문에 대안으로 다양한 고용방식을 선택할 수밖에 없었다. 사업체의 경제적 상황에 따라 합법적 그리고 비합법적 외국인 근로자 고용이 진행되었다. 경제 규모가 크고 특정 국가에 특화된 사업체는 합법적 고용을 지향하고, 경제 규모가 적은 사업체는 합법적이고 비합법적인 고용이 혼용되었다. 따라서 제주지역 관광업 고용주에 의해 채용되는 외국인 근로자는 일반적으로 (준)전문인력, 국제결혼이주여성, 유학생 그리고 미등록 외국인이 이에 속한다.

〈표 8〉 3차산업 관광업 고용주 고용 동기 및 방법

업종	고용 동기	고용 방법
관광업	• 내국인 기피 현상 • 노동 안정성 • 인건비 절약 • 상명하복 질서 체계 유지	• 특정활동 • 방문취업 • 고용허가제 • 국제결혼이주여성 • 유학생 • 미등록 외국인

4) 급변하는 외국인 근로자에 대한 요구와 제도 변화

제주지역 고용주는 외국인 근로자 고용을 요구한다. 외국인 근로자 고용 없이는 제주 산업은 활동을 멈출 수밖에 없는 상황에 직면했다. 더욱 고용주는 사업장의 안정을 위해 고용의 지속성과 성실 외국인 근로자에 대한 근무 년수 확대를 요청하고 있다. 현실 고용허가제에서 재입국 특례 외국인 근로자에 대해서는 E-7-4 비자로의 장기체류 전환을 허용하기 시작하고 있다.

제주지역 관광업에서 외국인 근로자의 고용은 산업연수생제도에서부터 시작하여 2010년부터 특히 중국 관광객이 유입되면서 급속한 증가세를 보이고, 2015년 (준)전문인력(특정활동) 제도의 도입에 따라 합법적 외국인 근로자 고용을 허용했고, 제주특별자치도는 산업 특성상 많은 수의 특정활동 외국인 근로자를 유입하였다. 제주지역 관광업 고용주는 인건비 절감, 노동력 부재 해결, 내국인 근로자 3D 직종 기피 그리고 고용 안정성을 위해 외국인 근로자를 고용하였고, 코로나 시기를 고려하고도 20년 동안 계속해서 외국인 근로자의 고용이 멈추지 않고 있다. 이는 제주지역 관광업 고용주들은 외국인 근로자를 고용하여 사업장에서 서로 상생하는데 만족하고 있다. 더 나아가 고용주들은 외국인 근로자들에 대해 지속적 고용을 원하고 있고, 되도록 고용한 외국인 근로자를 연속적인 고용을 요구하고 있다.

하지만 제주지역 고용주는 외국인 근로자의 계속적 고용을 위해 합법적이고 상황에 따른 탄력적 고용이 제도화되길 요구하고 있다. 제주지역 관광업 고용주가 현재 합법적으로 외국인 근로자를 고용할 수 있는 대상은 일반적으로 (준)전문인력, 국제결혼이주여성, 유학생이다. 하지만 고용주가 합법적으로 경제적 합리성과 사업장의 효율성을 높이기 위해서는 다양한 측면에서 개선되어야 한다. 우선 대부분 관광편의시설업(특히 중국 전문요리)에 종사하는 외국인 근로자에게 허가된 (준)전문인력 E-7 비자에 대해 고용주가 요구하는 사항은 첫째, E-7 비자 발급에 적시한 특정 업무 이외의 업무를 수행하다 적발되면 E-7 비자가 취소된다. 중국 전문요리

자격으로 비자를 받았는데 코로나로 인해 중국 관광객 대신 내국인 관광객으로 변화가 일어나 일손 부족으로 한국 요리를 조리했다는 이유로 비자가 취소되었다. E-7 비자 자격 활용에 특수한 상황을 감안한 유연성이 부족하다. 둘째, E-7 비자는 가족을 동반할 수 있는 자격을 지니고 있는데, 고용주는 동반한 가족의 숙식시설을 완비해야 하는 조건으로 가족동반이 허락되고 있고, 고용주의 숙식시설 미완비로 인한 외국인 근로자의 가족동반이 허락되지 않은 상태가 대부분이다. 가족동반이 가능할 수 있도록 개선책이 요구된다. 셋째, E-7 비자로 오랜 기간 사업체에 근무하게 되면 정식근로자로의 전환이 필요하다.

법무부는 외국인 근로자가 숙련도 등의 분야에서 자격 요건을 충족할 경우 장기간 체류할 수 있는 비자(E-7-4)로 변경 신청할 수 있는 제도를 2017년 8월 1일부터 시범실시하고 있다. 즉, '외국인 숙련기능인력점수제 비자(E-7-4)'를 신청을 할 수 있다. 조건은 최근 5년 이상에서 10년 이내에 E-9, E-10, H-2 자격으로 국내에서 정상적 취업 활동을 하는 외국인 근로자이다. 이에 따라 E-7-4를 발급받은 외국인 근로자는 비자 요건을 유지할 경우 2년마다 심사를 거쳐 체류 연장이 가능하며, 10년 넘게 국내에 거주하면서 관련 요건을 충족할 경우 영주권도 취득할 수 있다. [표 5]에서 확인할 수 있듯이 2022년 제주특별자치도에서 E7-04로 숙련기능인력으로 인정된 외국인 근로자의 수는 73명이다.

2024년 2월 19일 제주특별자치도는 "2024년도 숙련기능인력(E-7-04) 비자 전환 추진 계획 공고(제2024-581호)"를 제시하고 있다. 공고의 내용을 보면 '법무부는 2024년 숙련기능인력 3만 5천 명을 비자 전환을 시행(2024.01.30.)하며, 제주특별자치도는 추천 쿼터로 103명이 배정되었다.' 이는 2022년까지 E7-04로 전환된 73명보다 많은 외국인 근로자의 비자 전환이 가능하게 되었다. 선발기준 요건으로는 '① 최근 10년간 4년 이상 국내에서 합법적으로 근무하는 외국인근로자(E-9·E-10·H-2)로서, 신청일 현재 제주특별자치도 소재 기업에서 1년 이상 근무 중인 자, ② 「K-point E74」 점수제(법무부) 최저기준 이상인 자(▶최근 10년간 해당 자격 (E-9, E-10, H-2)으로 4년 이상 체류한 現 등록외국인으로 현재 근무처에서 합법적으로 근무 중인 자, ▶현재 근무처에서 연봉 2,600만원 이상으로 향후 2년 이상 E-7-4 고용계약. 다만, 농·축산업, 어업·내항상선 종사자는 연봉 요건을 2,500만원 이상으로 완화하여 적용, ▶현재 1년 이상 근무 중인 기업의 추천을 받은 자, ▶기본항목의 Ⓐ 평균소득 및 Ⓑ 한국어 능력 각각 최소점(50점) 이상자로 300점 만점에 가점 포함 200점 이상 득점자), ③ E-7-4 전환 후 2년 이상 제주특별자치도에 체류지(주소)를 계속 두고 있어야 함'이며, '제외 대상은 신청일 현재 전용보험(귀국비용보험, 상해보험) 미가입자(가입완료 시 신청 가능)'이다.

E-7 비자와 함께 국제결혼이주여성은 관광호텔업, 유원시설업 그리고 관광편의시설업에 종사하면서, 단순 노무의 업무를 담당하며, 하루 4~8시간 정도 근무한다. 일과 가정을 양립해야 하는 관계로 가정과 근접한 사업체에서 근무지를 결정한다. 일과 가정을 양립하는 국제결혼이주여성을 위한 제도 개선도 필요하다. 그리고 현재 관광업에는 불법이지만 미등록 외국인을 소규모 업체에서 많은 고용이 진행되고 있다. 무비자 입국 제도가 미등록 외국인을 양상하는데 일익을 담당하고 있음도 사실이다. 현시점의 관광업 유지와 흥행을 위해 미등록 외국인 고용은 지속화할 것이다. 따라서 미등록 외국인을 위한 합법 및 탄력적 고용이 가능할 수 있는 대안 모색이 필요하다.

결국, 제주지역 노동시장에 외국인 근로자의 필요성이 부각되었고, 점차 비전문직에서 전문직(성실) 외국인 근로자의 주요성을 인식하게 되면서, 장기 거주 외국인 근로자의 수가 증가하는 모습을 보인다. 따라서 외국인 근로자와의 상생과 융합을 위해 제주지역 시민단체는 이전과 다른 다문화 시민성 교육을 담당할 준비를 진행해야 한다.

4. 제주 시민단체 다문화 시민성교육 변화 모색

제주 거주 외국인의 형성 변화는 제주시민의 새로운 의식변화를 요구할 수밖에 없다. 제주지역에 장기 체류하며 생활하는 외국인과 상생하며 살아가기 위한 의식함양이 필요하다.

가. 다문화 시민성교육

다문화 시민성교육은 사회통합을 목적으로 하는 다문화 교육의 한 방법이다. 다문화 교육은 일반적으로 외국 이주민과 그 자녀를 대상으로 주류집단의 사회를 이해하고 적응을 돕는 방식의 교육으로 이를 통해 사회통합을 이루고자 한다. 하지만 주류집단의 주민들이 능동적으로 미래 사회의 통합을 위해 스스로 의식을 변화시키고자 하는 다문화 시민성교육 역시 주요하다. 이를 통해 주류집단의 주민 스스로가 이주민에 대한 편견과 차별을 줄이고, 다양한 문화를 습득하고자 하며, 이주민들과 상생하고 융합하는 길을 모색할 수 있다.

Kymlicka(1995)는 '다문화 시민성(multicultural citizenship)'은 소수집단과 주류집단 양자 모두가 내면화하고 실천하는 것이 세계화 시대 시민의 요구이며 권리라고 주장한다. 다문화 시민성교육은 소수만을 위한 교육과정이 되어서는 안 되고, 시민들이 사회에 책임 있는 능동적 시민으로 살아가기 위한 지식, 가치, 태도를 지니게 하는 교육이다. 이는 동화주의적 시민성 개념이 오늘날 그 가치를 상실하였음을 의미한다. 다시 말해 제도적 온정주의에 의한 다문화 교육은 점차 그 의미가 상실되고 있다는 점이다.

Banks(2008, 39)가 강조하는 것처럼 "다문화적 시민성은 자신의 문화공동체 및 국가 시민 문화 모두에 애착심을 가질 수 있는 시민의 권리와 필요를 인정하고 정당화한다. 국가를 구성하는 다양한 민족, 인종, 언어, 종교 공동체가 국가 시민 문화 속에 반영되고 제 목소리를 낼 수 있도록 국가 시민 문화가 변혁될 때 그들은 정당한 존재로 인식된다. 그리고 그때에야 비로소 다양한 공동체들이 국가와 국가의 이상에 대한 신념을 가질 수 있다."

[그림 10] 문화적 · 국가적 · 지역적 · 세계시민적 정체성

출처: Banks(2008), p.40.

"다문화 교육은 단지 이주민을 위한 것이 아니라 다문화 사회로 진입하고 있는 한국사회의 새로운 시민, 곧 다문화 시민의 양성과 직결되어 있으며, 이를 위한 보다 포괄적인 다문화 교육의 비전이 모색되어야 한다"(황정미, 2010, 93). "다문화 교육은 다문화 공존을 가능하게 하는 새로운 문화를 창조하여 나가는 과제를 가지고 있다. 문화는 본질적으로 실체된 고정개념이 아니라, 사회적으로 형성된 것이며 문화의 재생산이 가능하다고 할 것이다. 다문화의 공존을 거부하고, 사회구조적인 불평등을 생산·재생산하고 있는 과정에 다문화주의는 직접 개입함은 물론, 새로운 사회관계를 구축함과 동시에 공정하고 평등한 다문화의 공존 사회를 구축하기 위하여 사회에 참여하는 시민을 육성하여 나갈 필요성이 여기에 있다고 할 것이다(하윤수, 2009, 129). "다문화 시민교육의 필요성이다. 유치원에서 대학에 이르는 각급 교과과정에 다문화 시민교육을 포함시켜야 하며, 이를 위한 적절한 교재 개발과 전문적인 교육 인력의 양성도 시급하다. 시민교육은 학교 교육만으로는 효과를 거두기가 어렵다. 따라서, 다양한 민간교육기관이나 시민단체들이 시민교육에 적극 참여하고 지역별·시기별 수요에 적합한 다양한 교육프로그램이 운영될 수 있도록 지원하는 정책이 필요하다"(한상우, 2010, 82).

결국, 다문화 시민성교육의 목적은 소수종족집단이 주류종족집단 사회 속에서 살아가기 위한 동화, 적응을 중심으로 한 교육이 아닌 이질적인 문화를 지니면서 국가의 경계를 넘어 세계 공통적으로 적용될 수 있는 시민사회의 원리, 개념 및 가치를 가르치는 교육으로 진행하면서 그 사회 상황에 적절한 교육의 틀을 성찰적으로 구성하려는 일련의 교육이다. "개인은 건전하고 성찰적인 문화 정체성을 습득하였을 때에 한하여 건전하고 성찰적인 국가 정체성을 가질 수 있다. 또한, 개인은 실제적, 성찰적, 긍정적인 국가 정체성을 형성한 이후에 비로소 성찰적이고 긍정적인 글로벌 정체성을 습득할 수 있다"(Banks 2009, 52). "새로운 다문화 시민성을 지닌 일련의 사회는 주류종족집단과 다양한 소수종족집단이 공동의 이익을 위해 함께 소통하며 더불어 살아가는 융합사회인 것이며, 다문화 시민성교육은 성찰적이고 관념적이지만 한 국가에 함께 살아가는 구성원들에게 글로벌 정체성을 함양하려는 인식 개선의 노력이다. 다시 말해 다문화 시민성교육은 민족적·국가적·세계적 정체성, 헌신, 이해, 행동 등 여러 방면에서 균형을 유지시키는 구성원을 양성하며, 양성된 그들은 보편적인 민족적 가치와 인류 보편의 원칙을 내면화하고, 이러한 가치에 따라 행동하는데 필요한 역량, 헌신의 태도를 갖추는 데 있다"(Banks 1984, 56).

나. 제주 다문화 시민성교육

제주에서의 다문화 시민성교육은 제주 사회의 변화에 맞춘 새로운 의식세계를 구축하려는 노력의 일환이다. 이는 제주의 이주역사에서 제주시민들에 내재화된 편협적이고, 배타적이고, 선택적 차별주의로 인한 차별과 편견 등의 상징적 폭력성을 누그러뜨리고 성찰적이고 긍정적인 글로벌 정체성을 함양하도록 교육을 준비해야 한다. 제주시민들은 편협성 대신에 다양성을, 배타성 대신에 포용성을 그리고 선택적 차별주의 대신에 다인종·간문화주의로 대체되어야 한다.

1) 다양성

원나라 지배와 고려·조선 시대를 거치면서 제주인은 외로운 섬 안에서 고립된 상태로 생활을 영위해야 했다. 다시 말해 오랜 기간 제주인은 폐쇄된 상태로 생활하며 다양한 다름의 문화를 능동적으로 접할 기회가 없었다. 다양한 다름을 알아야 다양한 이해를 할 수 있음에도 불구하고, 폐쇄된 공간에서 외국 이주민의 의도대로 수동적 삶을 영위하였기에 편협한 사고를 지닐 수밖에 없었다. 오히려 제주인은 외국인에 대한 두려움, 이질감 혹은 적대감이 내면에 자리하였다.

제주 이주역사의 시대가 변화하고 있는 현시점에서 제주인이 지닌 수동적이고 편협된 사고의 틀이 얼마나 변화하였는지는 현재 부정적으로 평가될 수밖에 없다. 제주인은 외국 이주민에 대해 개방적 내면의 세계를 불러일으켜야 하며 다양한 다름의 존재를 인정하고 서로의 다름을 존중하는 사고의 전환이 필요하다. 하지만 오랜 기간 감정적으로 내면화된 성격이 조속한 시일 내에 변화를 일으킨다는 측면은 어려움이 있다. 수동적이고 편협한 사고로 다양한 다름의 문화를 이해하지 못한 제주인은 외국인에 대해 제주의 생활방식대로의 삶을 강요하게 된다.

제주 다문화 시민성 교육은 제주인의 다양성 사고를 습득할 수 있는 교육프로그램 개발에 초점을 맞추어야 한다. 현재 진행 중인 국제결혼이민자 그리고 외국인 근로자들의 국가 문화에 대한 이해도를 높여야 하며, 이와 함께 선진 다문화 사회의 역사 경로를 이해하며, 그들 사회가 경험한 다양한 사회문제를 이해하고, 외국의 다문화 시민성교육의 사례를 경청하고 토론하며, 다양한 문화에의 접근을 시도하는 교육방법을 도입해야 한다.

2) 포용성

제주 이주역사에서 제주인은 외지인에 자신의 이익이 훼손되고 있다는 사고가 팽배하며, 오늘날에도 이런 배타적 성격이 강하게 남겨져 있다. 제주인의 배타적 성격은 제주인 스스로만 노력해서 해결될 문제로 보이지는 않는다. 제주인의 배타적 성격은 외국인과 제주인이 서로 상생하고 융합하는 과정에서만 해결될 수 있다는 점이다.

1970~1980년대 제주로 유입된 국내 이주민들은 이주 년수가 길어지면서 제주를 자신의 고향으로 인식하게 되었고, 그들은 제주인들과 서로 상생하고 융합하려는 생활 모습에서 그들의 2, 3세대 자녀들은 이제 제주인으로 생활하게 되었다. 제주로 유입된 외국인들도 이주 년수가 길어지고 스스로 제주인이 되어갈 때, 제주인들도 그들과 함께 상생하고 융합하고자 하는 포용성이 내면에 자리하게 된다.

제주 사회는 외국인을 제주인 스스로 필요로 하기에 그들을 받아들이고 있다. 제주인 스스로가 그들의 도움을 요청한 상태이기에, 이런 상황을 인식하고 외국인이 제주 사회에 적응하기를 기다리기보다는 제주인 스스로가 그들에게 다가갈 수 있는 다각적인 방안을 모색해야 한다. 제주에 유입된 국제결혼이민자의 삶을 이해하려고 하고, 외국인 근로자들의 어려움을 직시하려는 모습이 이에 해당한다. 나이가 많을수록, 농촌 지역일수록 그리고 성별 및 국가별 차이로 제주인의 배타성은 더욱 강하게 나타나고 있어서 이에 대한 제주 다문화 시민성교육은 시급하게 운영될 필요성이 있다.

3) 다인종·간문화주의

다인종주의(Multiracism)와 간문화주의(Interculturalism)란 용어 자체가 제주인에게는 생소하다. 한국(제주)인은 역사적으로 현재까지 교육을 통해 단일민족을 강조함으로써 어린 시절부터 가치 합리적이고 선택적 차별주의가 깊숙한 내면에 자리하고 있다.

역사적으로 미주국가들은 백인주의를 강조하며 많은 사회의 인종갈등을 자아냈고, 이로 인한 사회적 비용을 지속해서 지출하고 있으며, 현재에도 주요한 사회문제로 자리하고 있다. 유럽에는 역사적으로 민족적 갈등과 이에 부합되는 종교적 갈등이 계속해서 야기되며 주요한 사회문제로 자리하고 있다. 현재까지 제주에는 인종적, 민족적, 종교적 차원에서의 사회갈등과 문제는 발생하고 있지 않다. 하지만 제주인이 지닌 선택적 차별주의는 보이지 않는 갈등과정에 존재하고 있으며, 이는 상징적 폭력으로 나타나고 있다. 교육적 차원에서 제주인의 선택적 차별주의를 해소하지 못한다면, 사회적 갈등으로 표출될 것이고, 현실적으로 사회적 갈등이 표출되면 문제의 심각성을 자아내게 되며, 이에 따른 사회적 비용 지출은 불가피하게 된다. 이를 위해 사후 문제를 미리 방지할 수 있는 교육적 방안을 모색해야 한다.

지역적, 경제적, 인종적 성격을 지니는 선택적 차별주의의 해소는 미주와 유럽의 다인종 및 간문화의 교육을 참고할 필요가 있다. 인종주의와 민족주의는 미주와 유럽의 역사 진행 과정에서 경험을 통해 습득된 내면적 성격으로 이에 대한 학습을 통해 한국과 제주에서 지역, 경제발전, 인종, 민족에 의한 갈등이 아닌 서로 다름을 이해하고 함께 더불어 살아가는 방안을 찾아내야 한다.

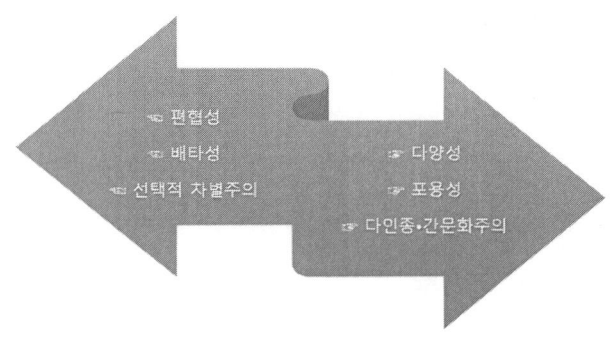

[그림 11] 의식의 변화

다. 다문화 시민성교육 프로그램과 시민단체의 역할

다문화 시민성교육 내용은 세계화 혹은 지구화로의 사회변화, 소수종족집단들과 주류종족집단의 다양한 문화 이해, 상호의존성과 공동체적 삶, 존중과 친밀감, 자아실현, 세계 시민의 역할 등의 주제들이 포함되어야 한다. 또한, 교육대상자에 따라 다문화 시민성교육의 실체는 달라져야 한다. 주류종족집단 구성원을 대상으로 한 다문화 시민성교육 내용과 소수종족집단 구성원을 대상으로 한 다문화 시민성교육 내용은 달라야 하며, 지역별로 도농의 차이, 연령별로 유아와 초등학생을 대상으로 하는 다문화 시민성교육 내용과 청소년과 성인을 대상으로 하는 다문화 시민성교육의 내용은 달라야 한다.

제주 사회에서 시민단체 다문화 시민성교육은 국제결혼이민자의 사회적응을 위한 교육 및 그 자녀를 대상으로 하는 교육지원이 주를 이뤘다. 앞으로 다문화 시민단체는 외국인 근로자와 그 가족을 대상으로 하는 다문화 시민성교육과 제주시민을 대상으로 하는 다문화 시민성교육으로의 전환이 필요하다. 이와 함께 다문화 시민성교육을 담당하고 있는 민간단체들의 역할도 변화되어야 한다. 전문직 다문화 시민단체와 복지적 다문화 시민단체의 역할을 세분하여 적절한 다문화 시민성 교육이 전달될 수 있는 체계를 구축해야 한다.

지금까지 제주지역 시민단체에 의해 다문화 시민성교육으로 실행되지 않은 부분은 (1) 제주시민을 위한 다문화 시민성교육, (2) 공무원을 대상으로 하는 다문화 시민성교육, (3) 다문화 가정 구성원을 위한 다문화 시민성교육 (4) 외국인 근로자와 가족 구성원을 대상으로 하는 다문화 시민성교육 등이 있다.

다문화 시민성교육은 공공부문과 민간부문에서 동시에 진행할 수도 있고, 공공부문이나 민간부문이 직영 혹은 위탁 업무로 진행할 수도 있다. 오랜 이주역사를 지닌 국가에서는 민간부문에서 진행하고 있으며, 이주역사가 오래지 않은 국가에서는 공공부문에서 직영하거나 민간단체에 위탁하여 재정적 지원을 하고 있다. 제주의 경우 시민단체의 다문화 시민성교육은 대부분 공공부문에 의해 위탁사업으로 진행되고 있다.

1) 시민교육

제주도는 국제화의 흐름에 맞춰 아시아의 최고 도시로 변모하겠다는 의지를 표명하면서 2001년 제주국제자유도시의 지정으로 이어졌다. 제주국제자유도시는 관광도시뿐만 아니라 산업의 지식 기반과 정보화를 구축하고자 하면서 사람·상품·자본의 국제적 이동을 최대한 보장하는 지역으로 탈바꿈하고자 한다. 또한, 제주도는 2006년 7월 1일 도제 실시 60년 만에 특별자치 시대를 맞이하면서 기존의 비합리적인 틀을 벗고, 세계의 흐름과 발맞춰 제주발전을 도모하고자 하였다.

이와 함께 제주특별자치도는 다문화 현상을 맞이하게 된다. 다문화 사회는 보이지 않게 제주 사회로 다가왔다. 국제결혼과 중국과의 교류로 갑자기 나타난 다문화의 흐름은 단시일에 끝나는 현상이 아닌 장기적인 현상이다. 그리고 다문화 현상은 제주인이 스스로 능동적으로 해결해야 하는 주요 사안이 되고 있다.

따라서 제주의 다문화는 미래지향적인 정책과 사업임과 동시에 사회문제의 사전 예방적 개선 의지가 필요하다. 이는 곧 제주인의 의식변화를 요구하며, 단지 다문화가족을 대상으로 하는 다문화 정책과 사업이 되어서는 안 되며, 제주도민을 대상으로 하는 다문화 시민성 의식의 변화를 담보해야만 한다. 제주인의 성격을 성찰적이고 다양성을 담보하는 새로운 의식과 성격을 형성하는 일이며, 상징적 폭력을 해소하며, 제주 사회가 세계화에 진입하며 경쟁할 수 있는 세계 시민의 육성을 도모해야 한다.

시민단체가 주도하는 제주시민을 대상으로 하는 다문화 시민성교육은 제주인으로서의 다문화 정체성과 자긍심, 세계 문화의 다양성과 차이점을 인정하고 수용할 수 있는 내용, 소수종족집단 문화의 개별성과 독특성을 인정하며 존중할 수 있는 내용, 주류종족집단과 소수종족집단의 문화적 차이를 인정하고 친숙한 교육 환경을 조성할 수 있는 내용, 다양한 인적·물적 자원이 활발히 교류하는 사회에 대한 긍정적인 태도를 형성할 수 있는 내용, 서로 편견 없는 시각을 지니는 상호의존적 내용, 고정관념을 벗고 다양하고 개방적인 사고를 지닐 수 있도록 하는 내용, 적극적인 의사소통이 이뤄질 수 있도록 도와서 사회적 지식과 기술 습득에 자아실현 태도를 지니도록 하는 내용 등을 담아내야 한다. 하지만 교육이 이론적 내용에만 충실하게 된다면 흥미를 쉽게 유발하기 어렵다. 이론과 답사를 동시에 진행함으로써 시민들의 흥미를 유발하는 방안을 포함하여야 한다.

다시 말해 제주 다문화 시민성교육 프로그램은 다양성, 포용성 그리고 다인종 및 간문화주의를 이해할 수 있는 이론적 측면과 제주의 이주역사를 통해 차별과 편견 그리고 상징적 폭력을 감소시키는 답사 측면에 주목해야 한다.

2) 공무원 교육

국제결혼이민자와 외국인 근로자가 제주 사회에서 정상적 활동을 하기 위해선 공공기관의 방문은 필수적이다. 국제결혼이주여성과 고용허가제 외국인 근로자는 공공기관의 공무원으로부터 상징적 폭력에 의한 피해 발생 확률이 높다. 외국인이며, 나이가 어리고, 한국(제주)어를 정상적으로 활용할 능력 부족, 그리고 공공기관의 행정 시스템 무지인 이유로 상징적 폭력의 대상이 된다. 특히 국제결혼이민자와 외국인 근로자는 외국인으로 (한국)국적을 취득하지 못한 상태에서 출입국사무소의 왕래는 살얼음 위를 걷는 심정이다. 주민자치센터, 돌봄(유아) 기관, 경찰, 법원, 병원 등 역시 국제결혼이주여성의 의사소통을 위한 주요 장소로서 공무원 및 준공무원들이 국제결혼이주여성의 생활상을 이해하지 못한다면 그들과의 공무 상황에서 편의 제공에 오류를 범할 가능성이 있다. 앞으로 외국인 근로자와 그 가족들도 공무원 및 준공무원과 의사소통 및 공무 상황이 진행될 예정이며, 국제결혼이주여성과 유사한 상황에 직면할 수 있다.

공공기관의 담당자들은 국제결혼이민자와 외국인 근로자가 지역사회에 함께 더불어 사는 구성원으로 인식하고 제주시민과 평등한 관계에서 공무가 집행되어야 한다. 국제결혼이주민과 외국인 근로자와 그 가족들이 이등 국민으로 차별하고, 언어를 구사하지 못하는 장애인으로 판단한다면 지역사회의 발전에 저해요소로 나타나게 된다. 공공기관의 담당자들은 제주시민보다 다문화 인식이 제고되어야 한다. 특히 공무원들은 다양성을 인정하고 포용의 능력을 지녀야 하며, 다인종 및 간문화에 대한 차별과 편견을 없애야 한다. 이를 위해 공무원 자신의 지역사회에 거주하는 국제결혼이주민과 외국인 근로자 가족을 파악하고, 관리하며, 편의를 제공할 준비가 되어야 한다. 공무원들은 국제결혼이주민과 외국인 근로자의 유입배경, 다양한 국가에 대한 이해, 그들의 생활상 등을 인식하고 그들과 긍정적 의사소통을 할 능력을 갖추어야만 한다.

제주 사회에서 지금껏 교육청을 제외하고 공공기관의 공무원을 대상으로 하는 다문화 시민성 교육프로그램이 진지하게 진행된 경우가 없다. 공무원 대상 제주 다문화 시민성교육은 다문화 개념에 대한 이해, 다양한 선진 유럽국가에서 다문화 정책 및 실천, 제주 다문화 현상에 대한 이해, 국제결혼이민자와 외국인 근로자의 국가와 문화 이해, 국제결혼이민자와 외국인 근로자의 생활상에 대한 이해 및 고민 청취, 국제결혼이민자 및 외국인 근로자와의 대화 등이 교육프로그램의 내용으로 담겨야 한다. 특강 형태로 진행되는 다문화 시민성교육은 자신들의 업무와 관련된 다문화 제도 및 법체계를 숙지해야 한다. 또한, 공공기관이기 때문에 지역의 다문화 관련 시민단체에 대한 정확한 정보 역시 숙지해야 한다. 다문화 시민성 교육 이론은 제주 및 본토 다문화 교육 전문가를 초빙하여 강의와 토론으로 진행하고, 답사는 제주 다문화 관련 역사장소와 시민단체를 방문하고 토론의 장이 마련되어야 한다.

3) 다문화 가정 구성원 교육

제주 시민단체가 다문화 가정 구성원을 대상으로 진행하는 다문화 시민성교육은 크게 둘(국제결혼이주민과 외국인 근로자 가정)로 구분하여 진행해야 한다.

　우선 국제결혼이주민이 제주특별자치도에서 적응해 살아가며 발생하는 생활의 제반 문제를 파악하고, 이들이 제주 사회에 적응할 수 있도록 하는 방안과 더불어 미래지향적이며 사전 예방적 차원에서 다문화 시민성교육 프로그램 계획이 주요하다. 국제결혼이민자에게 가장 많은 상징적 폭력 및 물리적 폭력까지 발생하는 장소가 가정이다. 현재 다문화가족의 사회문제는 청소년 문제도 있지만, 그보다 다문화가족의 갈등과 이혼문제가 심각하게 대두되고 있다. 일반가정과 비교하여 비율적으로 다문화 가정 이혼의 비율은 적은 수치를 나타내지만, 다문화가족의 이혼은 일반가정의 이혼보다 사태가 더욱 심각하게 나타날 우려가 있다.

　다문화가족 구성원들이란 제주 부모를 비롯하여 형제분 내외 등으로 지칭할 수가 있다. 다문화가족 구성원들은 국제결혼이민자가 제주에 유입되어 가장 먼저 만나는 사람들이며, 가장 빠른 대화의 창구이기도 하다. 그들은 배우자 다음으로 다문화가족 구성원을 신뢰하고 제주 사회의 삶에 기둥으로 자리하게 된다. 하지만 이런 신뢰와 기둥에 문제가 발생하게 되면 국제결혼이민자는 이혼 혹은 도피 및 일탈 등의 행동을 감행한다. 다문화가족 내 구성원 간 불협화음 및 상징적 폭력 행사는 국제결혼이민자에게 제주 사회의 삶에 대한 부정적 인식을 지니게 하며, 자녀 양육에 심각한 내홍을 낳게 한다. 다문화가족 구성원에 가장 주요한 교육대상은 국제결혼이민자를 맞이한 배우자이다. 배우자는 국제결혼이민자의 국가 문화를 이해하고, 내재한 문화적 성격을 파악해야 한다. 하지만 언어를 구사하지 못하고, 한국(제주) 사회를 무조건 이해하기를 강요하며, 자녀들은 한국에서 살아야 하기에 이중언어 습득은 하찮은 것으로 취급하게 된다면 서로 간 이해에 문제가 발생할 수 있다. 지금껏 제주 사회에서 국제결혼이민자를 맞이한 배우자에 대한 교육을 다양한 시민단체와 교육단체에서 실행되었다. 하지만 교육에 참여하는 배우자는 아주 제한적이었고, 참여 자체 부정적 인식이었다.

배우자 다음으로 주요한 다문화가족 구성원은 제주의 부모로서, 이들은 전통적 삶의 방식을 변화시키려는 노력을 거의 하지 않는다. 제주 부모들은 20대~30대의 국제결혼이민자가 지닌 문화 인식을 전혀 파악하지 못하고, 제주어를 구사하지 못하여 여러 상황에서 가족 내 갈등으로 표출되고 있다. 또한, 제주 부모는 국제결혼이민자 국가의 문화를 전혀 알 수 없기에 한국 문화 차이에서 나타나는 국제결혼이민자의 행동을 이해하지 못할 뿐만 아니라 제주의 전통방식을 강요하면서 상징적 폭력으로 나타나기도 한다.

다문화 가정 구성원을 대상으로 하는 제주 다문화 시민성교육은 제주 배우자, 부모 그리고 형제분을 대상으로 하여야 하지만, 다문화 시민성교육 참여자 모집부터 어려움에 봉착한다. 현재 상황에서 그들은 다문화 시민성교육에의 참여에 부정적이다. 공공기관의 협력으로 강제성을 띠지 않는다면 배우자 대상 다문화 시민성교육은 진전을 보일 수 없다. 그러나 배우자 대상 다문화 시민성교육은 가족의 정상생활과 앞으로의 사회안전망을 보호하기 위해선 시급히 진행되어야 한다. 다문화 가정의 안정은 절대적으로 배우자와의 관계 유지가 주요하다. 제주 부모와의 불협화음에서도 배우자에 의해 타협과 화해를 이끌 수 있다. 국제결혼이민자는 배우자의 신뢰와 믿음만을 가지고 제주로 유입되었고, 이를 바탕으로 자녀들과의 관계 안전망을 형성하게 된다.

둘째는 외국인 근로자와 그 가족에 대한 다문화 시민성교육을 준비해야 한다. 지금까지 제주 시민단체는 외국인 근로자와 그 가족에 대한 다문화 시민성교육을 진행한 경험이 없다. 2000년 초반 제주지역에서 다문화 교육의 시작은 공공기관보다 앞서서 시민단체에 의해 진행되었다. 당시 초등학교에 다문화 가정 자녀의 수는 제주지역 전체 100명 정도에 불과했다. 하지만 20년이 지난 현재 학교에 2022년 2,876명에 달하고 있다. 성실 외국인 근로자(E-7-4)에 의해 장기체류 허가를 받은 수가 현재 73명이며, 2024년 103명이 추천될 예정이다. 계속 성실 외국인 근로자의 수는 증가할 수밖에 없다. 장기체류하는 성실 외국인 근로자는 본인의 가족을 동반할 수 있기에 제주로 유입되게 된다.

우선 성실 외국인 근로자로 추천될 수 있는 외국인 근로자에 대한 한국어 교육이 필요하다. 성실 외국인 근로자가 되기 위해선 한국어능력시험에서 최소점 이상을 획득해야 한다. 그리고 성실 외국인 근로자와 가족 구성원을 위한 사회적응, 취업 그리고 자녀 교육지원이 필요하다. 이들에 대한 다문화 시민성교육은 이전 국제결혼이민자의 교육과정을 활용할 필요가 있다. 하지만 성실 외국인 근로자의 자녀 교육지원은 외국에서 출생하고, 부모 모두 외국인에 의해 출생한 자녀이기에 국제결혼이민자 자녀와 다르다.

5. 결론 및 제언

제주특별자치도 외국인 형성과정에 많은 변화가 진행되고 있다. 변화를 반영하는 제주지역 독특한 다문화 시민성교육이 필요함을 인식해야 하며, 미리 시민단체가 우선적 다문화 시민성 교육프로그램을 개발하여야 한다.

제주 역사는 이주역사로 표현될 수 있다. 선사시대 이래 오늘날까지 제주 사회는 국제이주민들과 함께하였다. 탐라, 고려, 조선, 일제강점기 그리고 1960년대~1980년대의 이주역사를 지나 2000년대로 이어지고 있다. 하지만 끊임없이 이어진 이주역사는 제주인에게 그들만이 내재하는 성격을 지니게 하였다. 제주의 아픈 역사는 외지인에 대한 이질적이고, 적대적이며, 회피하려는 성격을 지니게 하였고, 이는 편협성, 배타성 그리고 선택적 차별주의를 지니게 하였다.

하지만 2000년대 이주역사는 이전의 이주역사와 다른 면모를 보여준다. 이전의 이주역사에서 국제이주민은 제주인에게 동의나 허락을 받지 않고 제주로 유입되었지만, 현재 진행되는 이주역사는 제주인의 요청으로 제주로 유입되고 있다. 따라서 이전의 이주역사에서는 제주인 스스로 국제이주민에 대한 정책과 실천을 진행하기란 어려웠다. 하지만 현재는 제주인의 요구로 국제이주민이 유입되는 관계로 제주인은 그들과 상생하고 융합하며 살아가려는 능동적인 모습이 필요하다.

제주인에 의한 능동적인 다문화 정책과 실천도 주요하지만, 국제이주민 특히 제주에 영구히 거주하고자 유입된 국제이민자들과 함께 더불어 살아가기 위한 의식구조의 변화가 필요한 시점이다. 이주유형의 변화는 제주인의 새로운 의식의 내면화를 요구하고 있다. 따라서 제주인 의식변화를 위해 제주 다문화 시민성교육은 절실히 필요한 사항이다. 국제이주민에 대한 이전 제주인의 의식이었던 편협성, 배타성 그리고 선택적 차별주의는 새로운 의식인 다양성, 포용성 그리고 다인종·간문화주의로의 변화가 진행되어야 한다.

제주 다문화 시민성교육을 위해 실제 제주 사회구성원으로 살아가고 있는 국제결혼이민자와 외국인 근로자를 중심으로 제주 다문화 시민성교육의 필요성과 교육프로그램의 내용을 진단하였다. 특히 외국인 근로자의 제주 거주 인구수의 증가에 유념하며 제주 다문화 시민성교육의 프로그램을 시민, 공무원, 다문화가족 구성원으로 구분하여 설명하였다.

  본 고는 그간 다문화 교육의 인식 부족으로 인해 사실상 연구가 진척되지 않았던 다문화 시민성교육 연구에 대한 기초작업이다. 또한, 국제결혼 이민자와 외국인 근로자의 사회적응에 나타나는 현상을 고찰하고, 제주도민의 다문화 시민성교육의 실행 타당성을 타진하였으며, 지역사회 내 다문화 교육에 관한 교육사회학적 의미를 담고자 하였다.

참고문헌

하윤수(2009), 미국 다문화 교육의 동향과 사회과 교육과정, 사회과교육, 48(3), 17-132.
한상우(2010), 독일의 다문화 사회 통합정책과 시사점, 한독사회과학논총, 20(3), 82.
황석규·고광명·김순임·김미리·송훈·고병수(2019), 외국인근로자 고용주 인식 기초조사- 제주지역 농·수·축산업-, 제주특별자치도.
황석규·고광명·김순임·박가인·송훈·고병수(2020), 외국인근로자 고용주 인식 실태조사- 제주지역 제조업-, 제주특별자치도.
황석규·고광명·송훈(2022), 제주지역 관광업 외국인근로자 고용주 인식 실태조사, 제주특별자치도.
황정미(2010), 다문화시민 없는 다문화 교육- 한국의 다문화 교육 아젠다에 대한 고찰, 담론 201, 13(2), 93-123.
Banks, J. A.(1984), Teaching Strategies for Ethnic Studies, Boston : Allyn & Bacon.
Banks, J. A.(2007), Educating Citizens in Multicultural Society, 김용신·김형기 역(2009), 다문화시민교육론, 파주: 교육과학사.
Banks, J. A.(2008), An Introduction to Multicultural Education, 4th ed, 모경환·최종옥·김명정·임정수 역(2008), 다문화 교육 입문, 서울: 아카데미 프레스.
Kymlicka, W.(1995), Multicultural Citizenship : A Liberal Theory of Minority Rights, New York : Oxford University Press.

법무부 출입국·외국인정책본부(2023), 등록외국인 지역별·세부체류자별 현황.
법무부 출입국·외국인정책본부(2015~2023), 통계연보.
제주특별자치도(2007~2024), 제주특별자치도 통계연보.
제주특별자치도 여성가족과(2022), 제주지역 다문화가구 및 외국인 주민현황.
행정안전부(2010~2023), 행정안전 통계연보.

경향신문 2016년 4월 12일자.
뉴제주일보 2022년 7월 24일자.
연합뉴스 2023년 1월 1일자.
제민일보 2021년 3월 14일자.
제주신문 2018년 1월 31일자.
한라일보, 2024년 3월 5일자.
한라일보 2023년 10월 31일자.

한라일보 2023년 7월 13일자.
한라일보 2022년 10월 25일자.
한라일보 2021년 3월 15일자.
헤럴드경제, 2022년 11월 15일자.

국제가정문화원 인터넷 자료.
동부종합사회복지관 홈페이지.
동제주종합사회복지관 홈페이지.
서부종합사회복지관 홈페이지.
서귀포시가족센터 홈페이지.
서귀포종합사회복지관 홈페이지.
은성사회복지관 홈페이지.
제주글로벌센터 인터넷 자료.
제주다문화 교육·복지연구원 인터넷 자료.
제주시가족센터 홈페이지.
제주이주여성상담소 인터넷 자료.
제주외국인쉼터 인터넷 자료.
제주외국인노동자지원센터 인터넷 자료.

제6장

한국 다문화 교육의 역사와 다문화 시민교육의 과제

김민호

1. 한국 다문화 교육의 역사와 현황
2. 한국 다문화 시민교육의 과제
3. 한국 다문화 시민교육의 사례 검토

제6장

한국 다문화 교육의 역사와
다문화 시민교육의 과제

김민호

1. 한국 다문화 교육의 역사와 현황

가. 한국 다문화 교육의 맥락

다문화 교육은 교육자, 학자, 정책입안자, 시민운동가, 그리고 일반 대중 사이에 다양한 의미로 존재한다. 그러나 이들 사이에 동의가 이루어지고 있는 것은 다문화 교육의 중요한 목표가 "남녀학생 모두와 다양한 인종과 문화적 배경을 가지고 있는 학생들, 그리고 특수한 학습자들에게 평등한 교육의 기회를 보장하는 것"(Sleeter & Grant,1987)이다. 그리고 모든 학생에게 평등한 교육기회를 제공하도록 학교를 재구조화하는 것이다. 또한 다문화 교육은 주류사회의 학생을 포함해 모든 학생이 효과적으로 생존하고 활동할 수 있는 지식, 기능 및 태도를 길러주는 것이다. 이를 위해서는 국경을 넘어 다양한 문화에서 기능할 수 있는 간문화적(cross-cultural) 역량을 기르고, 지구상에서 살고 있는 모든 사람이 상호 연관된 운명을 갖고 있음을 이해하도록 돕는 세계시민교육이기도 하다(Banks, 2008).

하지만 다문화 교육은 시공간적 특성에 따라 그 의미와 범주가 다르게 나타났다. 먼저, 이주민을 중심으로 국가를 세운 미국, 캐나다, 호주 등에서는 다문화 교육이 '건국' 내지 '국민형성'의 과정과 그 맥을 같이 한다. 이들 국가에서는 다문화주의가 이주민간 분열을 막고 국가에 대한 소속감을 강화시키기 위한 정치 수단의 성격이 강했다. 캐나다는 퀘벡지역 프랑스어 사용자들의 분리주의 주장을 무마하기 위해 다문화주의를 채택했고, 호주도 1978년 백호주의 정책을 포기한 후 아시아인들을 '새로운 호주인'으로 명명하며 호주의 민주적 체계로 동화시키기 위해 다문화주의를 공식적으로 채택했다. 그러나 이 과정에서 토착민들은 '내부의 이주자 소수집단'으로 전락하고 민족국가의 헤게모니는 '이방인 정복자'들의 몫이 되었다. 다문화 교육은 정복자들의 정체성(백인, 앵글로색슨, 프로테스탄트 문화: WASP)을 표준적으로 공인하고 제도적으로 정당화하는 정치적 과정이라 해도 과언이 아니었다(김희정,2007; 오경석, 2007).

반면에, 종래 식민국가들을 중심으로 이주노동자들과 그 가족들을 받아들였던 영국, 프랑스, 독일 등의 유럽 국가들에서는 '민주주의와 인권'이라는 자유민주주의적 가치를 강조하면서 다문화 교육을 전개하였다. 그러나 타 민족국가를 폭력적으로 정복했던 제국주의적 경험을 갖고 있던 이들 국가들의 다문화주의는 '제국의 국민'과 '식민지 신민'을 구별하는 근본적 한계를 갖는다. 그 결과 시민사회 내 극력한 인종주의적 폭력과 유럽 외부에 대한 뿌리 깊은 배타주의를 초래했다. 이들 국가에서 다문화주의자 제대로 자리 잡으려면 문화적 다양성과 국가사회의 통합을 이루면서 동시에 이주민을 제 2의 시민으로 푸대접하는 일을 넘어서는 '민권적 다문화주의'와 '상호문화적 접근방식'이 요구된다(Abdallah-Pretceille, 1999; Martiniello, 2002; 오경석, 2007).

다른 한편 다문화국가 중에는 인도네시아, 말레이시아처럼 식민지 지배를 받기 이전에 이미 다종족, 다문화 환경을 경험했던 나라들이 식민정부의 자의적 행정구역 편제와 종족 분할통치, 강제 이주 등에 의해 종족 문화생활권의 격리와 중복이 일어나 종족간 분규를 강요받은 아시아 국가들이 있다. 이들에겐 다문화 교육이 식민통치 이전의 다종족, 다문화 환경을 복원하는 '탈식민'의 과정이고, 전통적 반인권적 가부장적 요소들을 '탈전통화'하는 것이며, 현 통치체제를 '민주화'하는 일과 중첩된다(오경석, 2007).

우리나라는 북미와 오세아니아, 서구유럽 혹은 아시아 다종족 국가들과는 다른 맥락에서 다문화 사회를 형성하고 있다. 북미처럼 다문화주의가 국가 건국이념도 아니요, 유럽처럼 이주민의 다문화 시민권이 부각할 만큼 자유민주주의가 성숙한 상황도 아니며, 몇 아시아 국가들처럼 다종족의 역사적 배경을 갖고 있지 않다. 다만 세계화의 흐름 속에서 산업연수생(1993년)과 고용허가제 정책(2004년), 한·칠레 FTA 발효 (2004년), 한·EU FTA 발효 (2011년), 한·미 FTA 발효 (2012년)에 이은 한중 간 FTA 발효 (2022년) 등 59개국과 21건의 FTA를 체결해 국가 주도로 국가의 탈중심화 정책을 추진 중일 뿐이고, 재외동포특별법에서 '조선족'과 '고려인'을 민족적 고려에서 철회하면서 분열적이긴 하나 탈민족주의적 지향성을 드러내고 있으며, 순혈주의와 단일민족주의의 관행에도 불구하고 매우 미약하나마 소수 문화에 대해 인정과 관용을 보인다. 우리나라로 이주해 온 외국인 노동자나 결혼이주여성, 유학생 그리고 이들 가족들을 '온정주의'와 '동화주의'의 입장에서 사회통합의 대상으로 간주하여(김혜순,

2007; 윤인진, 2007; 오경석, 2009). 소수 문화주체들의 재서열화, 재인종화를 이루고 있다. 요컨대 한국에서의 다문화주의는 국가의 탈중심화 경향에 조응해서 탄력 받고 있으나, 분열적인 민족주의 탓에 이주민을 인정, 포용하는 데는 한계를 보인다고 평가할 수 있다.

나. 한국 다문화 교육 정책의 전개

우리나라 정부가 다문화 교육 정책을 본격적으로 추진한지도 어느덧 20년이 가까워졌다. 2006년 5월 교육인적자원부가 「다문화 가정 자녀 교육지원 대책」을 발표한 이래 교육부는 자체적으로 다문화 교육 담당 부서가 별도로 있지는 않았지만 외부의 자문 혹은 용역 과제 발주 결과를 바탕으로 교육부 나름의 정책 과제를 기획, 추진해 왔다. 특히 2014년부터는 다문화 가정 학생만이 아니라 일반학생 대상 다문화 교육 정책을 적극적으로 추진하기 위해 교육부의 사업 계획을 「다문화 교육 활성화 계획」으로 변경했다. 교육 정책의 주된 내용은 우리나라에서 태어났거나 외국에서 이주한 다문화 가정 학생들이 성공적인 학교생활을 할 수 있도록 한국어 교육이나 한국 문화교육 등을 통해 도움을 제공하고, 우수 인재로 양성[1]하기 위한 지원체계를 마련하며, 일반 학생들이 다문화 가정 학생을 비롯해 그들 가족들과 다문화 현상 전반을 이해하도록 돕는 것이었다. 아울러 현직 및 예비 교사들의 다문화 교육 역량을 함양하고 학부모들의 다문화 사회에 대한 이해를 도모하는 것이었다.

교육부는 다문화 학생이 많은 학교를 중심으로 그리고 일반 학생들의

---

1 교육부의 2019년 「다문화 교육 지원계획」에서부터 나타난 표현

'다문화 이해 교육'을 위해 2008년부터 지금까지 다문화 이해 시범학교, 연구학교, 중점학교 혹은 정책학교 등을 운영해 왔다. 아래 [표 1]이 보여주듯이, 2009년 58개에서 2020년 650개로 정책학교가 해마다 증가했으나 2021년 갑자기 439개로 급감했다가 이후 다시 늘리기 시작해 2023년 현재 518개가 있다. 또한 모든 학교의 모든 학생들 대상으로 다문화 이해 교육을 실시하기 위해 2010년부터는 본격적으로 학교 교육과정(2007 개정 교육과정)에 다문화 내용을 반영하기 시작했고, 2017년부터는 연간 2시간 이상 모든 학생 대상 다문화 교육의 실시를 권장하였다(교육과학기술부, 2008, 교육과학기술부, 2010, 교육부, 2017).

또 2008년부터 다문화 주간을 설정하고 일반 학생 대상 '다문화 이해 교육'을 도모하고 있지만, 이제껏 '다문화 가정 학생 교육' 정책보다 늘 우선순위에서 밀렸다. 다문화 이해 교육을 한다 하더라도 다문화주간의 일회성 행사에 그치는 경우가 많았다.

"도교육청의 「학교별 다문화 이해교육 운영 지침」에 따라 운영하나 학교 형편에 따라 다르다. 우리 학교는 연 1회 다문화주간 행사 기간 (정규수업 시간 외) 중에 10분 정도의 동영상을 보여주고 소감문을 쓰게 한다." (2012.4.1 OO초등학교 교사, 김민호 면담)

교육부는 다문화 교육 관련 컨텐츠를 개발 보급하기 시작했고, 2009년부터는 학교 내 특별 및 재량활동(현 창의적 체험활동)을 통해 다문화 교육 실시를 권장했다. 2010년에는 학교 정규 교육과정 중 도덕 교과와 사회 교과를 중심으로 다문화 이해 교육을 실시하기 시작했고, 이후 모든 교과로 확대했다. 2013년에는 유치원, 초등학교 1, 2학년 및 중학교 교과서에, 2014년에는 초등학교 3, 4학년과 고등학교 교과서에, 2015년에는 초등학교 5, 6학년 교과서에 다문화 내용을 담도록 하였다.

하지만 초창기 다문화이해 교육의 지향점이 '타 문화 이해·존중'에 머물 뿐 정작 다른 문화적 배경을 지닌 사람들과 함께 더불어 살아가는 '사회통합'에는 이르지 못했다. 그러다가 2014년부터는 다른 사람들과 어울려 사는 방법에도 관심을 기울이기 시작했다. 비록 타 문화에 대한 '반편견교육'에 그쳤지만, 다른 문화를 지닌 사람들과 함께 살아가기 위해 필수적으로 요청되는 자기 문화에 대한 비판적 성찰을 시작했다. 2019년부터는 '차별·편견 방지 및 상호문화이해를 위한 교육'으로 이름을 바꾸었고, 2020년에는 '차별·편견 방지 및 상호문화교육'으로 한걸음 더 나아갔다. 그런데 어찌된 일인지 2021년 이후에는 해당 표현이 사라졌다. 다문화 학생과 일반학생 간 상호문화교육을 통해 차별과 편견을 방지하고 문화 간 소통을 통해 사회통합을 이루어나가겠다는 정책적 관심이 약화되었다고 볼 수 있다.

[표 1] 교육부의 '다문화 이해 교육' 정책 변천, 2008-2023

구분	제시된 교육적 가치		교육 프로그램 제공 방식		
	다양성	사회통합	교육과정	교과서	기타
2008년	"타문화 이해·존중"	×	×	×	다문화주간, 행사 다문화 이해 교육 컨텐츠 및 프로그램 개발
2009년	"타문화 이해·존중"	×	학교재량활동· 특별활동	×	다문화이해교육 58개교 연구학교 15개교
2010년	"타문화 이해·존중"	×	2007개정교육 과정에 반영	초등3-4년 도덕·사회	연구학교 등 48개교
2011년	"다문화 이해 및 감수성제고"	×	교과교육 재량·특별활동	초등5-6년 도덕·사회	다문화거점학교 (초중) 125개 방과 후

연도					
2012년	×	"상호이해교육"	다문화 교육을 범교과학습 요소로 반영, 창의적 체험활동 영역에서 상호문화이해활동 요소 접목	다문화친화적 교과서 검토	글로벌 선도학교 (초,중,고) 150개 다문화이해 주간 지정
2013년	×	"상호이해교육"	(계속)	다문화친화적 교과서 개발, 보급 (유,초1·2,중)	글로벌선도학교(연구형 39개, 예비형 50개, 거점형 81개, 집중형 30개) 200개 다문화 교육주간
2014년	"다문화 학생과 일반학생이 다름을 존중하고" (다문화 감수성 제고, 다문화 이해)	"어울려 살 수 있도록" (반편견교육)	2009개정교육과정	다문화친화적 교과서 개발, 보급 (초3·4, 고)	다문화 교육중점학교 120개교 다문화 교육연구학교 36개교 교과지도 연계 다문화 교육 자료 개발·보급 (중학교, 초등학교) 다문화 교육주간
2015년	"다문화 학생과 일반학생이 다름을 존중하고" (다문화 감수성 제고, 다문화 이해)	"어울려 살 수 있도록" (반편견교육)	(계속)	다문화친화적 교과서 개발, 보급 (초5·6)	다문화중점학교 150개교
2016년	"다문화 학생과 일반학생이 다름을 존중하고" (다문화 감수성 제고, 다문화 이해)	"어울려 살 수 있도록" (반편견교육)	(계속)	–	다문화중점학교 180개교 다문화 이해교육 자료 개발 및 보급
2017년	"다문화 학생과 일반학생이 다름을 존중하고" (다문화 감수성 제고, 다문화 이해)	"어울려 살 수 있도록" (반편견교육)	교과 및 창의적 체험활동과 연계하여 다문화 이해교육을 실시 (연간 2시간 이상)하도록 권장	– 2015 개정 교육과정에 따른 새로운 교과서 개발 시 전문가 감수 등 교과용도서 심사 강화 – 기존 교과서는 교과서 모니터링단 운영을 통해 지속적으로 수정·보완하고, 결과는 교과서 수정·보완 시스템(www.textbook.or.kr)에 탑재	다문화중점학교 200개교

연도	주제				
					– (초) 통합교과, 사회, 도덕 / (중) 사회, 도덕, 기술·가정, 보건/ (고) 사회, 한국 지리, 사회·문화, 생활과 윤리, 보건 교과서에 다문화 이해, 바람직한 태도 함양, 문제 해결 등 관련 내용 포함
2018년	"다문화 감수성 제고"	×	연간 2시간 이상 다문화 교육 관련 교과·비교과활동 실시 권고	(계속)	–다문화중점학교 313개교 – 정책학교 646개를 넘어 모든 학생과 모든 학교로 다문화 교육의 범위를 확장 – 다문화 교육 주간 운영 장려
2019년	"다문화 감수성 제고"	"차별·편견 방지 및 상호문화이해를 위한 교육"	(계속), 2015 개정 교육과정 총론에 범교과학습 주제로 '다문화 교육' 제시	(계속)	– 다문화이해교육 연구학교(10개 계속, 8개 신규는 세계시민교육 연계 수업모델 개발) –정책학교 643개
2020년	"문화적 차이를 수용하고 이해"	다문화 친화적 교육환경 조성 "차별·편견 방지 및 상호문화교육"	(계속)	(계속) 다문화 교육 포털(www.edu4mc.or.kr) 개편	– 연구학교 8개 – 정책학교 650개
2021년	"문화적 다양성 이해" "다문화 수용성 제고"	×	(계속)	(계속)	– 연구학교 8개 – 정책학교 439개
2022년	"다문화 수용성 개선" "다문화 친화적 교육환경 조성" (가정,학교, 지역사회 연계)	×	(계속)	(계속)	– 연구학교 8개 – 정책학교 485개
2023년	"문화다양성 이해" "다문화 친화적 교육환경 조성"	×	(계속)	(계속)	– 연구학교 25개 (학력격차 해소 11개, 진로역량 강화 14개) – 정책학교 518개

* 출처 : 교육부 홈페이지의 연도별 '다문화 교육 지원 계획'에서 발췌함

다. 다문화주의 중심 교육정책의 한계

교육의 효과가 단기간에 나타날 수 없음은 주지의 사실이다. 2008년부터 지금까지 계속 추진 중인 교육부의 다문화 교육 정책은 향후 성과를 서서히 드러낼 것으로 기대된다. 적어도 교육부가 제시한 '다문화 수용성'(또래수용성·세계시민의식·다문화통합성·외국인수용성 등 4개 영역)은 우리나라 학생들에게서 점차 높아질 것으로 기대된다. 2015년 정부가 조사한 한국인의 다문화 수용성 지수는 53.95점로 2011년 조사결과인 51.17점보다 향상되었다. 연령대별로 비교했을 때 20대가 57.50점으로 30대 56.75점이나 40대 54.42점보다 높았다. 다문화 교육의 성과가 나타난 것으로 해석할 수 있다.

1) 상대적으로 낮은 문화적 교류

우리 국민들은 다문화 수용성 중 '거부회피정서' '고정관념 및 차별' '세계시민행동의지' 등에서는 전체 평균보다 높은 점수를 보인 반면에 '교류행동의지' '일방적 동화 기대' '이중적 평가' '문화개방성' '국민정체성' 등에서는 평균보다 낮은 점수를 보였다(안상수 외, 2015). 전반적으로 볼 때 다문화 사회에 대한 '이해' 측면에서는 우리나라 국민들의 다문화 수용성이 높아졌지만, 자신과 직접 관련된 실제 '생활 장면'에서 다문화 수용성은 그다지 개선되지 못함을 알 수 있다. 최근 제주에 체류하는 '예멘인 난민 수용 거부 청와대 국민청원'이 등록 닷새 만에 20만명을 돌파한 것(국민일보, 2018.6.18.)도 이같은 측면을 드러낸다. 달리 말해 우리나라 사람들 특히 젊은이들이 이주민과 난민 등에 대한 부정적 내지 보수적 태도를 보이고 있는 셈이다. 이제껏 추진 해 온 우리나라 '다문화 이해 교육' 정책이 과연 얼마나 효과적이었는지, 우리나라 젊은이들의 다문화 수용성을 얼마나 키어왔는지 의심하지 않을 수 없는 대목이다.

우리나라 국민들이 생활 장면에서 이주민, 난민 등에 대한 부정적 태도를 갖게 된 배경에는 우리나라 경제현실의 어려움, 젊은이들의 높은 실업률뿐만 아니라, 무엇보다도 이질집단과의 소통 및 관계 형성 방법에 대한 무지가 놓여있다고 본다. 이질집단과의 소통 및 관계 형성 방법에 대한 무지는 우리나라가 다문화 교육 정책 추진과정에서 다문화주의를 바탕으로 다문화 역량 향상(multicultural literacy)에 초점을 두었을 뿐, 상호문화주의에 근거한 상호문화 역량 개발(intercultural literacy)에는 소홀했던 결과라 생각한다(박종대, 2017, 장한업, 2014). 달리 말해 우리는 이질적 문화를 지닌 사람들의 문화적 다양성을 존중해야 한다고 가르쳐왔으면서도, 서로 다른 문화적 배경을 지닌 이주민과 정주민들이 서로 어떻게 공존하고 사회통합을 이룰 것인지 상호문화주의 관점에서 제대로 가르치지 않았다.

2) 이주민에 대한 사회적 분리

우리나라도 이제 이주민의 증가로 다문화 사회에 진입했다고 말하고 있지만, 사회 곳곳에서 다문화 사회라고 말하기엔 곤란한 여러 현상이 목격되고 있다(김민호, 2015: 296-303). 무엇보다 학교 현장에서 결혼이주민 자녀들에 대한 '사회적 분리'를 들 수 있다. 정부는 이주민 자녀들에게 사회적 우대정책(affirmative action)의 일환으로 멘토링 사업을 제공하고 있으나, 정작 이주민 자녀 당사자들은 '다문화 가정 자녀'로 불리는 것에 대해 민감하게 반응하고 있다. 특히 정체성이 민감해지는 초등학교 고학년이 되면서 이들은 멘토링 자체를 거부하는 등 당혹감과 불안감을 나타냈다.

"'다문화 가정 학생'이란 소리를 듣고 싶지 않아요. 나만 잘 해주는 것도 다른 사람들에 대한 차별이잖아요. 똑 같이 잘해주는 게 더 나아요." (2011.9.25, 다문화 가정의 초등 6년 여학생, 이안희, 2012에서 인용)

이주민에 대한 사회적 분리 의식은 '순혈주의' 전통, 출신 국가에 대한 서열화 등 우리의 고정관념 속에 똬리를 틀고 있다. 국내거주 외국인 통계를 관장하는 행정안전부의 「외국인 주민현황 조사」에 의하면 국제결혼이주민 자녀들은 '외국인 주민' 중 '외국계 주민 자녀'로 분류되고 있다. 그리고 외국계 주민 자녀도 부모의 국적에 따라 외국인 부모, 외국인-한국인 부모, 한국인 부모의 세 유형으로 나뉜다. 매스컴도 호기심을 가지고 '그들'에게 접근할 뿐이지 우리 안의 한 구성원으로 바라보지 않는 경우가 많다.

2016년 8월 초 다문교육 연수에 참여한 제주지역 교사 18명을 대상으로 '이주노동자' '국제결혼이주여성' '다문화 가정 자녀' 등에 대한 이미지를 조사한 결과, 교사들은 국제결혼이주여성에 대해서는 국제결혼, 낯선 사람과 살아가기, 가족을 위한 희생 등에 따른 '꿈, 용기, 개척정신' 등의 긍정적 이미지와 함께, 나이차, 경제적 어려움, 고부갈등, 가정폭력 등에 따른 '안타까움, 답답함, 외로움' 등의 다소 부정적 이미지를 제시했다. 이주노동자에 대해서도 저임금, 열악한 근무환경, 가족 및 고향 등과 관련해 '안쓰러움, 고달픔' 등의 연민의 정과 함께 불법체류, 차별, 노동착취 등과 관련하여 '욱하고 나올 범죄 가능성' '회피의 대상' 등의 이미지를 제시했다.

교사들은 다문화 교육 연수를 받고 있는 중임에도 불구하고, 국제결혼 이주여성과 이주노동자 모두에 대해 연민의 감정을 가지고 있으면서 동시에 이들을 '타자화'[2]하는 경향을 보였다. 우리와 함께 살아가는 시민으로 인식하는 데까지는 나가지 못했다. 특히 이주노동자에 대해서는 오히려 일정한 거리감을 두려는 성향이 뚜렷했다. '안쓰럽지만 가까이 하고 싶지 않다'는 생각이 분명했다. 반면에 다문화 가정 자녀들에 대해서는 이들의 특수한 교육환경에 따른 지적, 정서적, 사회적 발달 과정에 대한 염려와 함께 '도움' '똑같은 아이' '동행' 등의 표현을 하면서 주류사회와 함께 하려는 의지를 보여 주었다. 다만 교사들의 다문화 가정 학생들에 대한 태도가 관심과 지원, 멘토링과 같은 시혜의 차원을 넘어 공동체 차원에서 얼마나 동행의 삶을 추구할 지는 남겨진 과제이다.

한편 2016년 8월 6일 강정평화대행진에서 만난 경기도 시흥시 소재 OO지역아동센타 소속 2명의 중학교 1학년 여학생으로부터 외국인 노동자와 국제결혼이주여성에 대한 느낌을 들을 수 있었다. 시흥시는 안산시 못지않게 외국인 노동자가 많이 거주하는 지역이기에 이들의 반응이 자못 궁금했다. 한 여학생은 외국인 노동자들을 통해 다양한 문화를 배울 수 있어 좋다는 긍정적 반응을 보인 반면에, 다른 여학생은 외국인노동자가 우리의 일자리를 빼앗는다고 부정적으로 반응했다. 한편 외국인 노동자에 대해 부정적 반응을 보였던 그 여학생은 국제결혼이주여성에 대해서는 노총각들에게 결혼 기회를 제공해 주어 좋다며 긍정적으로 반응했다.

---

2 타자화(他者化)는 특정 대상을 말 그대로 다른 존재로 보이게 만듦으로써 분리된 존재로 부각시키는 말과 행동, 사상, 결정 등의 총집합이다. 이는 사회학의 용어에서 출발하였으며 철학, 역사, 정치학 등에서의 적용도 가능하다. 타자화가 문제시되는 이유는 대상의 이질적인 면을 부각시켜 공동체에서 소외되게끔 만들고 대상을 하나의 주체가 아닌 객체로서, 스스로의 목소리를 잃게 만드는 행위이기 때문이다. 정치적 올바름에 반하는 것이기도 하다(위키백과사전. https://ko.m.wikipedia.org/wiki /%ED%83%80%EC%9E%90%ED%99%94에서 2018.6.20. 인출)

요컨대 우리들은 다문화 사회를 살아가면서도 이주민들이나 그들의 자녀들을 타자화하고 있다. 이들을 한국의 주류사회에 포함하지 않고 '영원한 외국인'으로 남아있길 바라고 있다. 특히 이주민들이 피부색이 검거나 얼굴 생김새가 특이하고, 사회경제적으로 낮은 지위에 있으며, 우리보다 못사는 동남아 국가 출신일 때, 이들을 주류사회의 어엿한 구성원으로 받아들이고 있지 않다.

3) '다문화주의 담론'에 대한 비판 대두

다문화주의(multiculturalism)는 상호문화주의(interculturalism)와 마찬가지로 다문화 사회가 지향하는 사회적 규범이다. 양자 모두 문화다양성 없는 통합은 '동화주의'를 초래하고(Bennette, 2009: 46), 통합 없는 문화다양성은 '문화적 분리주의'를 초래한다고 보고(Sleeter & Grant, 2009: 229), 다양성과 통일성의 조화를 모색하는 문화적 다원주의 입장을 취한다. 또한 다문화주의는 상호문화주의와 마찬가지로 소속감에 대한 동화주의적이고 구조화된 생각과 시민성에 대한 정책적 관점에 반대한다. 또한 다문화주의는 동화주의와 마찬가지로 문화와 정체성의 역할과 기능을 고려하지 않는 형식주의적 (혹은 탈존재론적) 자유주의에 반대한다. 끝으로 다문화주의는 상호문화주의와 마찬가지로 문화적 차이를 수용함으로써 공정과 평등한 대우의 의미를 재구성하고자 한다(Meer, Modood, & Zapata-Barrero, 2016: 9).

그런데 최근 들어 유럽사회를 중심으로 다문화주의 담론에 대한 비판이 커지고 있다. 다문화주의의 한계를 지적하는 이들은 다문화주의가 사회적 분열을 조장하고, 사회경제적 불평등을 간과하며, 원주민 집단의 도덕적 해이를 초래하기도 하고, 간혹 국제적 테러리즘도 초래했다고 비판한다. 특히 어떤 사람은 다문화주의가 '지역사회 통합, 인권과 평등한 존엄이라는 보편성 등의 토대를 잠식하고 있고, 공통의 정체성을 추구할 수 없게 만든다'고 맹비난했다(Guidikova, 2014: 4). 유럽의 실천가와 NGO들은 2008년 유럽위원회의 상호문화적 대화에 관한 백서 『Living together as equals in dignity』에서 다문화주의가 더 이상 목적에 맞지 않으므로 상호문화주의에 의해 대체될 필요가 있다는 결론을 보고했다(Meer, Modood, & Zapata-Barrero, 2016: 6).

유럽뿐만 아니라 국내 교육학계에서도 다문화주의 자체에 대한 문제 제기가 끊임없이 이어지고 있다(장한업, 2009, 2014, 정기섭, 2011, 정창호, 2011). 이들은 국가 규모, 이주민 형성의 맥락 등이 한국은 미국보다 유럽에 가깝다고 주장한다. 넓은 국토에 무수한 이주민을 받아들여 국가를 형성했던 미국에서 소수자의 민권운동 차원에서 성장한 다문화주의보다는 이주민을 그 사회 구성원으로 받아들여 이들과 함께 살아가는 방식을 고민했던 유럽 국가들의 상호문화주의가 보다 적합하다고 본다. 그리고 교육 분야에서도 상호문화주의에 대한 학술적 탐구를 본격화했고, 그 결과 박사학위 논문도 등장했다(김영순, 2018, 박종대, 2017).

2. 한국 다문화 시민교육의 과제

가. 다문화 시민성의 의미

다문화 시민교육이란 다문화 사회에 적합한 좋은 시민을 기르는 것이고, 이 때 좋은 시민이란 다문화 시민성(multicultural citizenship)을 갖춘 시민이는 데는 이의가 없다. 그러나 시민성이란 개념 자체가 역동적이고 맥락적이고 경합적이고 다차원적이다(Schugurensky, 2010).

시민교육의 역사를 연구했던 히터(Heater, 2004, pp. 321-354)는 현대사회가 다중 시민성(multiple citizenship)을 요구하고 있다며, 시민성을 지리적 차원, 구성 요소 및 교육적 과제의 세 차원으로 나누어 제시하였다. 시민성의 지리적 차원이란 지역, 국가, 대륙 및 세계의 수준을 가리키고, 시민성의 요소에는 정체성, 덕, 법적/시민적, 정치적, 사회적인 부분이 있음을 제시했고, 시민성의 교육적 과제로 지식, 기술 및 태도를 제시했다. 그리고 이들 세 차원이 상호 연결을 통해 사회적 동물인 인간이 어떤 상태에 있든지 다중 시민으로 구안할 수 있음을 개념적으로 보여 주었다.

정치철학자인 킴리카와 노만(Kymlicka & Norman, 1995)은 시민성에 관한 종래 연구를 개관하면서 시민성을 '법적 지위(legal status)'와 '바람직한 활동(desirable activity)'으로 구분했다. 법적 지위로서의 시민성은 시민이 되는 것이 무엇인지에 대한 물음과 관계가 있다. 시민의 권리와 의무, 국적 등을 내포한다. 바람직한 활동으로서의 시민성은 좋은 시민에게 요구되는 것이 무엇인지에 대한 물음과 관련된다. 헌신, 충성, 책임 등의 뜻을 내포한다. 전자를 '약한' 시민성, 후자를 '강한' 시민성이라 부르기도 한다(변종헌, 2014: 129).

'참여민주주의를 통한/위한 시민성 학습'이란 논문을 발표한 슈구렌스키(Schugurensky, 2010)에 따르면, 시민성은 네 가지 다층적 의미를 지닌다. 우선 시민성은 어떤 정치공동체의 완전한 구성원에게 부여된 지위(status)이다. 앞서 킴리카와 노만이 말한 법적 지위로서의 시민성과 같은 의미다. 원칙상 그 지위를 보유한 사람은 평등하나, 실제로 시민성의 실현은 어떤 사람의 시민적, 정치적, 사회적 권리에 대한 접근에 따라 다르다(Marshall, 1950). 이 입장에 근거한 시민교육은 가장 전통적인 형태로서, 국민국가에 대한 공식적 멤버십을 강조하고, 국사, 지리, 정부제도와 법률, 국가발전의 '공식적 이야기,' 무비판적 애국주의를 가르치고, 불평등한 사회관계를 중립화하는 경향이 있다. 반면에 피억압자의 입장에서 지금껏 당연시 여겨온 포섭과 배제의 법칙을 의문시하고, 법률을 권력과 투쟁의 사회적 맥락에서 해석하며, 인권의 틀로 시민권을 구현하고자 하는 시민성 학습이 대안으로 등장할 수 있다.

슈구렌스키는 킴리카와 노만이 '바람직한 활동'이라고 부른 시민성을 '정체성', '시민적 덕목', '사회적 행위자' 등의 개념으로 보다 자세히 세분했다. 정체성(identity)으로서의 시민성은 권리와 의무를 중시하는 지위로서의 시민성과 달리 지역사회 구성원이 느끼는 감정을 강조한다. 공통의 역사, 언어, 종교, 가치, 전통과 문화 등에 뿌리를 두는 데, 이는 민족국가의 임의적 영토 구분과 일치하지 않을 수 있다. 정체성을 기르는 시민교육은 국민형성, 소수집단의 동화(melting pot)를 강조했으나, 최근에는 같은 영토 안에 존재하는 타 집단에 대한 인식을 강조하는 다문화 교육, 차이 존중과 평등 추구의 균형을 강조하는 상호문화교육, 세계시민교육, 평화교육, 환경교육 등이 대안적으로 등장한다.

시민적 덕목(civic virtue)으로서의 시민성은 가치, 태도 및 행위 등을 가리킨다. 어떤 때는 애국주의, 복종, 성실, 종교성이 강조되고 어떤 때는 박애, 열정, 관용, 연대 및 개별적 책임 등이 강조되며, 또 어떤 사람에겐 사회적 실체에 대한 비판적 분석 능력, 공동선과 시민참여에 대한 관심, 사회정의에 대한 지향성 등이 중요하다. 시민적 덕목을 가르치는 시민교육에는 훈계와 권유를 통한 가치 주입형의 인격교육, 윤리적 딜레마의 검토를 통해 자신의 가치를 개발하도록 돕는 가치명료화 프로그램, 그리고 인지발달론에 근거한 도덕교육 등이 존재한다. 이와 달리 시민적 덕목을 육성하는 최선의 방법은 참여자의 관점의 다양성을 존중하는 가운데 논쟁적 주제를 다루는 것이라는 입장도 있다.

끝으로 사회적 행위자(agency)로서 시민성에는 시민의 활동, 권력 발휘 능력이 포함된다. 여기서는 '시민이 되는 것'과 '시민으로 행동하는 것'을 구별한다(Lister, 1998). 시민이 되는 것은 사회적 행위자에 필요한 권리, 사회적 정치적 참여를 즐기는 것인 반면에, 시민으로 행동한다는 것은 지위의 완전한 잠재력을 발휘하는 것이다. 시민성의 실천은 개인적이든 집단적이든 권력에 의해 중재된 구체적인 사회적 관계 속에서 이뤄지므로, 권력 구조가 시민이 할 수 있는 것과 할 수 없는 것을 어느 정도 결정한다. 곧 시민성의 실천은 한계와 가능성의 지속적인 상호작용의 맥락에서 발생한다. 시민성의 실천은 쓰레기를 버리지 않고 오히려 줍기부터 시작해서, 지역사회의 현안과 지역의 정치에 능동적으로 관여하기, 나아가 불평등의 구조를 비판하고 집단적 행동을 고려하며 사회문제의 근본적 원인에 다가가기 등 그 유형이 다양하다(Westtheimer & Khane, 2004).

나. 다문화 시민성 확장 및 혼성의 시민성(hybrid citizenship) 탐색

1) 문화적 감수성 외 사회정의 시민성 고려

앞서 지적했듯이, 다문화 교육은 지역의 여건과 역사적 전통에 따라 그 강조점이 다르다. 전 세계 다문화 교육의 실질적 특성을 단지 하나의 개념만으로 드러내는 데는 한계가 있다. 게다가 세계화의 흐름 속에서 국제이주의 증가가 가속화하고 있고, 인종만이 아니라 사회계층, 성 등의 사회적 변인이 국제이주민의 삶에 크게 영향을 미치고 있기에 다문화 교육을 단지 문화적 관점으로만 파악하는 데도 역시 한계가 있다. 슬리터(Sleeter,

2010)는 지구적 맥락에서 전개되는 다문화 교육 현상을 두 개의 준거를 교차시켜 네 가지로 유형화하고 각 유형의 특징을 소개한 바 있다. 우리나라를 포함해 전 세계 다문화 교육이 슬리터가 분류한 다문화 교육의 지형 중 어디에 위치하는지를 살펴보는 일은 해당 국가의 다문화 교육을 이해하는 데 도움이 될 뿐만 아니라 다문화 시민성의 구성 요소를 밝히는 데도 도움이 될 것이다.

슬리터는 다문화 교육의 분류 준거의 하나로 문화를 강조하는지 아니면 평등과 사회정의를 강조하는지를 설정했다. 문화를 강조하는 입장의 다문화 교육은 그것이 국가수준이든 국제수준이든 문화적 차이에 대한 이해를 도모하는 데 초점을 둔다. 반면에 평등과 사회정의를 강조하는 다문화 교육은 집단 간 불평등한 권력관계에 주목한다. 다문화 교육을 분류하는 다른 하나의 준거는 그것이 국가 수준인지 아니면 지구적 수준인지에 대한 강조점의 차이다. 국가 수준의 다문화 교육에서는 국가 간 경계를 고정된 것으로 보고 국가 내 다양한 집단들을 상대적으로 독립적인 것으로 간주한다. 반면에 지구적 수준을 강조하는 이들은 국제적 맥락 속에서 국가의 문화적 다양성을 파악하고 국가 영역 내에서만큼 국가 영역 밖에서도 다양성에 주목해야 한다고 본다. 이 두 가지 분류 기준을 교차시키면 네 가지의 다문화 교육 이념형(ideal type)이 만들어진다. 동시에 이 네 가지 유형은 다문화 시민성의 범위를 드러낸다.

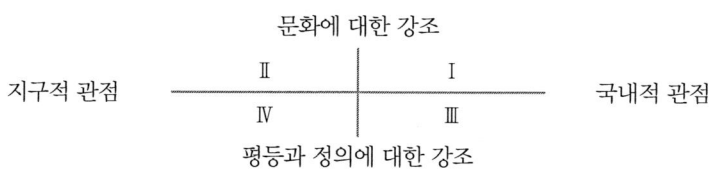

[그림 1] 다문화 교육의 유형

① 유형 Ⅰ: 국가 내 문화적 차이에 대한 이해

첫 번째 유형의 다문화 교육은 특히 이주민을 받아들인 입장에서 국가적 사회통합의 틀 안에서 문화 간 이해를 증진시키는 데 초점을 둔다. 이 입장에서는 학교가 국가적 통합을 이루는 데 기여해야 하고, 문화적 집단 내 차이를 보다 큰 통일성이란 틀 안에서 수용하고 인정해야 한다고 본다. 국가적 정체성을 배양하는 것과 국가 내 여러 집단의 문화적 정체성을 존중하는 것은 상호 보완적이라고 본다. 소수집단 학생들의 학업성취도 문제는 학교문화가 가정 문화 간 갈등에서 비롯한다고 보고 교사는 소수집단의 문화와 학교 교육과정 간 중개역할을 해야 한다. 우리나라의 다문화 교육이 주로 여기에 해당한다.

문화 간 이해를 증진시키기 위해 학교 교육과정은 문화적 유사성과 차이점을 가르쳐야 하고, 다양한 배경의 학생들이 상호 이해를 돕도록 교환학습, 협동학습 등의 교수법을 활용해야 한다. 문화적 차이는 단지 인종이나 민족 간 차이만이 아니라 종교, 성, 장애 및 지역에도 적용할 수 있다.

그러나 이 유형은 몇 가지 한계를 지닌다. 첫째, 학교는 소수 학생들이 성공하는 데 필요한 학문적 도구들을 익히는 데 관심을 보이지 않는다. 다만 소수자들의 전통문화 습득을 강조할 뿐이다. 둘째, 다문화주의의 '다양성 안에서의 일치(unity in diversity)' 개념은 특정한 한 민족문화의 지배력을 최소화하는 반면에 민족적 다양성을 관리하는 방식으로 채택되었을 뿐이다. 민족국가 그 자체와 민족국가의 제도, 국가 내 집단 간 권력관계 등을 비판하지 못한다. 국가적 정체성을 의심하거나 국가적 정체성에 앞서 소수집단의 문화적 정체성을 우선하지도 못한다.

② 유형 Ⅱ : 국제적 수준에서 문화적 차이에 대한 이해

이 두 번째 유형은 국제적 수준의 다문화 교육으로서 국가 내 다양성보다는 다른 나라들에 관심을 보인다는 점에서 '세계주의(cosmopolitanism)'로 불린다. 최근 국제이주, 국제여행, 유학, 전문가 집단의 가족 단위 이주 증가에서 비롯한다. 이 유형에 따르면 학교는 학생들이 세계인의 문화적 차이를 인식하고 수용하도록 가르침으로써 보다 평화로운 지구촌을 만들어야 하며 또 만들 수 있음을 가정한다. 세계주의적 지구적 정체성이 지역적 민족적 정체성을 대체한다. 외국어 및 다양한 국가의 문화, 역사, 경제 및 정치체계에 대한 비교를 통해 미래 시민의 '건전한 태도'를 촉진한다. 국가적 우위성을 가르치는 데서 벗어나 보다 가까운 관계를 유지해야 할 필요가 있는 나라들에 대해 학생들이 개방적 자세를 갖도록 가르친다.

그러나 세계주의 다문화 교육은 첫째, 엘리트주의, 특권주의의 표현이다. 인간성에 대한 세계주의적 접근은 자신이 원하는 것을 얻을 수 있는 능력을 갖춘 개인들에게만 제시될 뿐이다. 다른 사람들이 자신들의 삶에서 실제적 문제들을 해결하기 위해 민족적, 국가적, 지역공동체적 연대에 의존하는 것을 저평가한다. 둘째, 세계주의 다문화 교육은 세계평화를 옹호하는 사람들, 지구적 시장에 관심을 갖는 세계은행(World Bank)과 같은 강력한 국제조직이 선호한다. 세계주의적 다문화 교육의 담론 속에서 이주노동자와 국제결혼이주자들이 직면한 실제적 문제들-국제이주에 따른 정치적 경제적 조건들의 해결 혹은 체류라는 그들의 생활조건과 상태에 관한 문제들-이 감춰지고 만다.

③ 유형 Ⅲ : 반차별과 사회정의

차별에 도전하는 이 세 번째 유형의 다문화 교육은 사람들의 정체성과

배경을 충분히 수용하면서 사람들을 평등하게 대우하고자 한다. 여성, 장애인, 빈민의 차별에 대한 관심이 이주민과 외국인노동자의 증가에 따라 이제 인종차별에 주목하기 시작했다. 이들이 언급하려는 것은 제2의 계급적 지위를 유지하는 차별과 인종주의이다. 이 유형의 다문화 교육은 집단을 연구하기보다 성, 인종, 민족, 국적, 장애 및 기타 요인들에 의해 차별되는 집단 내, 집단 간 권력관계에 주목한다. 차별과 착취를 제도화하는 지배집단의 권력이 중심적 관심사이다. 그래서 반차별과 사회정의를 지향하는 이 유형의 다문화 교육은 힘없는 집단의 집합적 권력을 강화하고 지배집단과의 유대를 키우는 데 그 목적이 있다. 학교 내 제도화된 불평등 체제-예컨대 계열화와 주변부 집단의 사람들을 낮은 수준의 교육에 가두어 두는 특수교육 프로그램 등-를 거두어 내고자 하고, 젊은 학생들이 평등을 위해 일하는 시민으로 성장하도록 준비시킨다.

이 유형의 다문화 교육은 지역사회가 지닌 억압의 체험을 명시적으로 인정하고 지역사회의 역사와 지식을 권력의 자원으로 삼는 민중지향적 프로젝트이다. 이제껏 지배 사회로부터 부정적 이미지를 받아왔던 젊은이들의 마음을 탈식민화 하고자 한다. 예컨대 멕시코계 미국인 교육자가 개발한 고등학교 사회과 교과의 4학기 프로그램에서는 인종적 불평등에 대한 비판적 의식을 함양하고자 했다. 한국에서는 유교적, 생물학적 그리고 경제학적 담론에 내포된 성차별 정당화 담론을 분석하려는 교육과정이 제안되기도 했다.

그러나 이 유형의 다문화 교육은 국내 영역에 머무는 한계로 말미암아 국가의 영역을 넘어서는 보다 넓은 사회에 주목하지 않는다. 예컨대 미국 내 인종주의와 식민주의에 주목한 많은 교육자들조차 중동에서 미국의 공격적 행위, 라틴아메리카와 아시아 사람들의 삶의 질을 떨어뜨리는 미국의 초국적 기업을 비판하는 데 소극적이었다.

④ 유형 Ⅳ: 반차별과 지구적 정의

지구적 자본주의는 경제적 시장의 확장을 통해 인류가 진보한다고 믿는다. 그러나 이 신념은 권력관계와 함께 사적 자산에 대한 존중, 공공성과 정치적 행동주의에 앞서 시장을 내세우는 이데올로기를 은폐한다. 반면에 인종, 성 및 기타 영역에서의 차별이 권력과 자원의 지구적 분배와 관련되었고, 어떤 국가도 지구적 자본주의에서 벗어날 수 없기에, 이 유형의 다문화주의는 반차별주의를 지구적 정의를 향한 작업과 혼합시킨다.

반차별과 지구적 정의의 다문화 교육에서는 엘리트가 자신의 이해관계만을 반영한다고 본다. 엘리트는 점점 더 노동, 자원 및 시장에 대한 접근을 확대하기 위해 전 지구적으로 권력과 교섭하는 초국적 기업에 휩싸이기 때문이다. 따라서 이 유형의 다문화 교육에서는 사회정의를 외치는 엘리트보다 민중의 행동조직이 더 올바른 인식을 한다고 본다. '밑으로부터의 지식'이 '위로부터의 지식'보다 사회 불의의 문제에 대해 보다 민감하다고 본다. 닌스(Ninnes, 2000)는 캐나다와 호주에서 인종주의와 제국주의를 비판하는 교육과정을 구성하고자 할 때, 교육과정 집필자들이 내부 토착민 및 다른 주변부 집단 공동체와 파트너십을 형성할 것을 제안했다. 또한 이 유형의 다문화 교육에서는 공동체를 생각할 때 민족국가가 한정적이라 간주한다. 왜냐하면 국가적 경계를 넘어 이주하는 사람들이 과거 유대인들이 그러했듯이, 여러 나라로 흩어졌다 하더라도 문화, 정체성, 종교, 언어를 공유하는 디아스포라(diaspora)를 만들기 때문이다.

비글로우와 페터슨(Bieglow & Peterson, 2002)은 '세계화 다시 생각하기(rethinking globalization)'란 프로그램을 갖고, 인간의 요구가 신자유주의적 세계화에 의해 이윤추구에 어떻게 종속되어지는가를 보여주었다. 하비(Harvey, 2005) 역시 지구자본주의 하의 신자유주의가 엘리트 권력의 복원과 사적 자본 축적의 도구가 되었다고 지적했다. 이같은 지적을 받아들인다면, 다문화 교육이 현재의 권력에 도전하기보다 현재의 권력 관계 안에서 안주할 가능성에 대해서도 비판적으로 성찰해야 할 것이다.

2) 다문화주의를 넘어 상호문화 시민성 개척

① 상호문화주의의 특징

상호문화주의 담론은 다문화주의가 지니지 못한 다른 특징을 지니고 있다(Abdallah-Pretceille, 1999, 2012, Meer, Modood, & Zapata-Barrero, 2016). 첫째, 상호문화주의는 전통적 의미의 문화개념을 해체한다. 문화를 다문화주의처럼 구조나 범주가 아니라, 과정으로 분석하고 문화적 사실을 소속의 표시가 아니라 상황, 맥락, 관계의 징후로 보는 문화성(culturality) 개념을 만들어 낸다. 객관주의적, 구조주의적 관점과 단절하고 주체 자신에 의한 문화 생산에 관심을 기울이고 개인이 자신의 정체성을 확립하기 위해 개발한 전략에 관심을 기울인다.

둘째, 상호문화주의는 대화, 접촉 및 개인 간 관계에 대해 다문화주의와 입장을 달리한다. 다문화주의자들은 소수자에 초점을 두고 이들의 문화적 권리를 주장하나, 다양한 집단의 사람들 간 상호작용의 중요성을 간과한다. 반면에 상호문화주의자들은 다수자와 소수자를 동등하게 취급하고, 집단의 특성보다 그들의 관계에 주목한다. '나'의 회귀와 행위자의 회귀는 '너'의 회귀를 이끌어낸다고 본다. 곧 행위자의 위상과 특징을 상호작용, 상호주관성의 연결망에서 접근한다. 전략, 조절, 역동성 등에 주목하고, 개인의 정체성을 개인이 없는 상태나 개인 밖에서가 아니라 개인과 함께 정의한다.

셋째, 상호문화주의는 역사적으로 다수자가 지녀온 문화적 형식 혹은 다수자의 전통에 대해 다문화주의와 입장이 다르다. 다문화주의자들은 문화와 자유주의적 시민성 사이의 연계를 유지하고 재형성하고자 한다. 반면에 상호문화주의에서는 문화에 대한 공동체주의적 해석을 거부하고 분열, 일탈, 편법 등에 새로운 가치를 부여한다. 문화의 혼종, 환절, 이질성을 고려한다. 따라서 다문화 사회 안에서 개인 혹은 집단 간 상호작용을 통해 혼성(hybrid)의 문화나 정체성을 창조할 수 있다.

넷째, 상호문화주의는 개별 시민성에 더해 집단 시민성 존중에 대한 규범적 의미가 다문화주의와 다르다. 다문화주의자들은 집단과 민족 형성을 강조하고 소수자 집단의 요구를 존중하는 반면, 상호문화주의자들은 개별 시민성을 강조하고 소수자 집단의 요구 존중에 부정적이다. 주체를 정의할 때 보편적인 것과 특수한 것 사이의 불안정한 균형, 긴장을 전제로 한다. 이상한 사람을 만난다는 것은 단지 외국인을 만나는 것이나 여러 가지 특성 중 하나가 이상한 개인을 만나는 것으로 간주하지 않는다.

다섯째, 상호문화주의는 소수자의 종교 공동체와 조직에 대한 입장이 다문화주의와 다르다. 정치적 다문화주의자들은 힌두교도에게 모토사이클 이용 시 터어반 착용으로 헬멧 착용을 면제하듯이 종교적 소수자들과의 관계에서 면제권을 부여하는 반면에, 상호문화주의자들은 그들의 프레임에 종교적 소수자를 포함하지 않는다.

② 상호문화교육의 특징

상호문화교육은 이질적인 문화가 공존하는 사회에서 유의하다. 상호문화교육은 '차이에 치중해 원자화된 학교'나 '동질성을 강조해 무기력해진 학교'에 대한 대안이다(Delors, 2010: 103-104), 즉 "추상적이고 축소적인 보편주의와 특정문화를 넘어서는 그 어떤 우월한 요구도 없다고 보는 상대주의 사이에서 보편적인 것을 향한 개방과 차이를 요구할 수 있는 권리를 동시에 인정"하고자 한다(Delors, 2010: 104). 상호문화교육은 혼성, 차용, 지리·문화·상징적 경계의 침범과 같은 새로운 형태를 띤 문화변용을 예외나 부차적인 것이 아니라 풍요롭고 중요한 것으로 여긴다. 압달라-프렛세이는 오늘날 우리 사회가 상호문화교육을 필요로 하는 이유를 다음과 같이 지적했다.

첫째, 대부분의 사회는 다문화적이고 이런 현상은 가속화될 것이다.

둘째, 고유한 특성을 가지고 있는 각 문화는 있는 그대로 존중되어야 한다.

셋째, 다문화주의는 잠재적으로 풍요로운 것이다.

넷째, 중요한 것은 각 문화의 특수성이 사라지지 않도록 유의함으로써 다문화주의를 향상시킬 수 있는 조치들을 취해 모든 문화들이 상호 교류할 수 있도록 하는 것이다.

압달라-프렛세이는 우리 시대의 진정한 사안은 "이민의 문제가 아니라 다양성과 이질성의 학습의 문제"라고 보았다. "이민의 문제는 다양성과 이질성 학습의 여러 형태 가운데 하나"일 뿐이다. 그리고 "다양성과 이질성의 윤리는 문화의 학습에 국한되지 않는다. 왜냐하면 타인, 그의 전통, 그의 행동에 대한 지식이 반드시 더 나은 관계를 보장하지 않기 때문이다. 중요한 것은 더 이상 타인을 향한 행동, 타인에 대한 개입이 아니라 타인과 함께 하는 것이다." 또 "관계의 개선은 지식에 의해서가 아니라 타인을 유일하고도 보편적인 존재로 인정함으로써 이루어진다."(Abdalah-

Pretceille, 1999: 86, 102-103을 장한업 옮김, 2013: 103에서 재인용).

3) 글로컬 시민성 학습

글로컬 시민성(glocal citizenship)이란 세계시민성(global citizenship)과 지역시민성(local citizenship)의 혼합물이다. 세계시민성은 '형제애'와 같은 보편적 가치를 전제로 하나, 추상적 수준에서 논의하다 보면 구체성이 모자라기 쉽고 지역의 특수성을 간과할 우려가 있다. 반면에 지역시민성은 지역사회의 특수한 맥락에서 '사회적 우애'를 매우 구체적으로 구현하는 토대가 되나, 더욱더 큰 지구촌 내 공동선 실현에 대한 고려가 없을 때 지역중심주의의 폐쇄성에 빠질 우려가 있다. 다시 말해 글로컬 시민성은 "협소한 지역주의에서 벗어나 세계적 전망을 가져야"하나 "동시에 지역적인 것은 세계적인 것에 없는 무언가를 간직하고 있으므로 지역적인 차원도 적극 포용"(Pope Francesco, 2020, 142항: 102-103)하는 시민성이다.

또한 글로컬 시민성은 세계화 자체를 비판하는 반세계화(anti-globalization)의 입장을 취한다. 세계화가 전 세계의 문화를 동질화하고 다양성을 파괴하고, 나아가 부자 국가들이 자신들의 가치를 주변부 국가에 주입함으로써 그들의 권력과 행동을 정당화했다고 보기 때문이다. 그러나 지역의 토착지식과 서구 근대지식이 공존할 수 없다는 후기식민주의 관점, 급진적 생태주의 혹은 지역적 지역주의(local localism)를 주장하지 않는다. 오히려 토착지식과 서구 근대지식 사이의 비대칭성을 인정하면서 공공영역 안에서 양자의 소통을 추구한 결과로 일종의 문화적 잡종(cultural hybrid)(Morrow, 2008)이 탄생할 수 있다고 본다. 다시 말해 글로컬 시민성을 주창하는 이들에게 지역은 그 자체가 목적지가 아니라 목적지로 가는 길이다. 이들의 관점을 글로벌 지역주의(global localism)라 명명할 수 있다(Cho, 2013).

3. 한국 다문화 시민교육의 사례 검토

가. 초등학교 도덕과 교과서에 나타난 상호문화교육의 의의와 한계

2015 개정 교육과정에 따른 초등학교 『도덕 4』의 다문화 단원은 「6. 함께 꿈꾸는 무지개 세상」이다. 이 단원은 1) 서로 다른 문화를 존중해요 2) 함께 살아가는 법을 배워요 3) 치우침 없이 바르게 판단해요 4) 함께하는 행복한 세상을 만들어요 등 모두 4차시 분량으로 편성되었다.

그 중 제1차시 '서로 다른 문화를 존중해요'에서는 다양한 배경을 지닌 사람들이 함께 어울릴 때 아름다움을 느낄 수 있음을 강조하면서, 서로 다른 사람들이 어울려 평화롭게 살아가려면 '서로 다른 문화에 대한 존중'의 태도를 보여야 할 것이라는 명제로 이 단원을 시작했다. 제2차시 '함께 살아가는 법을 배워요'에서는 1차시에서 제기한 '존중'의 태도를 지니려면, 무엇보다 우리가 만난 '손님은 우리와 어떤 점이 다른지' 성찰할 것을 유도하고 있다. 또 '어려움을 겪고 있는 친구들의 고민을 듣고' '생김새, 생활방식이 다른 친구나 이웃을 존중하는 방법'에 대해 생각하고 생활 속에서 실천할 것을 강조하였다. 제3차시 '치우침 없이 바르게 판단해요'에서는 위 1, 2차시에 던진 질문 곧 '다른 문화를 만났을 때 다른 문화를 이해하고 존중하는 방법'과 관련해서 '치우침 없이 바르게 판단'하고 '공정하게' 대하는 태도를 제시하였다. 이른바 낯설고 이상하게 여겨져도 상대방 문화 형성 과정에 대한 이해를 통해 편견에서 벗어나고 합리적으로 생각하도록 돕는 '반편견교육'을 강조한 셈이다. 제4차시 '함께 사는 행복한 세상을 만들어요' 에서는 다문화 사회에서 올바른 실천을 하려면, 다른 문화 사람들과의 문화적 차이만이 아니라 동질성을 생각해야 하고 그 바탕 위에 '더불어 살아갈 것'을 강조했다. 특히 '김치 이야기'를 통해 이질적인 문화들이 만나 서로 어우러질 때 우리의 문화가 '더욱 풍성해 짐'을 강조하였고, 문화가 서로 다른 사람들을 만났을 때 무조건 배척하기보다 서로의 장단점을 이해하여 수용할 부분은 수용하고 전달할 부분은 전달하는 상호 교류의 자세를 강조하였다.

2015 개정 교육과정에 따라 2018년 3월에 발간된 초등학교『도덕 4』교과서는 지난 2009 개정 교육과정에 비해 차별의식과 편견으로부터 벗어나는 '반편견교육'과 김지원(2017)의 제언대로 다른 문화와의 상호작용을 중시하는 '상호문화교육'의 요소를 추가했음을 확인할 수 있다. 도덕과 교육과정은 영역 중심의 접근법으로 인해 OECD가 기대하는 '이질적 집단 안에서 상호작용'하는 핵심역량의 성취에 도달할 수 있을지 의문이었으나, 오히려 교과서는 서로 다른 문화 집단들과의 만남 및 상호작용 내용을 편성하여 단지 사회공동체와의 관계 영역에서 기대하는 '공정성과 존중'의 덕목만이 아니라, 타인과의 관계 영역에서 기대하는 '우정'의 덕목 그리고 '도덕적 대인관계 능력,' '도덕적 정서능력'도 함양할 것으로 기대된다. 하지만 좀 더 세밀한 부분에서는 도덕 교과서가 부족한 부분을 보이고 있다. 특히 제1차시 '서로 다른 문화를 존중해요'를 중심으로 두 가지 문제점을 제시하면 다음과 같다(김민호, 2018).

첫째, 다문화 단원 제1차시 '서로 다른 문화를 존중해요'에서 예문 선택이 부적절했다. [그림 1]처럼 교과서에는 '다양한 문화를 가진 사람들'이 함께 어울린 모습의 사례로 '레인보우합창단'의 음악활동을 소개되었지만, 레인보우합창단원들이 '다양한 문화를 가진 사람들'이라고 판단하기 어렵다. 본문은 "합창단원 중에는 다른 나라에서 태어난 친구도 있지만 모두 한국말을 쓰며 김치를 즐겨먹으며 애국가를 멋지게 부르는 친구들

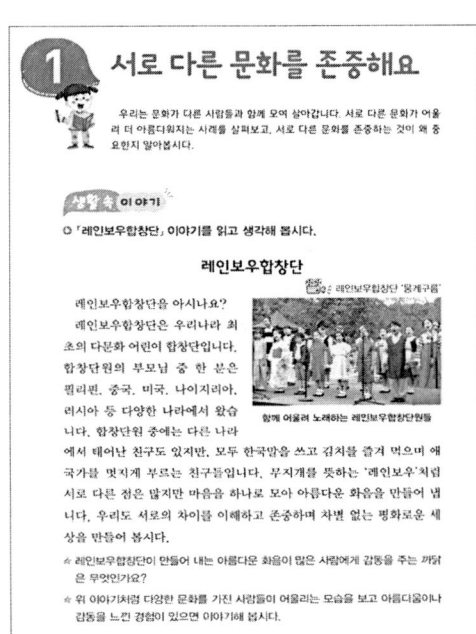

[그림 2] 초등학교 『도덕 4』교과서 중 '서로 다른 문화를 존중해요' 1면

입니다." 라고 서술한다. 합창단원들이 이미 한국사회에 적응, 동화되었음을 암시한다. 그럼에도 불구하고 본문은 계속해서 "서로 다른 점은 많지만 마음을 하나로 모아 아름다운 화음을 만들어냅니다"(다양한 국가 혹은 민족의 복장을 하고 '뭉게구름'을 합창하는 사진 첨부)라고 기술한다. 결국 본문이 말하는 '서로 다른 점'은 현재 합창단 개개인의 사용하는 언어, 좋아하는 음식이나 노래가 아니라 단지 그들 혹은 그들 부모의 출신국임을 뜻한다. 겉으로 보기에 서로 다른 점은 부모나 당사자의 출신 국가가 다른 것, 그리고 이들이 입은 옷밖에 없다. 합창단원의 출신국가가 다르다고 이미 한국사회에서 10년 이상 살았을 것으로 추정되는 이들 개개인의 문화가 다르다고 판단하기 곤란하다. 따라서 "우리도 서로의 차이를 이해하고

존중하며 차별 없는 평화로운 세상을 만들어 봅시다."라는 본문은 애초의 의도인 '다양한 문화를 가진 사람들'이 아니라 '출신국가가 다른 사람들'이 출신국가가 다르더라도 서로의 차이를 이해하고 존중하며 차별하지 말라는 뜻으로 읽을 수밖에 없다.

애초 의도였던 '문화적 다양성'이 '출신국가의 다양성'으로 환원되고 말았다. 그 결과 학생들이 '다양한 문화를 가진 사람'을 '출신국가가 다른 사람'으로 오해할 우려가 있다. 교과서 본문은 출신국가가 달라도 교과서 본문에서처럼 '이미 그 사회에 동화되어' 언어, 음식, 노래 문화가 같을 수 있고, 같은 나라에 살고 있더라도 중국이나 인도네시아 등 다인종 다민족 국가에서는 다른 언어와 문화를 지닐 수 있음을 간과하였다.

둘째, 다음 [그림 2]에서 알 수 있듯이 초등학교 『도덕 4』교과서 6단원의 제1차시 '서로 다른 문화를 존중해요'는 사람들의 문화적 행위를 이해하고 함께 하는 과정에서 개인 간 의사소통은 생략한 채 오직 겉으로 드러난 집단문화에 대한 지적 이해와 정서적 공감만을 강조했다. 교과서는 '다양한 문화를 가진 사람들이 어울리는 모습' 또는 '차별 없는 평화로운 세상'의 조건으로 '서로 다른 문화에 대한 존중'을 제시했다. 그리고 서로 다른 문화에 대한 존중을 만남의 대상인 특정 개별 인격체의 문화적 행위에 대한 존중이 아니라, 그 사람이 속했을 것으로 여겨진 어떤 국가 혹은 종교 집단의 문화에 대한 존중으로 환원시키고 말았다. 본문의 삽화는 몽골이나 에콰도르에서 이주한 학급 친구, 힌두교나 이슬람교를 믿는 학급 친구들을 소개하며 이들 개개인의 문화에 대한 존중을 이들이 속한 집단문화에 대한 이해와 존중으로 치환하였다. 예컨대 "소풍날, 이슬람교를 믿는 친구와 햄을 뺀 김밥을 나누어 먹었어요." "힌두교를 믿는 친구는 돈가스버거, 이슬람교를 믿는 친구는 치킨버거, 몽골에서 온 친구는 불고기버

[그림 3] 초등학교 『도덕 4』교과서 중 '서로 다른 문화를 존중해요' 2면

거를 먹었어요." "다른 나라에서 온 친구의 마음을 이해할 수 있게 되었어요."라고 서술했을 뿐이다. 상호문화주의자인 압달라-프렛세이가 지적하고 있듯이 다른 사람의 문화를 이해하고 존중하려면, 단지 그들 문화에 대한 지적 이해나 정서적 공감만으로는 부족하다. 진정성을 지니고 의사소통을 해야 한다.

> "우리는 타인과 의사소통을 하지 않고, 의견을 교환하지 않고, 그가 자기 자신에 대해서 말하도록 허용하지 않고, 주체로서 자신을 표현하도록 허용하지 않고서는 그를 알 수 없다."(Abdallah-Pretceille, 1999:55-56를 장한업, 2009: 116에서 재인용).

한국 국민의 다문화 수용성 조사 연구에서도 다음 [표 2]처럼 '다문화 교육 유무' '다문화 행사 참여 유무', '다문화 관련 봉사 활동 참여 유무', '외국인 및 외국이주민이 함께하는 동호회 활동 참여 유무'를 중심으로 다문화 수용성을 비교했다. 다문화 관련 활동에 참여하는 사람과 그렇지 않은 사람 간에 다문화 수용성에서 차이가 크게 나타났다. 특히 외국인 및 외국 이주민과 함께 하는 동호회 활동 참여 집단의 다문화 수용성이 그렇지 않은 집단보다 매우 높게 나타났다. 이것은 접촉 자체가 아니라 어떻게 접촉하느냐가 다문화 수용성 증진에 중요함을 시사한다(안상수 외, 2015).

[표 2] 다문화 교육 및 다문화 활동 유무에 따른 다문화 수용성의 차이

1) 다문화 교육 유무	
예	59.13
아니오	53.65
2) 다문화 행사 참여 유무	
예	60.51
아니오	53.59
3) 외국인 및 외국이주민을 도와주는 자원봉사 활동	
예	60.79
아니오	53.66
4) 동호회 활동	
예	64.65
아니오	53.66

출처: 안상수 외(2015: 90)

2015 개정 교육과정에 따라 2018년 3월에 편찬 발간된 초등학교『도덕 4』교과서의 다문화 교육 관련 단원「6. 함께 꿈꾸는 무지개 세상」을 상호문화교육의 관점에서 분석한 결과, 2009 개정 교육과정의 도덕 교과서에 비해 상당히 진화했음을 확인했다. 첫째, 다문화 단원을 다룬 해당 교과

서가 단지 교육과정 편성 원리에 머물지 않고 상호문화교육의 요소를 가미하고자 했다. 즉 교과서는 교육과정과 달리 '사회·공동체와의 관계' 영역을 중심으로 존중과 공정성의 가치만을 추구하지 않았고, '타인과의 관계' 영역을 아우르며 이질적인 집단들이 진정한 의미의 '우정'을 쌓는 방법을 모색했다. 둘째, 이질집단의 범위를 외국인 관광객, 장애인, 여성, 특이한 습관을 지닌 소수자, 주류문화에서 동떨어진 지역 주민 등으로 넓혀 다문화 교육을 단지 이주민과 그 자녀들 혹은 일반인들의 이주민에 대한 이해 교육을 넘어 다양한 일상의 상황으로 확대하였다. 셋째, 다양한 문화적 배경을 지닌 이질집단이 함께 살아가려면 서로 존중할 뿐만 아니라, 상대방에 대한 편견을 제거하며, 공정하게 대우하는 게 필요함을 제시했다. 넷째, '김치 이야기'사례를 소개함으로써 우리 역사 안에서 상호문화주의를 바탕으로 이질적 문화를 혼합하여 새로운 문화를 만들었던 문화적 실천을 강조했다.

그러나 분석의 대상이었던 『도덕 4』 교과서에는 상호문화교육의 관점에서 보완할 부분이 없지 않았다. 첫째, 제1차시 내용인 「서로 다른 문화를 존중해요」에서 제시한 '레인보우합창단'의 예문은 합창단원들의 출신국의 다양성은 알려주나 이들의 문화적 다양성을 소개하기엔 불충분했다. 둘째, 문화가 서로 다른 사람들의 만남을 개별 인격체 차원이 아니라, 그 사람이 속했을 것으로 여겨진 집단으로 환원시켜 개인의 주체성을 간과하고 말았다.

상호문화주의 담론이 우리나라의 학교 교과서 안으로 충분히 파고들지 못한 것은 우리 사회가 개인의 존엄성을 바탕으로 상호 존중하며 자유롭게 의사소통하는 민주 시민사회의 경험이 충분하지 않은 것과 무관하지 않다. 하지만 우리사회도 지난 2016년 촛불 혁명이후 사회 곳곳에서 민주화의 열기가 분출되고 있고, 사회적 소수자들의 인권과 이들의 사회경제적, 문화적 권리를 인정해야 하다는 분위기가 사회 전반으로 확산되고 있다. 이제 우리가 진정한 의미에서 다문화 사회를 구현하려면 여러 가지 이유로 우리 사회의 소수자로 취급받고 있는 사람들을 환대하고, 보호하며, 이들이 자기증진을 할 수 있도록 도와주며, 나아가 이들이 주류사회 구성원들과 대등하게 상호작용하며 사회통합에 이를 수 있는 길을 제시해야 할 것이다.

우리는 이제껏 다문화주의 이념을 바탕으로 사회적 소수자를 환대하고 보호하며 이들의 자기증진을 돕는데 주력했다. 소수자와 주류사회 구성원 간의 인격적, 문화적 소통 및 사회통합에는 소홀했다. 초등학교 도덕 교과서의 다문화 교육 단원은 이전에 비해 상호문화주의적 요소를 보다 많이 반영하기 시작했으나 여전히 집단 간 다문화적 공존의 관점에서 서술되었고 개인의 주체성을 존중하는 상호문화주의적 요소는 충분치 않은 상황이다. 앞으로 다양성과 사회통합의 조화, '다양성 속의 일치'라는 다문화 사회의 이상에 보다 가까이 다가가려면, 초등학교 교과서에서 상호문화주의 관점을 보다 강화해야 할 것이다. 그렇게 한다면 우리 사회의 어린이들이 개인의 주체성을 바탕으로 소수자를 환대할 뿐만 아니라 여러 집단들의 다양성을 편견 없이 공정하게 이해하고, 상호 존중을 바탕으로 서로의 역량 증진을 도모하며, 진정한 의미의 사회통합을 이뤄나갈 수 있을 것이다.

나. 제주 지역사회 기반 글로컬 시민성 학습 사례

제주 강정 마을주민, 강정 지킴이 그리고 성 프란치스코 평화센터 구성원은 제주해군기지 반대운동에 참여하면서 글로컬 시민성을 학습했다.

2016년 2월 이미 제주해군기지가 완공되었지만, 이들은 아직도 매일같이 제주해군기지 정문 앞에서 오전 7시 생명평화백배[3], 오전 11시 강정생명평화 미사[4], 오후 12시 평화인간띠잇기와 4종 댄스[5], 그리고 할망물 식당[6]에서의 점심 식사를 지속한다. 제주해군기지 반대운동에 앞장섰던 강정 마을 주민과 강정 지킴이[7], 제주의 종교단체, 그리고 제주와 전국의 반대운동 조직은 제주해군기지 저지를 포기하고 있지 않다. 코로나 19로 중단되었던 '제주생명평화대행진'이 2023년 8월 23일부터 8월 26일까지 강정의 제주해군기지 정문에서 출발해 제2공항 건설 논란이 있는 성산을 거쳐 제주 시내까지 전개되었다. 한편, 천주교 제주교구장이었던 강우일 주교는 전주교구 은퇴 사제 문정현 신부와 뜻을 같이하여 제주해군기지 완공 5개월 전인 2015년 9월, 강정 마을에 '성 프란치스코 평화센터'를 건립

---

3 생명과 평화를 기원하는 절을 하며 강정의 구럼비 바위에서 올렸던 기도. 2011년 9월 구럼비 바위가 봉쇄된 후 해군기지 공사장 정문으로 옮겨와 진행했고, 현재는 해군기지 정문 앞에서 매일 아침 7시에 진행한다(딸기, 호수 정주 엮음, 2023: 14)

4 해군기지에 반대하고 생명과 평화를 염원하며 천주교 신부님과 수녀님들, 전국의 많은 신자가 강정으로 와서 함께 미사를 드렸다. '길거리미사'라고도 불리며 2011년 9월 이후 매일 오전 11시 해군기지 공사장 정문 앞에서 미사를 올리며 마음을 모으는 시간으로 현재까지 계속되고 있다(딸기, 호수 정주 엮음, 2023: 14).

5 2013년 1월부터 시작해 매일 오후 12시에 진행되는 문화행사. 평화의 섬 제주를 바라는 사람들이 그 마음을 춤과 노래로 표현하고 국가폭력에 맞서는 사람들의 연대를 확인하는 자리. 방문한 사람과 머무는 사람들이 모이는 만남의 장이자 일상의 비폭력 평화운동이다(딸기, 호수 정주 엮음, 2023: 14).

6 '할망'은 제주어로 할머니라는 뜻이다. '할망물'은 구럼비의 주요 용천수 중의 하나이고 제사 때 쓰였으며, 할망물 자리는 정성들여 기도하는 공간이었다. 해군기지 반대투쟁을 위해 구럼비로 몰려든 사람들이 마땅히 식사할 곳이 없어 할망물 근처에 천막을 치고 밥을 해 먹었다. 그곳을 '할망물 식당'이라 불렀다. 2011년 9월 구럼비가 봉쇄된 뒤에는 구럼비로 향하던 삼거리 길목으로 옮겨와 '삼거리 식당'으로 불리다가, 삼거리마저 없어진 후에는 구럼비를 그리워 하며 다시 '할망물 식당'으로 불린다(딸기, 호수 정주 엮음, 2023: 13-14).

7 제주 해군기지 반대투쟁에 연대하기 위해 강정에 온 육지 사람들을 이르는 말

해 제주해군기지 건설 이후에도 평화운동과 평화교육을 지속할 토대를 마련했다. 또 강정에서 2010년부터 일상을 살아왔던 지킴이들은 제주해군기지 건설 이후에도 2019년 '강정평화네트워크'를 결성해 '일상적 저항운동'을 전개하고 있다. 이들은 "투쟁이 단지 이기고 지는 문제가 아니라 활동과 내가 분리되지 않는 삶을 실제로 사는 것"이라 생각하며, 제주 지역사회 안에서 글로컬 시민으로서 "군사주의 반대운동을 뛰어넘어 평화운동의 지평"을 새롭게 열고 있다(오두희, 2022: 231). 이들의 학습 내용 중 시민성과 관련한 것을 추출해 보면, 그 안에 근대적 요소(세계시민성)와 전통적 요소(지역시민성)가 함께 융합된 글로컬 시민성을 발견할 수 있다(김민호, 2014).

1) 강정 마을주민의 글로컬 시민성 형성

① 마을 현안 해결에 능동적 참여

강정 마을주민은 강정을 해군기지로 결정하는 과정, 강정 인근의 절대보존지역을 해제하는 과정의 비민주적 절차에 항의하는 데서부터 해군기지 건설 반대운동을 시작했다. 주민들은 2007년 4월 26일 열린 마을 총회의 부당한 결정(마을 주민 1,400여명 중 5.7%인 87명이 참석해 총회 안건의 변경 및 해군기지 유치 결정)에 항의하여 2007년 5월 18일 강정 해군기지반대 대책위원회를 결성했다. 이 마을에 8대째 살아온 Y씨는 절차의 부당함을 아래처럼 말했다(2014. 6.7 면담).

"정당한 절차 없이 밀어붙인 사업이다. 13일 만에 결정했다. 2007년 4월 13일 국방장관이 내도했으나 위미 주민은 반대했다. 그런데

2007년 4월 26일 강정 마을총회에서 결정했다. 김태환 도지사가 자기 살려고 한 것이다(그는 선거법 위반으로 고법에서 600만원 벌금 선고받았고, 대법에서 판결 남겨 놓은 상황이었다). 선거법 판결 기한 내 밀어붙인 것이다."

"강정 마을 주민들에게 2007년 4월 26일 총회 전부터 회유 작업이 들어왔다. 당시 마을회장, 역대로 5대까지의 마을회장, 기관단체장(노인회장, 청년회장, 부녀회장 등), 해녀와 해녀의 남편들, 총 강정 주민의 20% 가량을 회유했다."

"(2007년 4월 26일의) 마을총회에 --- 나는 (단지) '해군기지 관련 건'으로 공고가 나서 (해군기지 유치라고 전혀 생각하지 않고) 대수롭지 않게 여기고 안 갔다. 87명이 참석한 본 회의에서 안건을 '해군기지 유치 건'으로 개정하여 결의했다."

"절대보전지역은 제주도 면적의 10%로서 특별법 만들 당시 누구도 해제할 수 없도록 한 것이다. 도지사 마음대로 해제했다. 2009년 한나라당 도의원들이 날치기로 해제했다. 사법부도 마찬가지다."

한편, 2011년 4월 강정에 들어와 강정 미디어팀 활동을 하며 마을 속사정에 밝은 테라는 해군기지 결정 과정에 대한 주민의 정서를 다음과 같이 표현했다.

"사실 마을 주민들은 마을 내 중요한 사안을 결정할 때마다 향약법의 전통에 따라 민주적 절차를 밟았다. --- 풍림리조트가 마을에 들어설 때 7회의 마을 회의를 거칠 정도로 주민들은 신중하고 민주적이었다. 그런데 해군기지의 경우, 설명회조차 안 하고 4만평의 땅을 빼앗아 갔기에, 주민들이 들고 일어난 것이다. 또 강정 앞바다는 공유수면지로 묶여 있어서 (제주도 해안가 여느 마을에서 흔히 볼 수 있는) 해안도로조차 만들어 주지 않더니, 갑자기 (강정 앞바다를 매립해) 해군기지가 들어선다고 하니, 강정주민들은 정부에 대해 배신감을 느끼지 않을 수 없었던 것이다." (강정 지킴이 T씨, 2014.6.7).

강정 마을주민은 제주해군기지 반대운동에 참여하면서 서로 다른 견해와 이해관계를 지닌 사람이 당면한 문제를 평화적으로 해결하려면 절차적 정당성을 지키는 것이 중요함을 깨달았다. 비록 국가 권력이라 할지라도 절차적 정당성을 따르지 않는다면, 소수자로서 있는 힘껏 저항하는 것이 정당하다는 주체성을 배웠다.

또한 강정 마을주민은 절차적 정당성에 주목하여 자신의 정체성을 형성했다. 즉 절차적 정당성에 따라 자신의 권리를 지키는 사람, 또 그들이 하는 일이 옳은 것임을 믿고 돕는 사람이 있는 반면에, 자신의 이익과 권력 유지를 위해 의사결정 과정에서 절차적 정당성을 무시하거나 이를 사소하게 취급하는 사람, 또 절차적 정당성을 위반한 사태가 옆에서 전개되고 있음에도 불구하고 모른척하는 사람 혹은 절차적 정당성을 지키겠다고 약속한 뒤 이를 어기는 사람 등으로 구분하였다.

강정마을의 J씨(2013.8.3; 2014.6.7 면담)는 마을에서 남편, 그리고 최근에 마을로 돌아온 아들과 한라봉 농사를 짓고 있다. 그녀는 해군기지건설반대 대책위원회 여성위원장으로 제주도에서의 반대운동 참여는 물론이고, 미국 본토와 하와이까지 방문해 해군기지 건설의 부당성을 알렸다. 그 가운데 다양한 부류의 사람들과 직접 혹은 간접적으로 교류하는 기회를 가졌고, 이들에 대한 종래 상식적 이해를 넘어 비판적 의식을 형성할 수 있었다. 그녀는 반대운동을 참여를 통해 자신이 체험한 다양한 부류의 사람을 '우리' '못 믿을 사람' '미운 사람'으로 구분했다.

'우리'는 해군기지 건설 '반대운동에 나선 마을 사람' 뿐만 아니라, '격려하고 도와준 사람'도 포함한다. 예컨대 "하던 일을 마무리해야 한다, '끝까지 버티었는데 안 되었다'와 '도중에 포기하고 받아들였다'는 하늘과 땅의 차이다, 역사에 남기자"며 격려해준 남편, 자녀에게 경찰 그만두고 반대운동에 나서라고 독려했던 마을 어르신, 마을회관에서 머리 쓰는 일과 문서 작성 등을 도와주었던 공무원 주민, 좀 더 일찍 와서 지혜를 주었더라면 좋았을 강정 지킴이, 초청 강연했던 외부의 활동가들이 있다.

'못 믿을 사람'은 해군기지 건설을 주도했거나 주도할 가능성이 있는 사람이다. 그중에는 중앙정부에 해군기지 유치를 건의했던 당시 제주특별자치도지사 K씨와 강정 일원의 절대보전지역 해제를 의결한 한나라당 도의원 같은 '썩을 놈'이 있고, 대통령에게 해군기지 해법을 건의하는 내용의 인터뷰 했는데 방송에 안 나오게 한 KBS 언론인과 주민 한 사람이라도 반대하면 해군기지 건설 사업을 안 한다고 거짓말한 K 해군참모총장 같은 '배신감을 주는 사람'이 있으며, 같은 로터리 클럽 회원인데 도지사 주민소환운동 과정에서 얼굴 붉히고 원수가 된 공무원인 '나쁜 새끼'가 있고, 새로 도지사에 취임한 W씨 같은 '만나볼 필요가 있는 사람'이 있다.

그녀가 '미운 사람'이라고 분류한 이들 중에는 해군기지 건설에 '찬성한 사람,' 옆 마을에 혹은 제주도에 같이 살면서도 '도와주지 않은 도민,' 자신과 같은 편에서 '반대운동에 동참했던 사람' 중 일부도 포함된다. 또 절대보전지역 해제를 심의했던 교수 신분의 '배운 사기꾼,' 해군기지 건설 반대 운동을 남의 마을 보듯이 하다가 지금 와서 끼어든 역사에 다 남아야 할 마을 출신의 '나쁜 교수,' "강정이 4.3"이라며 해군기지 건설 반대운동에 '뒤늦게 결합한 시민단체 활동가,' 도청에 항의 시위를 가서도 팔장 낀 자세로 있던 '투쟁에 소극적인 주민' 등이다.

이처럼 J씨는 농사짓기의 일상과 해군기지 반대운동 참여의 경계를 넘나들며 여러 부류의 사람을 제주해군기지 반대운동에 적극적으로 참여하거나 도움을 주는 사람과 그렇지 않은 사람으로 구별하고, 자신을 전자에 범주에 포함시키고 있었다.

한편, 강정 마을에 8대째 사는 Y씨에게 '우리'는 제주해군기지를 반대하는 강정 마을 주민만이 아니라, 군사기지를 반대하는 세계 전역의 주민들이 포함되어있다. 그는 제주해군기지 반대운동을 통해 세계 여러 시민과 공감할 수 있었다.

> "반대 운동에 참여하면서 배운 점이 있다면 전 세계적으로 군사기지는 받아들이지 않고 있음을 알게 되었다는 것이다. 오키나와에서도 반대하고 있다. 우리도 받아들여서는 안 된다." (2014.6.7).

그리고 강정 주민이 오랫동안 힘을 합해 제주해군기지 반대운동을 지속할 수 있었던 것은 자유권과 재산권 옹호라는 근대적 시민의식만이 아니라, '일강정'이라는 주민의 자부심과 공동체의식 때문이었다.

> "강정은 살기 좋은 곳이다. 여름엔 시원하고 가는 곳마다 물이 있다. 젊은이들의 휴식 공간이다. 제주도에서 벼농사가 유일한 곳이다.

도내 외지인들이 제사용 쌀을 조달하려 논을 사서 소작을 주기도 했다. 바다에서 나는 해산물도 많다. 구럼비에서 낚시를 하곤 했다. 큰돈은 없어도 인심 좋고 살기 좋은 곳이다. 강정에서 8대째 살아왔다. 지금 귤농사를 하고 있고, 자녀들도 농사를 짓고 있다."(강정 마을 주민 Y씨, 2014.6.7).

"해군기지건설 반대 운동이 시작한 2007년 당시 강정 마을 안에 154개의 계가 존재할 정도로 공동체 의식이 강했다. 강정해군기지 건설 반대운동 초기 4년간(2007년부터 2011년까지), 이들의 반대운동을 돕는 이들이 거의 없었을 때조차, 강정 주민들이 반대운동을 지속할 수 있었던 힘은 바로 강정 주민들의 '자부심'과 '끈끈한 공동체 의식'이었다."(강정 지킴이 T씨, 2014.6.7).

요컨대 강정마을 주민은 제주해군기지 반대운동에 참여하면서 국가 권력에 대항하여 절차적 정당성을 옹호하고 저항하는 근대적 의미의 시민적 주체성과 민주시민으로서의 정체성을 형성하였다. 그리고 그 바탕에는 마을 향약을 통한 의사결정의 체험, '일강정'이란 마을에 대한 자부심, 수많은 마을 계를 바탕으로 한 끈끈한 공동체 의식 등이 놓여 이었다. 달리 말해 강정주민은 제주해군기지 반대운동을 통해 근대적 시민성과 전통적 공동체 의식을 결합한 글로컬 시민성을 형성했다고 말할 수 있다.

② "우리 마을에 안 좋으면 다른 마을에도 안 좋다"
강정 마을 주민은 강정에 제주해군기지를 건설하는 게 국가안보 때문이라는 논리를 비판하며, 참정권 행사를 통한 국가 권력에 대한 견제를 강

조했다.

> "이 사업이 국가안보를 위한 것도 아니다. 국가안보 때문이라면 해군은 왜 제주도 화순에서 주민이 반대한다고 철회했고, 위미에서 반대한다고 철회했나? --- 나라의 존재 가치가 없다. 헌법이 보장한 국민의 권리를 무시했다. --- 국가가 잘못하면 국민은 선거로 응징해야 한다. 그래야 국가가 국민 위해 일을 잘 하려 할 것이다." (강정마을 Y씨, 2014.6.7).

마을 주민의 국가안보 논리 비판 이면에는 이들의 제주 4·3과 일제 강점기에 파놓았던 해안가 진지동굴에 관한 아픈 기억이 있다. 마을 주민은 해군기지건설 반대운동 과정에서 4·3을 직접 언급하진 않았다. 하지만 정부가 육지 경찰까지 불러들여 지역 주민들에 대해 과도한 공권력을 행사하고, 해군기지건설 반대운동에 참여하는 주민들을 '종북좌파'로 몰아가는 형국은 강정 주민이 4·3을 떠올리기에 충분했다. 게다가 제2차 세계대전 말기에 일본이 본토 사수를 위해 제주도를 '대미 결전의 보루'로 삼아 제주도 해안 곳곳에 굴을 파고 7만 명의 병력을 배치해 전략 기지로 삼았던 것처럼, 미국이 강정 해군기지를 한미방위조약과 주둔군지위협정(SOFA), 그리고 전략적 유연성 합의에 따라 언제든지 대 중국 전진기지로 삼을 가능성이 높다는 인식이 제주도민 사회에 퍼져나갔다(광주가톨릭대학교 제주신학생회, 2012).

하지만 4·3의 아픈 기억은 반대운동에 참여하는 강정 주민들과 이웃 주민들의 발목을 잡기도 했다. 강정 주민들의 기억 속에는 '나서면 죽는다'는 국가 권력에 대한 두려움이 있었다. 해군기지 반대운동에 국가권력이 들어오고, 특히 육지 경찰이 제주에 내려오고, 법적 소송이 붙고, 주민들에게 벌금을 물리고 할 때, 주민들은 크게 위축되었다.

> 4.3 콤플렉스, 레드 콤플렉스가 남아 있다. 주민들이야 빨갱이라 불려도 괜찮았지만, 제주도민들 특히 법환 같은 이웃 주민들은 우리가 북치고 돌아다녀도 주저앉고 말았다. (강정 대책위원장 G씨, 2014.6.7).

그럼에도 불구하고 마을 주민 사이에서는 강정뿐만 아니라 제주도내 어떤 다른 곳, 세계 어느 곳에도 군사기지가 들어서서는 안 된다는 반(反)군사기지 의식이 고양되기 시작했다. 강정에 해군기지를 건설하는 것에 대한 반대 여론이 높아지자 전 제주도지사는 유치를 희망하는 제주도내 다른 곳으로 해군기지를 옮기는 방안을 대안으로 검토할 수 있다고 말한 적이 있다. 하지만 강정 마을 주민 대부분은 "우리 마을에 안 좋으면 다른 마을에도 안 좋다"며 전 도지사의 제안을 거절했다. 앞서 이미 소개한 마을 주민 Y씨도 전 세계적으로 전개되는 군사기지 반대운동에 공감하고 있었다.

③ 정당한 몸싸움

국가는 준법을 강조하면서 제주해군기지 반대운동 진영의 시위나 집회를 불법, 폭력으로 으로 몰아가며 여론전을 벌였다. 하지만 강정 마을 주민은 공권력이 국민의 생명과 안전을 도모하기보다 국민의 기본적 권리를 통제하고 있으므로 부당한 국가의 공권력에 대해서는 물리적 저항이 가능하다고 보았다.

"상대방이 물리력으로 나올 때는 우리도 몸싸움으로 가야한다."(강정마을 G 대책위원장, 2014.6.7).

"지식은 부족하지만 욕을 하고 쌍시옷 나가니 그 걸로도 되더라. 주민이 잡혀가봤자 별거 아님을 알게 되었다."(강정마을 J 여성위원장, 2014.6.7).

"한 두 명이 구속 처벌 받아도 관계없다. 크게 보면 4·19같은 것이다."(강정마을 Y씨, 2014.6.7).

④ 여성위원장의 탄생

제주해군기지 반대운동 진영 내부에서 가부장제, 곧 '연령과 성을 기준으로 하는 서열적 남성중심의 문화'가 자유로운 의사소통, 능동적 참여에 걸림돌이 되기도 하였다. 강정마을의 한 여성은 다음과 같이 문제제기를 했다. 그는 제주해군기지 반대운동에 참여하면서 여성위원장의 역할을 수행했다.

"00는 (고향을 떠나 육지에서 살다가) 늦게 들어오니까, 마을 회의에서 "까불고 있어!"라는 어른들의 한 마디에 밀렸다. 나도 밀렸다(육지에서 제주로 시집와 강정에서 농사짓고 살고 있음, 현재는 반대 대책위원회 여성위원장을 맡고 있음). 마을 회장 머리는 똥머리다. 나중에 자문위원들이 (마을회를) 잡은 거다. 텃새의식으로 손해 본다고 생각조차 안 했다. 집행부가 도청에 항의 시위를 가서도 (팔장을 낀 채) 이러고 있었다. 난 주민들이 미워요."(강정 J여성위원장, 2014.6.7)

⑤ 분열된 마을 공동체 회복의 해법 제시

마을 주민은 생존권 보호, 제주 자연환경 보전 및 동북아 평화를 위해 제주해군기지 건설 반대를 외치면서 정작 의견을 달리하는 가족이나 마을 주민 간 갈등이 극도로 악화되는 모순적 삶을 체험했다. 이제 주민들은 해군기지 결사반대가 이 운동의 끝이 아님을 인식하고, 애초 해군기지 유치 및 공사 진행 과정에서의 잘잘못만큼은 역사 속에 분명히 규명하고 자신들과 마을의 명예를 회복하고 공동체를 복원하기 위한 평화운동으로 전환을 모색하게 되었다. 군사기지를 막는 것만이 문제해결이 아니고 사람들의 마음속의 폭력이 사라져야 함을 인식하기 시작했다. 강정을 평화마을로, 제주도를 평화의 섬으로 만들어 나가는 프로젝트를 추진하고자 했다.

"해군기지건설 과정에서 깨진 공동체를 회복하려면 정부는 '진상조사'를 통해 사과할 것은 사과하게 해야 한다. 그러면 주민들도 달라질 것이다. 공동체 회복은 쉬울 것이다." (강정마을 주민 Y 씨, 2014.6.7).

"지금 계획은 8년간의 싸움에 대해 '백서'를 만들 생각이다. 기억을 모으는 과정에서 주민들의 마음도 모을 수 있으리라 기대한다."(강정 해군기지 반대 대책위원장 G씨, 2014.6.7).

2) 강정지킴이의 글로컬 시민성 형성(김민호, 2014; 김민호, 김성환, 2023)

① 애매한 위치에서 때를 기다리며 '따로 또 ᄀ치' 살아가는 평화활동가

2011년부터 강정 마을을 찾기 시작한 지킴이 중에는 사회운동 경험이 없는 이들도 적지 않다. 그런데 이들이 제주해군기지 반대운동에 참여하

면서 평화활동가로서의 주체성과 정체성을 형성하기 시작했다.

"강정에 들어와 살고 있는 지킴이들은 사회운동을 업으로 삼은 적이 없는 사람들이다. 다른 투쟁지역(대추리 등)에서 온 분들이 우릴 보고 참 특이하다고 말했다. 지킴이들은 '운동이념'보다 '감성적 공감'이 강한 이들이다. 아름다운 공간, 자연이 침탈당하고, 미 해군 핵잠수함의 기항지로 사용될 수 있다는 데 대한 감성적 공감이다." (강정 지킴이 T씨, 2014.6.7).

강정 지킴이인 혜영은 2010년 중등 임용고사를 준비하다 우연히 트위터를 통해 강정 소식을 접하고 내 눈으로 직접 봐야겠다는 생각에 2012년 1월, 구럼비 발파 이틀 전에 혼자서 강정에 왔다. 강정에 있으며 자신이 도움이 되는 사람이라 느꼈고, 2013년 강정으로 주소를 옮겼고 '강정친구들' 사무국장으로 매달 80만원의 활동비를 받고 일하기 시작했다. 그는 '평화활동가'로서의 정체성을 형성을 다음과 같이 말한다.

"활동가라는 이름에 대해 많이 생각했어요. 처음엔 그 호칭이 싫었는데요 2016년 오키나와에서 열린 '여성 국제평화 활동가대회'에 갔을 때 다르게 받아들이게 됐어요. 오키나와, 미국 하와이, 대만, 제주와 한국 곳곳에서 모인 여성 활동가들을 보면서 저렇게 멋있는 사람들이 활동가라면, 나도 활동가라고 할 수 있겠다는 마음이 들었어요. 그 전에는 활동가라는 호칭을 시민사회 단체에 속해서 돈을 받고 일하는 사람이라고 이해했어요. 그때 1인 활동가도 될 수 있구나 알게 됐죠. 생계도 내가 알아서 마련해야 하지만요. 그 뒤로 평화활동가라는 호칭에 대한 자부심이 생겼고 그렇게 살기로 결심을 굳혔어요." (호수 정주 a, 2023: 105).

강정 지킴이로 10년 이상을 살아 온 딸기는 강정 지킴이를 마을 주민에도 제주도민에도 끼지 못하는 '애매한 자리' '독특한 위치'로 규정한다. 이들은 "활동비를 받는 것도 아니고, 환대받으면서 호의호식하는 것도 아니고, 그렇다고 지킴이 공동체가 민주적이고 급진적이고 대안적인 삶을 사는 것도 아니고, 각자 고군분투하며 이렇게 사는 사람"이다. 그리고 그녀는 "이런 사람들과 함께 할 수 있다는 게 제일 큰 배움"이라고 말한다. 또 지킴이가 가진 제일 큰 힘은 "남아 있으며 포기하지 않는 것"이며, "강정에서 검소하게 살면서 다른 방식으로 관계를 맺어가려고 하는 사람들과 함께 하면서 삶의 방식이 제일 많이 변했다"고 한다. 이러한 강정 지킴이의 삶은 비록 태생이 '육지것'이지만, 논농사가 되지 않아 밭을 일구고 바다에서 먹을 것을 거둬오며 억척스럽게 살아가는 제주 여인의 모습을 많이 닮았다. 강정 지킴이가 오랫동안 강정 마을에서 주민과 더불어 지낼 수 있었던 것도 제주인의 부지런함과 즈냥하는 삶을 몸소 보여주었기 때문일 것이다.

강정 지킴이가 평화활동가로서 살아가는 모습은 매우 다양하다. 2015년 해군 군관사 건설 반대투쟁을 소재로 2017년 '스물다섯 번째 시간'이란 영화를 만든 그레이스는 강정에서 공명의 삶을 발견했다.

"내가 내린 결론은 공명하는 힘, 진동에 반응하는 힘 같아요. 가정에서 경험한 운동은 노선과 분파를 넘어서는 것이었어요. --- 지난 몇 년간 친구들과의 대화를 떠올려 보면 정치적인 관점이 다르다고 싸운 적은 없었어요. 우리가 운동을 하면서 전략을 세우는데 의견 차이로 논쟁을 벌인 적은 있지만 서로가 서 있는 자리가 다른 것에 대해 설득이나 강요는 하지 않아요. --- 친구들이 어떤 일을 겪으면 그 파동이 나에게 오잖아요. 예를 들어 성게(최성희)와 나는 생각하는 바도 운동 방식도 모든 게 달라서 신기해요. 근데 성게의 우주와 나의 우주가 공명한다고 느끼는 거죠. 성게의 활동에 다 동의할 순 없다고 해도 그걸 존중해요. 언제나 같이 할 수는 없지만 이 사람이 계속 보내고 있는 파동을 인지하는 거죠." (호수 정주b, 2023: 200-201).

딸기 역시 제주해군기지 반대운동에 지킴이들이 지속적으로 참여할 수 있었던 것은 "일할 때는 그 주제에 관심 있는 사람들만 하고 나머지는 신경 안 쓰는 것"이라 한다. 그만큼 강제하거나 억지로 하지 않았기에 반대운동을 오랜 세월 지속할 수 있었다는 것이다. 그레이스나 딸기의 말에서 자녀가 결혼하고 나면 같은 집에 살아도 밥을 따로 해 먹는 제주의 전통적인 '안거리 밖거리 문화'를 발견할 수 있다. '따로 또 ᄀ치' 살아가는 제주인의 삶의 방식이다(호수 정주c 엮음, 2023: 184-185).

강정 마을 지킴이 T씨는 2011년 초 강정 마을에 들어와 작은 도서관을 운영하며 지역주민들과 함께 살고 있다. '해군기지 저지투쟁'이 별다른 성과 없이 무기력해졌을 때, 많은 사람들이 강정 마을을 더 찾아오고 주민들이 강정 마을을 떠나지 않도록 '문화예술운동'을 시작한 것이다. 그녀는 강정을 아름다운 마을로 만들어보지는 취지 아래 '평화책방' '거리서가' 강정 마을에 10만권의 책을 보내는 '10만 대권 프로젝트'를 추진했다. 그리고 작은 도서관을 활용해 '바느질 소모임'을 운영하고, 주민들이 오고 가다가 중간에 들러 차를 마시고 대화하고, 아이들은 방과 후 찾아와 독서 토론을 하거나 쉴 수 있도록 강정 주민에게 치유와 쉼터의 공간을 마련하고자 했다(강정 지킴이 T씨, 2014.6.7).

하지만 제주해군기지 반대운동의 열기가 전반적으로 약화되고, 강정 해군기지에서 추진되는 2018년 국제관함제를 수용하는 분위기가 마을을 주도하면서, 2019년 1월 30일 강정마을 임시총회에서 '강정마을 향약 개정'이 이뤄졌다. 2007년 1월 이전부터 강정 자연마을에 주소지를 두고 거주하지 않았던 강정 지킴이들은 투표도 할 수 없게 되었고, 주민권을 박탈당했다. 이후 소송을 통해 2022년 11월에 이르러 2019년에 개정한 향약이 무효로 판결됐고 이들의 주민권은 다시 회복됐다. 마을 공동체의 회복 과정에서 강정 지킴이를 배제하는 오류가 수정된 것은 천만다행이다. 이제 강정 마을 공동체는 제주해군기지 반대와 찬성 주민 간의 갈등을 극복하는 과제만이 아니라 정주민과 이주민이 대립을 넘어 하나의 통합된 공동체로 거듭나야 할 과제를 지니고 있다.

② 내부의 적이 존재하나 평화활동가의 고향과 같은 강정

그레이스는 강정 지킴이들이 2018년 국제 관함식을 계기로 마을로부터 차별받고 분리되는 것을 목격했을 때, 같은 길을 가고 있다고 믿었던 사람이 성추행 가해자라는 것을 알았을 때, 또 강정 밖의 다른 활동가가 내뱉는 무례한 말 등에서 어릴 때부터 평등하지 못한 대우에 대해 느꼈던 분노가 되살아났다. 하지만 그녀는 분노로 일하다 건강을 해치고 나서는 분노를 사랑으로 전환하였다(호수 정주b).

미국 유학 중 탈식민주의를 공부하고 일찍부터 강정에 와서 '글로벌 네트워크'를 중심으로 국제 연대 사업에 주력하고 있는 강정 지킴이 최성희는 반대운동 주민에게서 엿보이는 가부장제에 대해 다음과 같이 말한다.

"제주도의 분위기이기도 하지만 작은 마을은 가부장제가 공고한 곳이예요. 여성이고 상대적으로 젊은 나이라면 주변화되는 경향들이 있어요. --- 제가 이른바 육지 것이기도 하고 여성이니까. --- 기자회견을 하면 보통 남자들이 앞줄에 서게 되는데 어느 날 용기를 내서 내가 일부러 앞쪽에 섰어요. 그때 한 남성분이 나에게 다른 데로 가라고 하더라고요. --- 전체가 모이는 중요한 행사를 할 때 여자 삼촌들은 많은 경우에 부엌에 계세요. --- 바꾸고 싶다는 마음도 컸지만 스스로 타협하게 되는 경우들이 많아서 자괴감이 들었어요. 나이 많은 어르신들에게 저쪽으로 가달라고 하는 것도 쉬운 일은 아니니까요. --- 우리 내부에 성폭력 사건이 생길 때 공동체가 어려움을 겪었어요. --- 우리 안에서도 육지에서 온 젊은 여성이 상대적으로 약자였어요." (딸기a 엮음, 2023: 124-125).

국제 연대에 주력하는 최성희는 강정 마을의 가부장제 문화에 거부감을 느끼지만, "강정에 수많은 국내, 국제 활동가들이 오니까 자연스럽게 만나게 되고 삶의 네트워크가 커졌다"고 좋은 점도 지적한다. "그 사람들(강정에 온 국내, 국제 활동가들)과 한 공간을 숙제처럼 안고 있게 되니까 그 공간이 삶의 거점이 되고 고향이 됐어요."라고 말한다. 그녀는 세계시민으로서 반군사기지 투쟁을 위한 국제 연대 역시 지역의 작은 마을을 기반으로 하지 않으면 안된다는 인식을 지니고 있었다. 곧 글로컬 시민성을 보여 준 셈이다.

③ 강정평화네트워크를 통한 평화운동의 일상화

제주 출생이면서 강정 지킴이로 살아가는 정선녀는 가톨릭 신앙에 바탕을 두고 죽어가는 생명을 다시 살리는 것을 희망하며 "돈이 없어도" "흙과 물 그리고 햇빛만 있으면 살 수 있다"는 믿음으로 살아간다. 그는 자신의 그러한 삶을 통해 지킴이에 대한 선입견과 모멸감을 넘어설 수 있다고 보았다(호수 정수d, 2023).

강정 지킴이 딸기는 지킴이들의 삶에서 "군사주의와 자본주의적인 것에 반대하는 운동을 하면서 자신의 삶과 일치시키려고 애쓰는" 모습에 주목했다. 자신도 "이곳에 없었으면 운동과 생활을 분리한 채로 활동했을 것 같다"고 말한다. 딸기의 발언에서 거친 자연환경 속에서 화려한 미사여구보다 투박하지만 솔직담백한 자세로 삶을 영위해 왔던 제주인의 모습을 발견한다. 또한 수눌음의 전통에 따라 서로 돕고 살아왔던 제주인의 모습이 연대성을 중시하며 살아가는 평화운동가 딸기의 발언에서도 느낄 수 있다.

"지금도 새로운 사람들이 계속 오고 있어요. 이것이 강정의 힘이 아닐까요? 새로운 사람이 오는 것은 운동을 만들어 가는 사람들이 현시대에서 같이 숨 쉬고 있다는 의미 같아요. --- (강정평화네트워크를) 그렇게 유지하고 지속하다 보면 큰 투쟁이 필요한 상황이 찾아올 거예요. 그때 다양한 방식으로 강정과 관계를 맺어왔던 분들이 함께 할거라고 생각해요. 현장에 있는 것은 기다리는 일처럼 느껴져요. 그 시간을 보내며 우리가 할 수 있는 일을 하면서 언제 올지 모르는 미래를 기다리는 거죠. 그런데 기다리는 것은 방도가 없으니까, 시간이 가야 하는 거니까, 기다리는 동안 서로 어울려서 재밌게 지냈으면 좋겠어요."
(호수 정주c 엮음, 2023: 184-185).

미국인으로서 동북아평화교육훈련원에서 활동하기 위해 2013년 한국을 찾은 카레는 간간이 강정 마을을 체험하다가 2015년 '개척자들'에 가입했고, 2016년 1월 강정으로 이사왔다. 2018년부터는 개척자를 그만두고 강정 지킴이 공동체인 '강정평화네트워크'에 집중하고 있다.

> "강정은 많은 연결이 일어나고 서로에게 힘을 주는 자리가 돼요. ––– 평화에 대한 상상을 표현하며 가까이 사는 사람들이 공동체를 이루고 서로를 지지하는 것을 배우는 현장이 강정이에요. 다양한 경험들이 한 곳에서 쌓여가는 역사가 있기 때문에 그 역사를 바탕으로 활동을 이어가는 특별한 장소인 것 같아요." (딸기b, 2023: 89).

3) 성 프란치스코 평화센터의 평화교육

2015년 9월에 개원한 성 프란치스코 평화센터의 목적을 초대 이사장이었던 강우일 주교는 평화교육과 평화운동에서 찾았다. 평화교육은 특히 '국가안보를 위해서라면 국민이 무조건 희생되어도 된다는 국가안보를 숭배하는 사람들을 대상으로 교육'하는 것이고, 평화운동은 '제주해군기지가 확장되는 것을 막는 것'이다. 왜냐하면 평택미군기지나 군산미군기지를 볼 때 군사기지는 끊임없이 확장하려는 성격이 있기 때문이다.

① 제주해군기지 반대운동의 체험과 역사에 기반한 평화교육

성 프란치스코 평화센터의 평화교육에는 사람들과 공동체 사이에서 갈등과 화해를 다루는 프로그램, 한반도를 포함한 아시아 태평양 지역에서의 평화를 언급하는 프로그램뿐만 아니라, 많은 사람에게 제주해군기지 반대운동과 관련된 영상을 보여주고 제주해군기지 반대운동 역사를 설명

해주는 프로그램이 있다. 또한, 강정 마을과 센터를 방문하는 사람들에게 강정 마을 투어의 기회를 주기도 한다. 또 외부로 출장 가서, 제주해군기지 반대운동 역사를 소개하기도 한다.

② 강정 지킴이의 일상을 공유하는 평화운동

성 프란치스코 평화센터는 평화운동 사업의 일환으로 강정생명평화 미사를 거의 매일 집전하고, 평화센터 직원들은 거의 매일 미사에 참례한다. 이것 후에 인간띠잇기에 참여한다. 평화센터 비상근 미국인 활동가 카레는 생명평화 백배에도 참여하고, 인간띠잇기에 참여한다. 또한 그녀는 제주해군기지 반대운동을 해외에 알리는 역할을 하고 있다. 또 세계적으로 일어나는 평화 이슈들, 예를 들면 홍콩민주화 문제, 이스라엘의 가자침공 문제, 오키나와 군사기지 문제 등에도 강정 활동가들과 함께 연대해서 국제사회에 목소리를 전달한다. 또 제주도를 포함한 아시아 태평양 지역에 있는 섬들 간의 연대 운동과 관련되어서도 일을 하고, 국외에서 강정마을을 찾아오는 방문객들에게 제주해군기지 상황을 알리기도 한다. 또 최근 불거지고 있는 제주 제2공항이 건설 계획과 관련해 이 공항이 장차 제주 공군기지로 쓰일 것을 우려하며 적극 반대하고 있다.

이상에서 살펴보았듯이 마을 주민, 강정 지킴이, 성 프란치스코 평화센터가 제주해군기지 반대운동 참여를 통해 학습한 세계시민성, 지역시민성 그리고 글로컬 시민성을 정리하면 다음 [표 3]과 같다.

[표 3] 제주해군기지 반대운동에서 학습한 글로컬 시민성

참여자	반대운동의 주요 이슈	시민성 학습 내용		
		세계시민성 (근대적 지식)	지역 시민성 (토착지식)	글로컬 시민성
마을주민	의사결정 절차의 정당성	주민의 참여의 주체성 (재산권, 참정권) 민주시민의 정체성	향약의 의사결정 일강정의 자부심 공동체 의식	마을 현안 해결에 능동적으로 참여하는 주민
	국가안보와 군사기지 담론	국가안보에 앞서는 국민 기본권	4·3의 기억 (종북좌파, 나서면 죽는다) 일제 진지 동굴	군사기지가 우리 마을에 안 좋으면 다른 마을, 다른 나라에도 안 좋다
	준법 이데올로기	부당한 공권력에 대한 저항의 정당성	4·19 의거의 기억	제주해군기지 건설 반대운동에서 정당한 몸싸움
	가부장제의 벽	연령과 성에 따른 차별 반대 (페미니즘)	연령과 성에 따른 차이 상존	해군기지 반대운동조직에 여성위원장 탄생
	마을 공동체 회복	생존권 보호, 자연환경 보전, 동북아 평화 등 대의에 가려진 마을 공동체 내부의 갈등	혈연, 지연 등의 마을 공동체	진상 조사와 사과를 통한 분열된 마을 공동체 회복 제안
강정 지킴이	평화활동가의 정체성	평화 감수성, 검소함. 다양성의 허용. 강요하지 않음. 때를 기다리며 포기하지 않음	같은 마을에 사는 육지 것. 제주의 조냥정신. 향약 개정으로 일시적 주민권 박탈	따로 또 같이 공명하며 사는 것. 주민에게 치유와 쉼터 제공
	내부의 적과 공존	평등한 인간관계 (마을 주민, 강정지킴이, 강정 밖의 활동가)	가부장제 잔존	평화 활동가의 고향 같은 강정
	평화운동과 삶의 일치	연대성. 일상의 투쟁	수눌음 전통	강정평화네트워크 통한 관계의 지속성 유지
성 프란치스코 평화센터	평화교육	사람 간 갈등과 화해 프로그램 아·태지역의 평화	강정 마을과 센터 투어 프로그램	제주해군기지 반대운동의 역사교육
	평화운동	평화의 영성 함양 평화이슈에 국제 연대	생명평화백배, 강정생명평화미사, 인간띠잇기. 제주 제2공항 반대운동	강정 지킴이의 일상을 공유하는 평화운동

참고문헌

광주가톨릭대학교 제주신학생회(2012), 너에게서 평화가 시작되리라! (4·3 64주년 기념 자료집).
교육과학기술부(2011), 2011년 다문화가정 학생 교육 지원계획.
교육과학기술부(2010), 2010년 다문화가정 학생 교육 지원계획.
교육과학기술부(2008), 2008년도 다문화가정 학생 교육 지원 계획.
교육부(2018), 도덕 4 (초등학교 3-4학년군 도덕), 서울: ㈜지학사.
교육부(2017), 2017년 다문화교육 지원 계획.
교육인적자원부(2006), 다문화가정 자녀 교육지원 대책.
김민호(2018), 상호문화교육 관점에서 초등학교『도덕 4』교과서의 다문화 단원 분석, 초등교육연구, 31(3), 1-25.
김민호(2015), 학급 내 상호문화교육 탐색, 김민호 외, 다문화교육의 이론과 실제, 서울: 박영스토리.
김민호(2014), 지역개발 반대 운동에 참여한 지역주민의 시민성 학습: 밀양 송전탑과 강정 해군기지 반대 운동 사례, 평생교육학연구, 20(4), 1-30.
김민호·김성환(2023), 제주해군기지 반대운동과 글로컬 시민성 학습, 동경·오키나와·동아시아사회교육연구회, 동아시아사회교육연구, 28, 47-64.
김영순(2018), 공립 다문화 대안학교 교사의 상호문화교육 경험에 관한 내러티브 탐색, 박사학위논문, 인하대학교.
김지원(2017), 초등학교 도덕과 다문화 내용 분석 - 2009, 2015 개정교육과정을 중심으로-, 초등도덕교육, 55, 279-306.
김혜순(2007), 서론, 한국적 '다문화주의'의 모색 : 세계화 시대 이민의 보편성과 한국의 특수성, 한국사회학회, 한국적 '다문화주의'의 이론화 (동북아시대위원회 용역과제 07-7).
김희정(2007), 한국의 관주도형 다문화주의: 다문화주의 이론과 한국적 적용, 오경석 외, 한국에서의 다문화주의 : 현실과 쟁점, 서울: 한울.
딸기(2023a), 오로지 현장에서 느낄 수 있는 진실을 쫓아: 마지막 불씨를 지키고 싶은 최성희, 딸기·호수 정주(엮음), 돌들의 춤 : 강정에 사는 지킴이들의 이야기, 충남 예산: 카카포.
딸기(2023b), 하루하루를 소중히 살아가며: 관계와 변화가 쌓여가는 역사적 장소를 지키는 카레, 딸기·호수 정주(엮음), 돌들의 춤 : 강정에 사는 지킴이들의 이야기, 충남 예산: 카카포.
딸기·호수 정주(엮음), 돌들의 춤 : 강정에 사는 지킴이들의 이야기, 충남 예산: 카카포.

박종대(2017), 한국 다문화교육정책 사례 및 발전 방안 연구 : 상호문화주의를 대안으로, 박사학위논문, 한국외국어대학교.

변종헌(2014), 시민교육의 성찰, 제주: 제주대학교 출판부.

안상수 외(2015), 국민 다문화수용성 조사 연구, 여성가족부.

오경석(2007), 어떤 다문화주의인가?: 다문화사회 논의에 관한 비판적 조망, 오경석 외, 한국에서의 다문화주의 : 현실과 쟁점, 서울: 한울.

오두희(2023), 강정 살다, 딸기·호수 정주(엮음), 돌들의 춤 : 강정에 사는 지킴이들의 이야기, 충남 예산: 카카포.

윤인진(2007), 국가주도 다문화주의와 시민주도 다문화주의, 한국사회학회, 한국적 '다문화주의'의 이론화 (동북아시대위원회 용역과제 07-7).

이안희(2012), 제주지역 필리핀계 결혼이주민 자녀의 정체성 분석, 석사학위논문, 제주대학교 교육대학원.

장한업(2009), 프랑스의 상호문화교육과 미국의 다문화교육 비교연구, 프랑스어문교육, 32, 105-121

정기섭(2011), 지속가능발전교육의 관점에서 본 상호문화역량, 교육의 이론과 실천, 16(3), 133-149.

정창호(2011), 독일의 상호문화교육과 타자의 문제, 교육의 이론과 실천, 16(1), 75-102.

호수 정주(2023a), 꾸준히 자신의 길을 찾으며: 다양한 매체를 통해 달리는 사람, 혜영, 딸기·호수 정주(엮음), 돌들의 춤 : 강정에 사는 지킴이들의 이야기, 충남 예산: 카카포.

호수 정주(2023b), 서로의 파동을 알아차리는 연결망 속에서: 예술가와 활동가를 넘나드는 영화감독 그레이스, 딸기·호수 정주(엮음), 돌들의 춤 : 강정에 사는 지킴이들의 이야기, 충남 예산: 카카포.

호수 정주(2023c), 포기하지 않고 계속하는 일: 어떤 미래를 기다리며 현재를 살아가는 평화운동가, 딸기, 딸기·호수 정주(엮음), 돌들의 춤 : 강정에 사는 지킴이들의 이야기, 충남 예산: 카카포.

Abdallah-Pretceille, M.(1999), 장한업 옮김(2010), 유럽의 상호문화교육: 다문화 사회의 새로운 교육적 대안, 서울: 한울아카데미.

Banks, J. A.(2008), *An introduction to multicultural education(4th ed.)*, Pearson Education, Inc, 모경환 외 역(2008), 다문화교육 입문(수정판), 서울: 아카데미프레스.

Bennett, C. I.(2007), *Comprehensive multicultural education: Theory and practice(6th ed.)*, Boston: Allyn & Bacon, 김옥순 외 역(2009), 다문화교육 이론과 실제, 서울: 학지사.

Bieglow, B. & Peterson, B. (ed.)(2002), *Rethinking globalization*, Milwaukee, WI: Rethinking Schools Press.

Cho, S.(2013), *Critical pedagogy and social change*, 심상보, 조시화 역(2014), 비판적 페다고지는 세상을 변화시킬 수 있는가?, 서울: 살림터.

Delors, J.(1996). Rapport a l'Unesco de la Commission internationale pour l'education du X X I siecle, Paris: O.Jacob.

Guidikova, I.(2014), *Cultural diversity and cities - The intercultural integration approach*, EUI: RSCAS Policy Paper 2014/02

Harvey, D.(2005), *A brief history of neoliberalism*, New York: Oxford University Press.

Heater, D.(2004), *Citizenship : the civic ideal in world history, politics and education(third edition)*. Manchester University Pres.

Kymlicka, W. & Norman, W.(1995), Return of the citizen: A survey of recent work on citizenship theory, *Ethics, 104*(2), 352-381.

Lister, R. (1998), Citizen in action: Citizenship and community development in a Nothern Ireland context, *Community Development Journal*, 33, 226-235.

Marshall, T. H. (1950), *Citizenship and social class and other essays*, Cambridge: Cambridge University Press.

Martiniello, M.(1997), *Sortir des Ghettos Culturels*, Paris: Presses de Sciences Po, 윤진 역 (2002), 현대사회와 다문화주의: 다르게, 평등하게 살기, 서울: 한울.

Meer, N., Modood, T. & Zapata-Barrero, R.(2016), A plural century: Situating interculturalism and multiculturalism, In N. Meer, T. Modood, & R. Zapata-Barrero(ed.)(2016), *Multiculturalism and interculturalism: Debating the dividing lines*. Edinburgh: Edinburgh University Pres, 1-26.

Morrow, R. A.(2008), Paulo Freire, indigenous knowledge and European critiques of development: Three perspectives, In C. Torres & P. Noguera(ed.), *Social justice education for teachers*, Rotterdam: Sense Publishers, 81-100.

Ninnes, P.(2000), Representations of indigenous knolwedge in secondary school science textbooks in Australia and Canada, *International Journal of Science Education 22*(6), 603-617.

Pope Francesco(2020), *Fratelli Tutti*, 한국천주교주교회의·한국천주교중앙협의회 역 (2021), 모든 형제들: 형제애와 사회적 우애에 관한 프란치스코 교황 성하의 회칙, 한국천주교중앙협의회.

Schugurensky, D. (2010), Citizenship learning for and through participatory democracy, In E. Pinnington. & D. Schugurensky (eds.), *Learning citizenship by practicing democracy: International initiatives and perspectives*, Newcastle: Cambridge Schloars Publishing, 1-17.

Sleeter, C. E.(2010). Probing beneath meanings of multicultural education. *Multicultural Education Review 2*(1).

Sleeter, C. E. & Grant, C. A.(1987), An analysis of multicultural education in the

United States. *Harvard Educational Review, 7*, 421-444.

Westtheimer, J & Khane, J.(2004), What kind of citizen?: The politics of education for democracy, In K. Mundel and D. Schugruensky (eds.), *Lifelong citizenship learning, participatory democracy and social change,* Toronto: Transformative Learning Centre, OISE/UT, 67-90.

국민일보, 2018.6.18.

위키백과사전. 타자화.
  https://ko.m.wikipedia.org/wiki/%ED%83%80% EC%9E%90%ED%99%94에서 2018.6.20. 인출.

강정마을 주민 J 여성위원장 면담 (2013.8.3, 2014.6.7).
강정마을 주민 G 대책위원장 면담 (2014.6.7).
강정마을 주민 Y씨 면담 (2014.6.7).
강정 지킴이 T씨 면담 (2014.6.7).
OO초등학교 교사 면담 (2012.4.1).

찾아보기

ㄱ

가부장제 문화 — 328
결혼이민자 — 20
계절근로자 — 227
공동체의식 — 318
공동체자산구축 — 105, 139
공동체적 규범 — 116
공동체주의 시민성 — 129
공무원 교육 — 268
공유자원 규율 — 116
관계적 — 96
국가 시민성 — 93
국가적 정체성 — 297
국민국가 — 39
국제결혼 — 25
극단적 상대주의 — 36
글로벌 시민 — 48
글로벌 시민성 — 94, 96
글로벌 지역주의 — 304
글로컬 시민성 — 91, 304

ㄴ

난민법 — 43
능동적 시민성 — 100, 101, 144

ㄷ

다문화 — 19, 60
다문화 가정 구성원 교육 — 269
다문화가족 — 40
다문화가족지원법 — 26
다문화가족지원센터 — 26
다문화가족지원조례 — 24
다문화감수성 — 28
다문화공간 — 52
다문화 교육 — 26, 279
다문화 교육 정책 — 282
다문화 사회 — 15
다문화성 — 76
다문화 수용성 — 27, 287, 310
다문화 시민 — 49
다문화 시민교육 — 29, 46
다문화 시민성 — 45, 292
다문화 역량 — 27
다문화 이해 교육 — 283
다문화 정책 — 25
다문화주의 — 21, 65, 280
다문화주의 모형 — 64
다양성 — 95, 261
다양성 안에서의 일치 — 297
다원적 시민성 — 101
다인종·간문화주의 — 263
다중스케일적 — 93
다중 시민성 — 97, 293
다중적 — 97
다중정체성 — 98
다중 — 91
다층적 — 96
단일문화 — 29

도덕과 교과서 ·············· 305
돌봄(가사도우미와 간병인) 외국인 근로
  자 ····················· 227
동화 모델 ················· 32
동화 모형 ················· 64
동화주의 ················ 21, 281

ㄹ

람 말 ···················· 76
로컬 시민성 ·············· 99, 100

ㅁ

문제해결 ················· 139
문화 ···················· 19
문화상대주의 ·············· 31
문화성 ··················· 301
문화일원론 ················ 31
문화적 권리 ··············· 32
문화적 다원주의 ············ 33
문화적 정체성 ············ 38, 297
문화적 차별 ··············· 38
미등록 외국인 근로자 ······· 237
민주주의 ·················· 36

ㅂ

반세계화 ················· 304
반차별 ··················· 299
반편견교육 ················ 284
101법안 ·················· 82
법적 지위로서의 시민성 ····· 293
베리 ····················· 64
복지적 시민단체 ··········· 222

부분문화 ·················· 60
분리주의 ················· 280
불접촉 관용 정책 ··········· 67
불턱회의 ················· 117
비전문직 외국인 근로자 ···· 218
비판적 다문화주의 ·········· 47

ㅅ

사회자본 ················· 139
사회적 공동체 ············ 125
사회적 소수자 ············· 49
사회적 우대정책 ··········· 288
사회적 행위자로서 시민성 ·· 295
사회정의 ··············· 95, 299
사회통합 정책 ············· 21
사회통합 ·················· 63
상호문화 ················ 69, 70
상호문화교육 ·········· 284, 302
상호문화도시 프로그램 ······ 84
상호문화성 ················ 76
상호문화주의 ······ 21, 66, 69, 75, 291,
  301
상호 의존성 ··············· 95
상호적 다문화주의 ·········· 74
상호 협력 ················ 134
성원권 ··················· 37
성 프란치스코 평화센터 ···· 330
세계시민성 ············ 43, 304
세계시민주의 ·············· 94
세계유산교육 ············· 107
세계주의 ················· 298
세계화 ··················· 300

소수자	28
숙련기능인력	256
시민교육	266
시민권	36
시민권 정치	37
시민성	95
시민성 교육	45, 46
시민적 덕목으로서의 시민성	294
식민주의	299
식민지 신민	280

ㅇ

역량 강화	139
외국인 근로자	218
외국인 근로자 대상 시민단체	224
외국인노동자	20
외국인선원제도(E-10)	238
외국인정책 기본계획	18
외국인주민	20
외국인주민지원조례	24
용허가제	233
유동적	93
이주정책	24
이중언어주의	82
2015 개정 교육과정	306
인권	36
인정의 정치	37
인종주의	299

ㅈ

자유주의 시민성	129
재분배	37

재한외국인처우기본법	40
전문적 시민단체	220
전문직 외국인 근로자	218
정체성 모델	32
정체성으로서의 시민성	294
제국의 국민	280
제주 4·3	320
제주해군기지 반대운동	312
조셉 로운트리 재단	83
주류문화	60
주민의 참여	135
지구적 정의	300
지속가능한 발전	95
지역공동체	139
지역사회	51
지역사회 참여	135
지역성	52
지역시민성	304
지역적 지역주의	304
지역정체성	51
집단지성	135

ㅊ

차별배제 모형	64
참여 지도제작	138
체류 외국인	15

ㅋ

카운터매핑	142
캔틀보고서	83
커뮤니티 결속 평가단	83
커뮤니티매핑	106, 130

퀘벡 언어법	82
퀘벡언어헌장	82
퀘벡 주	81
킴리카	62

ㅌ

타자화	290
탈중심화 정책	281
테드 캔틀	83
테일러	79
토착 지식	92
통합적 시민성	101
특례고용허가제(H-2)	238
특정 활동 비자	245

ㅍ

파레크	74
평화교육	330
평화활동가	323
포용성	262

ㅎ

하위문화	60
해녀문화	108
해외투자기업연수생제도	233
혼성문화	52
혼성적	91
혼종문화	71
혼종적 시민성	97

제주대학교 시민교육총서 2

다문화 시민교육의 과제

1판 1쇄 발행   2024년 6월 10일

지 은 이 | 변종헌·권상철·김민호·문현식·염미경·황석규
펴 낸 이 | 김진수
펴 낸 곳 | 한국문화사
등   록 | 제1994-9호
주   소 | 서울시 성동구 아차산로49, 404호 (성수동1가, 서울숲코오롱디지털타워3차)
전   화 | 02-464-7708
팩   스 | 02-499-0846
이 메 일 | hkm7708@daum.net
홈페이지 | http://hph.co.kr

ISBN   979-11-6919-221-7   93370

· 이 책의 내용은 저작권법에 따라 보호받고 있습니다.
· 잘못된 책은 구매처에서 바꾸어 드립니다.
· 책값은 뒤표지에 있습니다.

오류를 발견하셨다면 이메일이나 홈페이지를 통해 제보해주세요.
소중한 의견을 모아 더 좋은 책을 만들겠습니다.